普通高等教育"十三五"规划教材

全国普通高等学校军事教学指导委员会审

U0681239

大学

军事教程

主编 秦虎 袁野 廖昕

DAXUE

JUNSHI JIAOCHENG

国防大学出版社

图书在版编目（CIP）数据

大学军事教程／秦虎，袁野，廖昕主编．－－北京：
国防大学出版社，2015.5
ISBN 978－7－5626－2303－8

Ⅰ.①大…　Ⅱ.①秦…　②袁…　③廖…　Ⅲ.①军事科
学—高等学校—教材　Ⅳ.①E0

中国版本图书馆 CIP 数据核字（2015）第 091244 号

大学军事教程

出版发行：国防大学出版社
地　　址：北京市海淀区红山口甲 3 号
邮政编码：100091
电　　话：（010）66769234
责任编辑：闫立炜
经　　销：全国各地新华书店

印　　刷：北京经大印刷有限公司
开　　本：787mm×1092mm　1/16
印　　张：15
字　　数：311 千字
版　　次：2017 年 6 月第 3 版
印　　次：2017 年 6 月第 1 次印刷
定　　价：28.00 元

编 委 会

前　言

　　当前，和平与发展仍然是时代的主题，但世界并不太平，国际战略形势风云变幻，大国利益关系错综复杂，国家安全形势依然严峻。国家兴亡，匹夫有责。在我国国家安全内涵和外延比历史上任何时候都要丰富、时空领域比历史上任何时候都要宽广的今天，夯实国家安全的群众基础，大力加强国防教育，培养公民国防观念与国家安全意识，引导每一个人关心国防、支持国防，对于巩固国防、筑牢国家安全防线具有十分重要的意义。

　　党和政府历来重视国防教育，《中华人民共和国国防法》明确要求加强国防教育，增强全民国防观念。国家国防教育办公室日前下发通知，对2017年全民国防教育工作作出部署。通知要求各地各部队以弘扬爱党爱国爱社会主义为核心，以深化改革为动力，以发挥社会力量作用为依托，不断创新方法手段，努力实现教育对象、地域、时间、要素和手段的全覆盖，在推动教育深入普及中汇聚起实现中国梦强军梦的磅礴力量，以优异成绩迎接党的十九大胜利召开。

　　本书编写是以军队改革为契机，积极探索推动全民国防教育，具有系统性与针对性相结合、理论性与实用性相结合、国防教育与军事技能培训相结合等特点。在军事理论部分，联系当今国际军事形势及我国国防的需要合理安排篇幅，特别突出了与我国国防发展密切相关的军事理论知识；同时，结合新形势下军事变革的实际，本书适时增加了新军改等相关内容，充分体现了与时俱进、不断创新的编写理念。在技能训练部分，针对学生军训工作的实际需要，突出队列训练、轻武器射击、战术、军事地形和综合训练等军训必训内容，既方便教练员组织实施教学，又方便受训对象把握技能训练的重点和要点。在编写体例上，本书增加了二维码链接，二维码里面的视频及图文内容既是相关内容的积极补充，也是我们为读者准备的一道别具风味的精神食粮。

　　本书分为上下两篇，共十章。上篇军事理论包括中国国防、军事思想、战略环境、军事高技术和信息化战争五章；下篇技能训练包括中国人民解放军条令教育与训练、轻武器射击、军事战术、军事地形学和综合训练五章。全书内容丰富，前沿性强，覆盖面广，突出应用，深入浅出，通俗易懂，既可作为普通高等学校军训的基本教材，又可作为广大读者学习军事理论、进行基本军事训练的参考书。

本书在编写过程中参考、吸收和引进了有关专家、学者的研究成果，在此一并表示感谢。特别感谢国防大学信息作战与指挥训练教研部第三大学生军训教研室主任李延荃教授对全书进行认真仔细的审查，为本书的质量提供了保障。

　　由于编者知识能力水平有限，加之我军军事理论处在不断丰富和发展的过程中，因此，编写工作难免百密一疏，希望广大读者对书中出现的问题和不当之处予以批评指正，以便再版时更正。

编　者

2017 年 6 月

目录

上篇 军事理论

下篇 技能训练

上篇
军事理论

第一章　中国国防

一个国家要捍卫自己的合法权益，维护自己独立的尊严和生存发展的权利，就必须强化国家机器的职能，就必须高度重视作为维护国家主权、权益与安全后盾的国防建设。建设与中国国际地位相称、与国家安全和发展利益相适应的巩固国防和强大军队，是中国现代化建设的战略任务，也是中国实现和平发展、实现中华民族伟大复兴中国梦的坚强保障。

第一节　国防概述

"国无防不立，民无兵不安。"国防是人类社会发展与安全需要的产物，是关系到国家和民族生死存亡、荣辱兴衰的根本大计。中国的国防，是国家安全的重要保障，是促进祖国统一、维护领土完整的强大力量，是未来反侵略战争的主力，也是现代化建设的重要组成部分。作为中华民族的一分子，关注国防、了解国防、建设国防，是我们义不容辞的责任。

一、国防的含义与类型

（一）国防的含义

国防是指国家为了防备和抵抗侵略，制止武装颠覆，保卫国家主权、统一、领土完整和安全所进行的军事活动以及与军事有关的政治、经济、外交、科技、教育等方面的活动。维护国家安全利益是国防的根本职能；捍卫国家主权、领土完整和防止外来侵略、颠覆，是国防的主要任务。

国防是阶级斗争的产物，伴随着阶级和国家的产生而产生，只要世界上有国家存在，国防就会存在。在人类社会发展的不同阶段，在不同阶级专政的国家中，国防具有不同的特征：在奴隶社会和封建社会，国防的职能是将各阶级维持在一定的"秩序"范围之内；在资本主义社会，国防的职能是用军队保护和扩大商品生产与贸易，对外进行疯狂掠夺；在社会主义国家诞生之后，国防有了新的阶级内涵，其职能是确保各民族的平等生存、发展，抵抗外来侵略和维护世界和平（图1-1）。

图1-1　驻藏解放军边防兵骑马巡逻喜马拉雅山边境线

衡量一个国家国防力量的强弱，军事力量并不是唯一标准，还涉及这个国家的政治、经济、文化、科技、外交等方方面面的综合实力。尤其是在人类历史进入 21 世纪的今天，人类社会的一切都是建立在社会化大生产、大经济的基础之上的，社会诸方面已经成为一个紧密相关的有机整体，国防只有成为这个有机整体的不可分割的一部分，才可能具有无穷的威力。因此，我们在树立国防观时，要将国防建设放入整个国家乃至人类发展的大环境中进行思考、规划。

（二）国防的类型

国家的社会制度和国家的政策决定着国防的性质，不同制度、不同政策的国家，制定的国防政策和追求的国防目标也不同，因而国防的类型也各不相同。但无论哪种类型的国防，其根本目的都是维护国家利益。目前，世界各国的国防类型主要有以下四种：

1. 扩张型

扩张型国防的国家奉行霸权主义侵略扩张政策，为了维护本国在世界其他地区的利益，以它们所谓的国家安全和防备需要做幌子，打着防卫的旗号，将其疆域以外的国家和地区也纳入其势力范围，对别国进行侵略、颠覆和渗透。例如，美国奉行的就是典型的扩张性政策，在全球实行军事力量"前沿存在"的国防。

相关链接：
美军海外军事基地知多少？

2. 自卫型

自卫型国防以防止外敌侵略为目的，在国防建设上依靠本国力量，广泛争取国际同情和支持，以维护本国安全、维护周边地区和世界的和平与稳定。例如，我国的国防完全是为了保卫国家主权和领土完整，因而是积极防御的自卫型国防。

3. 联盟型

联盟型国防以结盟形式联合一部分国家进行防卫，以弥补自身国防力量的不足。联盟型国防又可分为扩张型和自卫型两种。根据联盟国家的关系，联盟型国防还可以分为一元联盟和多元联盟。一元联盟是一个大国处于盟主地位，其他国家则从属于盟主，目前的日本、韩国的国防属于此种类型，都是以美国为盟主建立的国防；多元联盟就是联盟各国基本处于伙伴关系，共同协商防卫大计，如北约组织和独联体组织。

4. 中立型

中立型国防主要是中小发达国家为了保障本国的发展和安全，严守和平中立的国防政策，制定总体防御战略和寓军于民的防御体系。其中一些国家采取全民防卫式的武装中立，如瑞士、瑞典是全民皆兵的国防。有的则采取完全不设防的方式，如圣马力诺是一个无军队的国家，只有少数警察维护社会秩序。

二、国防的要素

国防的要素，指构成国防必不可少的因素，包括国防的主体、国防的目的、国防的对象和国防的手段四个要素。

（一）国防的主体

国防的主体，是国防活动的实行者，通常为国家。国防是国家固有的职能，任何国家，从其诞生之日起就要固国强边、防备和抵御各种外来侵略，以保障国家安全、维系国家生存、谋求国家发展。因此，国防必然随着国家的产生而产生，随着国家的发展而发展，最终也随着国家的消亡而消亡。从国家的本质上看，国家是阶级专政的工具，是统治阶级利益与意志的体现，实现这种利益与意志，必须通过国家权力。国防就是要维护国家的这种权力，同时，也只有依靠国家的这种权力才能使国防得以运转。从国防的本义看，国防是国家的防务，是全民族的防务，与国家的各个部门、各种组织以及全体公民都息息相关。加强国防建设，进行国防斗争，必须依靠国家各个方面的综合力量。

（二）国防的目的

国防的目的主要是捍卫国家的主权，保卫国家的统一、领土完整，维护国家的安全。

1. 捍卫国家的主权

主权是一个国家存在的根本标志。根据国际法的表述，主权是一国不受外来控制的自由，即一个主权国家按照自己的意愿组织政府，选择适合自身发展的社会制度、国家制度，独立自主地处理其国内事务和国际事务而不受他国干预或限制的最高权力和尊严。它是完整无缺、不可分割而独立行使的，如若主权被剥夺，其他一切包括国家独立、领土完整、政治制度、社会准则、传统生活方式等都毫无意义。因此，捍卫国家主权，是国防的首要目的和任务。

2. 保卫国家的统一、领土完整

国家的统一是指国家由一个中央政府对领土内一切居民和事务行使完整的管辖权，不允许另立政府或分割国家的管辖权。从国际法角度说，保卫国家的统一、反对分裂，历来是国家的内部事务，不允许外国干涉。领土完整是指凡属本国领土，绝不能丢失，绝不允许被分裂、肢解和侵占（图1-2）。领土既是国家行使主权的空间，又是国家主权行使的对象。

图1-2　守好海洋国土：驻西沙部队练海岛作战

3. 维护国家的安全

国家要正常地生存和发展，必须有一个和平安全的外部环境和稳定的内部环境。

一个国家如果没有和平、稳定的状态，不仅难以建设和发展，而且生存也会受到威胁。因此，维护国家的安全，也是国防的主要目的之一。

（三）国防的对象

国防的对象是指国防所要防备、抵抗和制止的行为。根据《中华人民共和国国防法》的界定，国防的对象，一是侵略，二是武装颠覆。侵略，包括武装侵略和非武装侵略。武装侵略是指战争状态的侵略行为。对付武装侵略，国防行为使用战争手段进行制止。非武装侵略，是指运用各种经济、外交等手段进行的侵略行为。对付非武装侵略，国防行为则相应使用非战争手段。武装颠覆，是指颠覆国家政权、推翻社会主义制度的武装叛乱或者武装暴乱。这些武装叛乱、武装暴乱，对国家主权、统一、领土完整和安全，对我们的社会主义制度都构成严重威胁，必须运用国防力量加以制止。

（四）国防的手段

国防的手段是指为达到国防目的而采取的方法和措施。在对国家利益的各种形式的侵犯中，威胁和危害最大的是武装侵犯，因此军事手段始终是主要手段，但又不是唯一手段。我国国防的手段包括军事手段，以及与军事有关的政治、经济、外交、科技、教育等方面的活动。

1. 军事手段

军事手段作为国防的主要手段，是斗争的最高形式。国防的根本职能是捍卫国家利益，防备和抵御外来的各种形式的侵犯，防备和平息内外部敌对势力相互勾结所发动的武装暴乱。对付武装入侵和武装暴乱最根本和最有效的是军事手段，军事手段的威慑作用和即时打击能力，能有效地遏制或中止侵略行动，迫使其放弃侵略意图。军事手段是解决国家之间矛盾冲突的最后手段，在穷尽了非军事手段而无果的情况下，必须用军事打击的方式彻底解决。

2. 政治手段

政治手段作为国防手段之一，指的是"与军事有关的"政治活动，而不是政治本身的全部含义。构成国防手段的政治活动主要是政治制度、思想政治工作、政治宣传等。政治与国防关系密切：一方面，国防直接保卫的国家主权，是政治的第一需要；国防直接保卫的国家领土，是政治的物质前提；国防直接保卫的国家安全利益与发展利益，是政治的根本追求。国家政权、政治制度也要靠国防力量来捍卫。另一方面，政治对国防起着决定性的支配作用。国家的政治制度，决定国防的根本制度；国家的政治需要，决定国防的根本性质和类型；国家的政治指导思想和路线，决定国防的方向、方针和原则；国家的政治素质，制约国防的客观效应。

3. 经济手段

经济是国防的物质基础，社会经济制度决定国防活动的性质，社会经济状况决定国防建设的水平。现代条件下，无论是国防建设还是国防斗争，都要广泛采用经济手段，这些手段主要有国防经济活动、经济动员、经济战和经济制裁等。

4. 外交手段

外交手段主要是指国家与国家之间为了国防目的而开展的外交活动，由于这种外交主要涉及军事领域，所以又称军事外交。它涉及军事政治关系、军队关系、军事战略关系、军事科技关系和军事经济关系等，国防外交涉及的各个方面的活动都不是孤立的，而是有机联系的。从事国防外交活动的主体也不单纯是武装力量，还包括国家机关和民间的一些部门。

相关链接：

盘点 2016 中国军事外交

除上述因素外，与军事活动相关的科技、教育等也是国防的重要手段。

三、现代国防的基本特征

现代国防是对传统国防的继承和发展，是一种全新的国防理念和实践活动。其基本特征主要表现在以下五个方面：

（一）国家利益及安全防务的整体性

随着经济的发展，特别是科技的进步，国家安全利益的内涵也在不断扩展。现代国防的职能正在由维护地缘明确的"硬疆界"，扩展到争取有利于己的"软环境"；由保卫本土不受侵犯，扩展为在全球或地区范围内争取政治、经济和安全秩序的影响力与主导权；由打赢战争扩展到在战争和非战争状态下都能保证国家利益的实现。此外，现代国防强调，国家安全必须依靠整体性防务。一个国家只有经济不断强大、科技不断发展、国防实力不断增强、国防安全意识不断巩固，以及与周边国家发展睦邻友好合作关系，才能真正实现长治久安。

（二）国防力量的综合性

现代国防是综合国力的体现，现代国防力量是以综合国力为基础的综合国防力。有了雄厚的综合国力才有可能建设强大的国防力量。国家的整体实力，是指国家的政治、经济、科技、军事、文化、外交和自然等综合力量的集合。同样，强大的国防实力，也是多种因素相互交织力量的综合。尽管军事力量依然是国防力量的主体，但现代国防力量的构成不再局限于单一的军事力量，而是更加突出复合力量的建设。

（三）国防手段的多元性

由于对国家利益的威胁来自诸多方面，除了兵戎相见的"硬对抗"外，还有各种"软伤害"式的威胁，如意识形态、文明冲突和信息攻击等。因此，单纯的军事行为，已不能满足安全防卫的需要。现代国防斗争，不仅可以使用军事手段在战场上进行武力对抗，而且也可以通过政治对话（图 1-3）、外交谈判、经济封锁、心理施压和军备控制等非战争手段在更广阔的空间进行激烈的较量；既依靠国家的国防实力，又依靠国家的国防潜力。在某一时期、某一方面，可以根据情况的不同选

择使用某一种手段，并以其他手段相配合，但绝不能固守一种方式。

（四）国防建设的系统协调性

现代国防建设是一个以科技为龙头，以经济为骨干，通过总体性的战略运筹，谋求综合国防效益的有机系统。现代国防斗争更重视质量优势，而不仅是数量优势；更重视整个系统的威力，而不只是某些单元的作用。因此，世界各国普遍着眼于从宏观规划

图1-3 俄罗斯、法国等五国就乌克兰危机进行和平谈判

上合理调整军队、准军事组织和后备役部队的比重，军队内部各军种、兵种的比重，以及如何在发展武器装备、改进编制体制、强化军事训练、完善战场建设等方面更有利于协调行动，发挥系统的整体效能。与此同时，整个国家要做到平战结合，寓军于民，在确保国家经济实力不断增长的基础上，加强军事力量，做到综合国力协调发展、结构合理。

（五）国防事业的社会性

随着国防内涵的扩展，全面增强防卫能力必然涉及各个领域和各条战线，因而与整个社会构成了密不可分的联系。依靠国家和社会的综合力量来建设国防，越来越受到各国重视。国防不只是"军防"，而且是关系各个领域、各条战线和每个公民的事情，与整个社会密不可分。中国有句古训："天下兴亡，匹夫有责。"古代尚有布衣曹刿论战败齐师、商人弦高假命犒秦师，今天我们更应牢记"保卫祖国、抵抗侵略是中华人民共和国每一个公民的神圣职责"，我们一定要为国家的兴盛和国防的强大尽一己之力。

四、中国国防历史及启示

（一）我国古代的国防

1. 我国古代的兵制建设

兵制，就是军事制度，现在称为军制。它包括武装力量体制、军事领导体制和兵役制度等方面的内容。兵制建设是我国古代国防的一个重要方面。

早在夏初，王已控制了军事大权，已有对参战人员编组和奖惩的规定。商和西周时期，王是最高军事统帅，军事领导职务由贵族大臣和方国首领担任；士卒主要由奴隶主和平民充当，奴隶一般只随军服杂役；车兵为主要兵种，师为最高建制单位。这一时期，作为观念形态的军事思想已产生并有初步发展。西周时已有师、旅、卒、两、伍等编制。春秋时期，随着奴隶制的解体，各诸侯国开始实行兵制变革，废除奴隶不能充当甲士的限制，施行武官任免制度；车兵地位逐渐下降，步兵地位逐渐上升；依户籍定军队的编制，军为最高建制单位；开始出现郡县征兵制。战国

时期，封建制度开始确立，社会处于大动荡、大变革、大发展中。

争霸、兼并、统一战争激烈，用兵数量增多，兵制也有很大的发展。步兵、骑兵、水师逐渐分离为独立兵种；兵役制度上，打破了世袭兵制，出现了募兵制和郡县征兵制；剥夺私属武装，集中军权，统一军队，文武分职；凭玺印、虎符任将发兵；建立按军功晋爵升赏制度；战争指挥复杂、要求高，将帅专职化。这一时期，学术上百家争鸣，也有力地促进了中国古代兵学的发展。以《孙子兵法》（图1-4）为代表的一大批兵书的问世，标志着中国古代军事思想的逐渐成熟和军事制度体系的形成。

图1-4 《孙子兵法》

军海泛舟

《孙子兵法》简介及后世评价

《孙子兵法》又称《孙武兵法》《吴孙子兵法》《孙子兵书》《孙武兵书》等，英文名为 *The Art of War*，作者为春秋末年的齐国人孙武。该书是中国古典军事文化遗产中的璀璨瑰宝，是中国优秀文化传统的重要组成部分，是世界三大兵书之一（另外两部是克劳塞维茨的《战争论》和宫本武藏的《五轮书》）。其内容博大精深，思想精邃富赡，逻辑缜密严谨。

英国空军元帅约翰·斯莱瑟曾言："孙武的思想有惊人之处——把一些词句稍加变换，他的箴言就像是昨天刚写出来的。"美军总指挥弗兰克斯评价说：孙武，这位中国古代军事思想家的幽灵似乎徘徊在伊拉克沙漠上向前推进的每架战争机器的旁边。孙中山曾说过："就中国历史来考究，两千多年的兵书，有十三篇，那十三篇兵书，便成立中国的军事哲学。所以照那十三篇兵书讲，是先有战斗的事实，然后才成那本兵书。"毛泽东评价《孙子兵法》："中国古代大军事家孙武子书上'知彼知己，百战不殆'这句话，是包括学习和使用两个阶段说的，包括认识世界中的发展规律，并按照这些规律，去决定自己的行动克服当前敌人而说的；我们不要轻看这句话。"又说："孙子的规律，'知彼知己，百战不殆'乃至今天仍是科学真理。"

自秦统一中国到清末，历代封建王朝根据各自的需要和条件，在专制主义中央集权制度的基础上，加强帝王的军权。从中央到地方建立便于帝王控制的统帅指挥系统；常备军按任务或武器编组，并区分为中央军、地方军和边防军；建立武库、粮储和运输制度，主要武器装备和军需物品由国家监制和供给；因势采用征兵制、募兵制、世兵制等，多数以农民为军队的主要成分。兵制的许多内容通过法律形式颁行，如唐朝的《卫禁律》《捕亡律》《擅兴律》《军防令》等，对军队的组织编制、番上宿卫、屯田戍边、兵役军赋、军队调发、军需补给、驿站通道、武器制造和配

发、厩库管理等，都作了具体的规定。这一时期的帝王、政治家、军事家对兵制的研究和改革，也推动了兵制建设的不断发展。

2. 我国古代的边防、海防建设

边防、海防是国防建设的重要内容。我国古代的边防建设主要是修筑防御工程和实行实边固边政策。著名的万里长城（图1-5）是中国古代构筑的以长城城墙为主体、与其他工程设施相结合的连续线式防御工程体系，是城池筑城体系的发展和运用。长城据险筑墙、关堡相连、烽燧相望、敌台林立、层层布防，在中国战国时期各诸侯国之间、秦统一之后国内民族之间的战争中，都发挥过重要的防御作用。

图1-5　万里长城

西汉文帝、景帝时期，为防御匈奴的一再侵犯，积极推行实边固边的政策。一是在边关要地配置边防军，包括边境上的郡国兵和屯田兵，依靠边郡太守和都尉率兵防堵匈奴的进攻。二是输粟实边。文帝时，晁错提出奖励百姓输粟实边的政策，依百姓输粟多少，赐给一定的爵位或赦免其罪过，并令入粟者将粟运至长城沿线，待边境一带粮食充足后，再运至内地郡、县收藏。这一政策的实行有效地巩固了边防。三是徙民治边。组织徙民在边境要害之处建立城邑。由有才能、习风俗、知民心者充任首领。首领平时组织徙民训练，战时则率徙民抗击敌人。每个城邑都成为坚固的军事要塞，有效地加强了边境地区的防御。汉武帝驱逐匈奴之后，在西北边境地区大量增设新郡，并实行大规模的军事屯田，使数十万边兵有警则战，无事则耕，戍卒无饥馁之忧，国家无转运之劳。屯戍军队与大量移民共同守边，且耕且守，较之"徙民实边"更为扎实有效。

我国古代的海防建设是从明代开始的。为防止倭寇的偷袭和骚扰，明王朝下令禁海，并在沿海的主要地段，陆续修建了以卫城、新城为骨干，堡、寨、墩、烽燧和障碍物相结合的防御工程体系，有效地抗击了倭寇的侵扰。

（二）我国近代的国防

19世纪上半期，西方资本主义国家为了开辟新的销售市场和原料产地，加紧对外侵略扩张。他们抓住了中国"国防不固、军队不精"这一致命弱点，开始对中国进行赤裸裸的侵略。

从1840年鸦片战争（图1-6）到中华人民共和国成立前的100多年间，由于当时统治阶级的腐败衰落，国力日趋空虚，国防每况愈下，在外国列强弱肉强食的政策下，中华民族屡遭外敌侵略和欺辱。从1840年鸦片战争到1911年辛亥革命的71年间，先后有英、美、法、俄、普、瑞典、挪威、丹麦、荷兰、西班牙、比利时、意大利、奥地利、秘鲁、巴西、葡萄牙、日本、墨西哥和瑞士等国家的侵略者践踏

过我国的国土，抢掠过我国的财物，屠杀过我们的同胞，参与过损害我国主权的罪恶活动。在此期间，外国侵略者还强迫腐败的清政府签订了 500 多个不平等条约。每个不平等条约都是对中国最野蛮的掠夺。香港被迫割让给英国，澳门被葡萄牙霸占，俄国侵吞了我国北方 150 多万平方千米的土地，日本占领了台湾及澎湖列岛，旅顺、胶州湾、广州湾等地成为帝国

图 1-6　鸦片战争打开中国封闭已久的国门，成为中国近代史的开端

列强的租借地。据记载，在这 500 多个不平等条约中，几乎都要求中方支付赔款，少则数十万两、多则上亿两白银。列强的军事侵略，一个个强加在中国人头上的不平等条约，一次次的割地赔款，使中国在政治上、经济上、文化上蒙受了巨大屈辱和损失。当时中国 1.8 万多千米的海岸线上，竟找不到一个中国自己拥有主权的港口；外国商船和军舰可以在中国内河、领海任意航行，自由停泊于各个通商口岸；外国人在中国境内犯罪，中国政府无权审理；外国人在租界地实行殖民统治，形成了"国中之国"，外国人甚至还控制了中国的警察权，指挥中国的外交。整个中华民族美丽富饶的国土被帝国主义列强蹂躏得支离破碎。

1931 年 9 月 18 日，日本发动了九一八事变。面对日本的侵略，蒋介石政府却奉行"不战而败""攘外必先安内"的国防斗争策略，一味妥协退让，出卖民族利益，使东北大片国土迅速沦陷。1937 年 7 月 7 日，日本发动卢沟桥事变，进一步扩大了对中国的侵略，中华民族到了生死存亡的紧要关头。中国共产党高举团结抗日的旗帜，肩负着民族的希望，领导全国人民进行了 14 年艰苦卓绝的抗战，终于取得了我国近代历史上第一次抗击外敌侵略的完全胜利。

相关链接：

日本关东军悍然发动"九一八事变"

抗日战争胜利后，全国人民迫切需要一个和平安全的建设环境，但蒋介石政府背信弃义，妄图消灭中国共产党及其所领导的军队。中国共产党带领中国人民，经过 4 年的解放战争，打倒了蒋介石反动政权，终于推翻了压在中国人民头上的"三座大山"，从此结束了 100 多年来中华民族有国无防的屈辱历史。

（三）国防历史的启示

纵观我国几千年的国防史，我们不难发现，国防的兴衰与各时期的政治、经济、军事状况是密切相关的。当统治阶级处于上升时期，政治修明、经济发展、军事强大、民族团结、国家统一的时候，国防就强盛；反之，当统治阶级走下坡路，政治

腐败、经济凋敝、军事孱弱、民族分裂、国内混乱的时候，国防就削弱甚至崩溃。重温这一漫长的国防历史，我们可以从中得到有益的启示。

1. 经济是国防的物质基础

国防的强大有赖于经济的发展。早在春秋时期齐国的政治家管仲就提出过"富国强兵"的思想。历代统治者无不把发展经济作为巩固国防、争夺霸权的重要措施。与此相反，各朝代的衰败、灭亡，几乎毫无例外是由于王朝后期政治腐败、经济落后，动摇了国防的根基，使得政权易手。由此可见，只有保证了经济的强盛，才会有强大的国防，才能有政权的稳固、国家的安全。

2. 政治昌明是国防巩固的根本

政治与国防紧密相关，国家政策的正确与否，国家的政治是否开明，制度是否进步，直接关系到国防能否巩固。我国古代凡是兴盛的时期和朝代都十分注意修明政治，实行比较开明的治国之策。秦原为西陲小国，自商鞅变法以后，修政治、明法度、发展生产，国力日渐强大，为统一六国奠定了基础；唐建立之初，百废待兴，正是由于制定并实施了一系列行之有效的政治制度，国家很快从隋末的战争废墟中恢复过来，形成了国力昌盛、空前统一的大唐帝国。总之，国防的兴衰、王朝的更替、近代中国的百年国耻，都深刻地告诉我们，政治的昌明是国防巩固的基础，是国家长治久安的根本保证。

3. 国家的统一和民族的团结是国防强大的关键

我国国防历史给予我们的另外一个重要启示就是，在面临外敌入侵、国家危亡的关头，只有国家统一、民族团结、共同抵抗，才能筑起一道坚强的国防长城，取得反侵略战争的胜利。清王朝晚期，统治者在西方列强的进攻面前，不仅不敢发动反侵略战争，不依靠、不支持人民群众进行战争，反而认为"患不在外而在内""防民甚于防火"，对人民群众自发组织的反侵略斗争，实行镇压的方针，最终造成屡战屡败的恶果，割地赔款，逐步沦为半殖民地半封建社会。抗日战争时期，在中国共产党的倡导和组织下，建立了抗日民族统一战线，团结一切抗日力量，共同抗击侵略，最终取得了抗日战争的伟大胜利。

历史证明，只有维护国家的统一和民族的团结，才能团结全国各族人民共御外侮，打败外来侵略者，使中华民族永久自立于世界民族之林。

4. 保持忧患意识是国防巩固发展的前提

古人云："安而不忘危，存而不忘亡，治而不忘乱。"居安思危方能有备无患。唐代诗人杜荀鹤有这样一首诗："泾溪石险人兢慎，终岁不闻倾覆人。却是平流无石处，时时闻说有沉沦。"迟浩田将军深有感触地说，这首诗"十分形象地告诫人们，在似乎平流无险的情况下，往往容易失去戒备，从而惨遭'沉沦'之灾"。和平环境的客观存在容易使人忘却忧患，沉湎于和平景象之中，滋生和平麻痹的思想，从而埋下了沦亡的祸根。"天下虽安，忘战必危"，历史的教训告诫我们，时刻保持忧患意识，真正构筑起心中的长城，国防才能巩固和发展。

第二节　国防建设

国防建设是指为国家安全利益需要，提高国防能力而进行的各方面的建设。它是国家建设的重要组成部分，包括精神和物质两个方面的建设。国防建设的内容主要包括武装力量建设、战场建设、人力物力的多种动员准备以及边防、海防、空防和人防建设；战略物资的储备；国防工业建设和国防科学技术研究；对人民群众和学生进行国防教育和军事训练，发展国防体育事业；建立、健全国防法规体系；军事理论研究，发展军事科学，制定并完善符合实际的战略战术原则；后备力量的建设，以及与国防相关的铁路、公路、水运、民航、邮电、能源、水利、造林、气象、卫生、航天等方面的建设。武装力量建设是国防建设的重点。

一、国防领导体制和国防政策

（一）国防领导体制

国防领导体制是指国防领导的组织体系及相应制度。它包括国防领导机构的设置、职权划分、相互关系等。它是国家政权组织形式和机构的重要组成部分。一般设有最高统帅、最高国防决策机构、国家行政机关中管理国防事务的部门、武装力量领导指挥系统等。根据我国宪法和国防法，中华人民共和国的国防领导职权由以下机构行使：

1. 中共中央的国防领导职权

中国的武装力量受中国共产党的领导。党的中央军事委员会和国家的中央军事委员会的组成人员对军队的领导职能完全一致。中央军委实行主席负责制，中央军委主席即为全国武装力量的统帅。

2. 全国人民代表大会及其常务委员会的国防职权

全国人民代表大会选举中央军委主席，根据中央军委主席的提名，决定中央军委其他组成人员的人选，决定战争与和平的问题，并行使宪法规定的国防方面的其他职权。全国人大常委会在全国人民代表大会闭会期间决定战争状态的宣布，决定全国总动员或局部动员，并行使宪法规定的国防方面的其他职权。

3. 国家主席在国防方面的职权

国家主席根据全国人大及其常委会的决定，宣布战争状态，发布动员令，并行使宪法规定的国防方面的其他职权。

4. 国务院在国防方面的职权

国务院领导和管理国防建设事业，编制国防建设发展规划和计划，制定国防建设方面的方针、政策和行政法规，管理国防经费和国防资产，领导和管理国防科研生产，领导和管理国民经济动员工作和人民武装动员、人民防空、国防交通等方面的有关工作，领导和管理拥军优属和退役军人安置工作，领导国防教育工作，与中

央军委共同领导人民武装警察部队、民兵的建设和征兵、预备役工作以及边防、海防、空防的管理工作，并行使法律规定的与国防建设事业有关的其他职权。国务院设有国防部以及其他与国防建设事业有关的部门。

5. 中央军事委员会在国防方面的职权

中央军委领导和统一指挥全国武装力量，决定军事战略和武装力量的作战方针，领导和管理人民解放军的建设，向全国人大或者全国人大常委会提出议案，制定军事法规，发布决定和命令，决定人民解放军的体制和编制，任免、培训、考核和奖惩武装力量成员，批准武器装备体制和发展规划、计划，并行使法律规定的其他职权。

2016 年 1 月，军委机关调整组建，按照军委管总、战区主战、军种主建的总原则，把总部制改为多部门制，由原来的总参谋部、总政治部、总后勤部、总装备部 4 个总部，改为军委办公厅、军委联合参谋部、军委政治工作部、军委后勤保障部、军委装备发展部、军委训练管理部、军委国防动员部、军委纪律检查委员会、军委政法委员会、军委科学技术委员会、军委战略规划办公室、军委改革和编制办公室、军委国际军事合作办公室、军委审计署、军委机关事务管理总局 15 个职能部门。

相关链接：

军委机关调整 四总部改为 15 个职能部门

6. 国家安全委员会在国防方面的职能

2013 年 11 月 12 日，中国共产党十八届三中全会公报提出将"设立国家安全委员会，完善国家安全体制和国家安全战略，确保国家安全"。2014 年 1 月 24 日，中共中央政治局会议决定，中央国家安全委员会由习近平任主席，李克强、张德江任副主席，下设常务委员和委员若干名。国家安全委员会的设立有利于提高国家在面临各种安全危机和挑战时的应变能力，也代表着我国在捍卫国家安全和国家利益方面的决心与意志。设立国家安全委员会是维护外部安全的重要内容。国家安全委员会既有对内职能，也有对外职能，与国家的外部安全休戚相关，具有统筹国内和国际两个大局、整合对内对外事务的内外兼顾特点。习近平指出："国家安全委员会的主要职责是制定和实施国家安全战略，推进国家安全法治建设，制定国家安全工作方针政策，研究解决国家安全工作中的重大问题。"

（二）国防政策

国防政策是指国家进行国防建设和使用国防力量的准则。国防政策通常可分为总政策和具体政策，是国防建设和国家安全的政治与制度保证。国防政策有鲜明的阶级性，不同的国家有不同的国防政策。中国的国防政策是由中国的发展道路、根本任务、对外政策和历史文化传统等因素决定的。中国奉行防御性的国防政策。现阶段中国国防的目标和任务，主要有以下四个方面的内容：

1. 维护国家主权、安全、发展利益

防备和抵抗侵略，保卫领陆、内水、领海、领空的安全，维护国家海洋权益，维护国家在太空、电磁、网络空间的安全利益。反对和遏制"台独"，打击"东突""藏独"等分裂势力，捍卫国家主权和领土完整。服从服务于国家发展战略和安全战略，维护国家发展的重要战略机遇期。贯彻新时期积极防御的军事战略方针，坚持独立自主和全民自卫原则，加强武装力量建设和边防、海防、空防建设，加强国家战略能力建设。中国始终奉行不首先使用核武器的政策，坚持自卫防御的核战略，不与任何国家进行核军备竞赛。

2. 维护社会和谐稳定

中国武装力量忠实践行全心全意为人民服务的宗旨，积极参加和支援国家经济社会建设，依法维护国家安全和社会稳定。发挥人才、装备、技术、基础设施等方面的有利条件，为地方基础设施和重点工程建设、扶贫帮困和改善民生、生态环境建设贡献力量。科学组织非战争军事行动准备，针对面临的非传统安全威胁搞好战略预置，加强应急专业力量建设，提高遂行反恐维稳、应急救援、安全警戒任务的能力。坚决完成抢险救灾等急难险重任务，保护人民群众生命财产安全。把维护社会大局稳定作为重要任务，坚决打击敌对势力颠覆破坏活动，打击各种暴力恐怖活动。发扬拥政爱民光荣传统，严格遵守国家政策法规，巩固军政军民团结。

3. 推进国防和军队现代化

着眼 2020 年基本实现机械化并使信息化建设取得重大进展的目标，坚持以机械化为基础，以信息化为主导，广泛运用信息技术成果，推进机械化信息化复合发展和有机融合。拓展和深化军事斗争准备，牵引和带动现代化建设整体发展。深化信息化条件下联合作战理论研究，推进高新技术武器装备建设，发展新型作战力量，着力构建信息化条件下联合作战体系。深入推进机械化条件下军事训练向信息化条件下军事训练转变，加紧实施人才战略工程，加大全面建设现代后勤力度，提高以打赢信息化条件下局部战争能力为核心的完成多样化军事任务能力，全面履行新世纪新阶段军队历史使命。统筹经济建设和国防建设，实行军民融合式发展，建立完善军民结合、寓军于民的武器装备科研生产体系、军队人才培养体系和军队保障体系。积极稳妥地深化国防和军队改革，加强战略筹划和管理，努力推进国防和军队建设科学发展。

4. 维护世界和平稳定

坚持互信、互利、平等、协作的新安全观，主张用和平方式解决地区热点问题和国际争端，反对任意使用武力或以武力相威胁，反对侵略扩张，反对霸权主义和强权政治。按照和平共处五项原则开展对外军事交往，发展不结盟、不对抗、不针对第三方的军事合作关系，推动建立公平有效的集体安全机制和军事互信机制。坚持开放、务实、合作的理念，深化国际安全合作，加强与主要国家和周边国家的战

略协作与磋商，加强与发展中国家的军事交流与合作，参加联合国维和行动、海上护航、国际反恐合作和救灾行动。支持按照公正、合理、全面、均衡的原则，实现有效裁军和军备控制，维护全球战略稳定。

二、武装力量建设

武装力量是国家或政治集团各种武装组织的总称，是国家机器的重要组成部分，一般以军队为主体，由军队和其他正规的与非正规的武装组织构成。武装力量建设是指为建立和加强国家武装力量所采取的一系列举措。它以军队建设为主体，是国防建设的重要组成部分。武装力量建设的目的是提高武装力量的作战能力、为国家的根本利益服务。

《中华人民共和国国防法》第二十二条规定："中华人民共和国的武装力量，由中国人民解放军现役部队和预备役部队、中国人民武装警察部队、民兵组成。"

（一）中国人民解放军

中国人民解放军是中华人民共和国武装力量的骨干，是抵抗侵略、保卫祖国、维护国家主权和安全的主要力量。中国人民解放军由现役部队和预备役部队组成。

1. 现役部队

中国人民解放军现役部队由陆军、海军、空军、火箭军和战略支援部队组成。

（1）陆军。

中国人民解放军陆军（图1-7）成立于1927年8月1日，是人民解放军的主要军种，是陆地作战的主力，是人民解放军各军兵种中历史最久、在新中国成立前后的历次作战中发挥最出色，也是社会主义现代化建设和各种抢险救灾中的中坚力量。中国人民解放军陆军现主要由步兵（摩托化步兵、机械化步兵）、炮兵（地面炮兵、高射炮兵）、装甲兵、工程兵、通信兵、防

图1-7 中国人民解放军陆军

化兵、电子对抗兵等兵种和侦察、汽车、测绘、气象等专业部队组成。

陆军按照机动作战、立体攻防的战略要求，实现区域防卫型向全域机动型转变，加快小型化、多能化、模块化发展步伐，适应不同地区不同任务需要，组织作战力量分类建设，构建适应联合作战要求的作战力量体系，提高精确作战、立体作战、全域作战、多能作战、持续作战能力。

2015年12月31日，中国人民解放军陆军领导机构正式成立，标志着陆军单独作为一个军种正式亮相世界，从此迈入新的历史发展阶段。这是改革强军的重大成果，有着80多年辉煌历史的人民陆军迈上新的征程。这次改革，把握国际战略格局新变化，立足国家安全和发展新要求，着眼军队使命任务新拓展，中央军委对陆军作

了体系设计，成立陆军领导机构，调整陆军力量编成和规模结构，加强陆军全局性专业性统一建设指导，必将加速推进陆军现代化进程，有力促进我军组织形态现代化。

相关链接：
陆军——硝云弹雨战沙场

（2）海军。

中国人民解放军海军（图1-8）成立于1949年4月23日，是中华人民共和国的海上武装力量。它以舰艇部队和海军航空兵为主体，主要任务是独立或协同陆军、空军防御敌人从海上的入侵，保卫领海主权，维护海洋权益。中国人民解放军海军由水面舰艇部队、潜艇部队、海军航空兵、海军岸防兵、海军陆战队等兵种及专业部队构成。海军是海上作战的主力，具有在水面、水中、空中作战的能力。

图1-8　中国人民解放军海军

近年来，中国人民解放军海军以新型航空母舰、新型驱逐舰、新型潜艇、新型战斗机为代表的新一代主战装备，以及与其相配套的新型导弹、鱼雷、舰炮、电子战装备等武器系统陆续交付使用。现在，人民海军已经拥有大型区域防空舰、核动力潜艇、AIP潜艇等达到世界先进水平的武器装备，中国人民解放军海军航空兵现已装备了轰炸机、巡逻机、电子干扰机、水上飞机、运输机等勤务飞机。海防导弹形成系列，不仅有岸对舰导弹、舰对舰导弹，还有舰对空导弹、空对舰导弹、空对空导弹等。

海军按照近海防御、远海护卫的战略要求，逐步实现近海防御型向近海防御与远海护卫型结合转变，构建合成、多能、高效的海上作战力量体系，提高战略威慑与反击、海上机动作战、海上联合作战、综合防御作战和综合保障能力。

（3）空军。

中国人民解放军空军成立于1949年11月11日。经过半个多世纪的建设，人民空军已经发展成为一支由航空兵（图1-9）、地空导弹兵、高射炮兵、空降兵、雷达兵、电子对抗兵、气象兵等多兵种合成，由歼击机、强击机、轰炸机、运输机等多机种组成的现代化的高技术军种。其主要任务是担负国土防空，支援陆、海军作战，对敌后方实施空袭，进行空运和航

图1-9　空军航空兵轰炸机部队准备执行任务

空侦察。

空军按照空天一体、攻防兼备的战略要求，实现国土防空型向攻防兼备型转变，构建适应信息化作战需要的空天防御力量体系，提高战略预警、空中打击、防空反导、信息对抗、空降作战、战略投送和综合保障能力。

（4）火箭军。

中国人民解放军火箭军（图1-10），由中国人民解放军第二炮兵更名而来，于2015年12月31日正式成立，是中国大国地位的战略支撑，是维护国家安全的重要基石。习近平强调，火箭军全体官兵要把握火箭军的职能定位和使命任务，按照核常兼备、全域慑战的战略要求，增强可信可靠的核威慑和核反击能力，加强中远程精确打击力量建设，增强战略制衡能力，努力建设一支强大的现代化火箭军。成立火箭军是党中央和中

图1-10　火箭军导弹发射现场

央军委着眼实现中国梦、强军梦作出的重大决策，是构建中国特色现代军事力量体系的战略举措。

相关链接：
火箭军首部征兵宣传片

（5）战略支援部队。

中国人民解放军战略支援部队于2015年12月31日正式成立，是维护国家安全的新型作战力量，是我军新质作战能力的重要增长点，主要是将战略性、基础性、支撑性都很强的各类保障力量进行功能整合后组建而成的。成立战略支援部队，有利于优化军事力量结构、提高综合保障能力。

战略支援部队主要的使命任务是支援战场作战，使我军在航天、太空、网络和电磁空间战场能取得局部优势，保证作战的顺利进行。具体地说，战略支援部队的任务包括：对目标的探测、侦察和目标信息的回传；承担日常的导航行动，以及北斗卫星和太空侦察手段的管理工作；承担电磁空间和网络空间的防御任务（图1-11）。这些都是决定我军在未来战场上能否取得胜利的新领域。

图1-11　战略支援部队职责涵盖电子对抗、网络攻防等

2016 年 8 月 29 日，习近平在视察战略支援部队机关时强调，要以党在新形势下的强军目标为引领，贯彻新形势下军事战略方针，坚持政治建军、改革强军、依法治军，把握部队建设特点和规律，担负历史重任，瞄准世界一流，勇于创新超越，努力建设一支强大的现代化战略支援部队。

2. 预备役部队

中国人民解放军预备役部队是以现役军人为骨干、预备役官兵为基础，按照军队统一的体制编制组成的武装力量，是中国人民解放军的组成部分，是国防后备力量建设的重点，实行军队与地方党委、政府双重领导制度。预备役部队平时按照规定进行训练，必要时可以依照法律规定协助维护社会秩序，战时根据国家发布的动员令转为现役部队。

（二）中国人民武装警察部队

中国人民武装警察部队是国家武装力量的重要组成部分，是保卫社会主义现代化建设的一支重要力量，在完成维护社会治安、保持社会稳定和参加社会主义现代化建设等各项任务中，发挥着重要作用。

武警部队平时主要担负执勤、处置突发事件、反恐怖（图 1-12）、参加和支援国家经济建设等任务，战时配合人民解放军进行防卫作战。武警部队依托国家信息基础设施，建立完善从总部至基层中队的三级综合信息网络系统，发展部队遂行任务急需的武器装备，开展针对性训练，提高执勤、处置突发事件、反恐怖能力。武警部队依其任务不同分为三类：第一类是内卫部队。内卫部

图 1-12　武装警察部队边防官兵反恐处突演练

队由各省（自治区、直辖市）总队和机动师组成，是武警部队的主要组成部分，受武警总部的领导指挥。第二类是公安现役部队。这是列入武警序列由公安部门领导指挥的部队，包括边防部队、消防部队和警卫部队。第三类是警种部队。这是列入武警序列受国务院有关业务部门和武警双重领导的部队，包括黄金部队、水电部队、交通部队、森林部队。

武警部队按照多能一体、有效维稳的战略要求，发展执勤安保、处突维稳、反恐突击、抢险救援、应急保障、空中支援力量，完善以执勤处突和反恐维稳为主体的力量体系，提高以信息化条件下执勤处突能力为核心的完成多样化任务能力。

（三）中国民兵

中国民兵（图 1-13）是不脱产的群众武装组织，是人民解放军的助手和后备力量。民兵担负参加社会主义现代化建设、执行战备勤务、参加防卫作战、协助维护社会秩序和参加抢险救灾等任务。民兵建设注重调整规模结构，改善武器装备，

推进训练改革，提高以支援保障打赢信息化条件下局部战争能力为核心的完成多样化军事任务能力。民兵组织分为基干民兵组织和普通民兵组织。基干民兵组织编有应急队伍、联合防空、情报侦察、通信保障、工程抢修、交通运输、装备维修等支援队伍，以及作战保障、后勤保障、装备保障等储备队伍。

图 1-13 民兵点验展雄风

三、新中国成立以来的国防建设历程

中华人民共和国成立以来，我国国防建设大体经历了以下四个阶段：

（一）恢复阶段（1949—1953 年）

这一阶段我国处在外御帝国主义侵略、内治战争创伤和恢复经济时期。这一时期的国防建设主要完成了三个方面的任务：一是解放了全国大陆和除台、澎、金、马之外的全部沿海岛屿，肃清了大陆上国民党的残余武装，平息了匪患，建立了边防和守备部队，加强了海上边防的守卫；二是取得了抗美援朝战争的胜利；三是建立、健全统一的军事领导机构和军事制度。建立了全军的领导机关和各级军事领导机构，加强了对全国武装力量的领导；建立了一支初具规模的海军、空军和各兵种部队，逐步开始从单一陆军向诸军兵种全面建设过渡；开办了 100 余所军事院校，为国防建设培养了大批现代化军事人才；统一了军队编制体制；建立了各项规章制度。

（二）全面建设阶段（1954—1965 年）

这一阶段是我国国防现代化建设突飞猛进的重大时期。1953 年 12 月召开的全国军事系统党的高级干部会议，是军队建设和国防建设的一个里程碑。这次会议确定了我国国防建设的主要任务是防御帝国主义侵略，保卫社会主义建设，保卫亚洲与世界和平。制定了"积极防御"的战略方针，提出了实现国防现代化的重大战略措施，包括精简军队，压缩国防开支，加速发展工业，为国防现代化打基础；加强国防工程建设，在沿海、边防和纵深要地建设防御工程体系；实行义务兵、军官薪金、军衔三大制度；大办军事院校，重新划分战区，完善战略、战役指挥体系；加强动员准备，建立各级动员机构和动员制度。这些重大措施有力地促进了我国国防现代化建设的全面发展，初步形成了具有中国特色的国防体系。经过 10 多年的艰苦努力，我国国防体系基本完成配套，一些领域已接近当时的世界先进水平，并成功地爆炸了第一颗原子弹。

相关链接：

红色蘑菇云——新中国第一颗原子弹爆炸

（三）曲折发展阶段（1966—1976 年）

这一时期尽管有林彪、"四人帮"的干扰和破坏，毛泽东、周恩来等党和国家主要领导人仍然警觉地注意维护我国的安全，保持了军队的稳定，顶住了霸权主义的压力。同时对发展国防尖端技术始终没有放松，因而保证了我国氢弹试验和人造卫星发射成功。

（四）现代化建设阶段（党的十一届三中全会至今）

党的十一届三中全会之后，随着国家工作重点的转移，国防建设进入一个新的历史时期。

20 世纪 80 年代，邓小平提出了和平与发展是当今世界两大主题的观点，确定国防建设指导思想实行战略性转变。国防和军队建设从临战状态转向和平时期的建设轨道。在服从和服务于国家建设大局的前提下，有计划有步骤地推进以现代化为中心的军队建设。按照精兵、合成、高效的原则进行重大调整改革，减少数量，提高质量，增强军队在现代战争条件下的自卫能力。

20 世纪 90 年代，以江泽民为核心的党的第三代领导集体科学地回答和解决了国防与军队建设的一系列重大理论和实践问题。抓紧做好军事斗争准备，按照政治合格、军事过硬、作风优良、纪律严明、保障有力的总要求，全面加强军队的革命化、现代化、正规化建设，把推进中国特色军事变革作为军队现代化发展的必由之路，实施科技强军战略，逐步实现由数量规模型向质量效能型、由人力密集型向科技密集型转变。

在新世纪新阶段，以胡锦涛为核心的党中央，坚持把科学发展观作为国防和军队建设的重要指导方针，主动适应世界军事发展新趋势，适应打赢信息化条件下局部战争要求，在更高起点上推进国防和军队的现代化建设。加强新型作战力量建设，推进以信息化为主导的机械化、信息化复合发展，提高基于信息系统的体系作战能力，实现火力、机动力、防护力、保障力和信息力整体提高。

2012 年 11 月 15 日，习近平在党的十八届一中全会上当选中共中央军事委员会主席。这一时期是我国进入全面建成小康社会的决定阶段和实现中华民族伟大复兴的重要时期。以习近平同志为核心的党中央和中央军委，根据复杂多变的安全环境，对国防和军队建设提出了新的要求：一是要坚持以国家核心安全需求为导向，统筹经济建设和国防建设，努力实现富国和强军的统一；二是确立了党在新形势下强军目标，即建设一支听党指挥、能打胜仗、作风优良的人民军队；三是要加强海洋、太空、网络空间安全问题研究。

2013 年 11 月，党的十八届三中全会对全面深化改革作出整体部署，将国防和军队建设纳入国家全面深化改革的总体布局。2015 年 9 月 3 日，在纪念中国人民抗日战争暨世界反法西斯战争胜利 70 周年的大会上，习近平宣布，中国人民解放军将裁减军队员额 30 万。2015 年 11 月 24 日，中央军委召开改革工作会议，部署深化

国防和军队改革任务，对领导管理体制和联合作战指挥体制进行一体设计，通过调整军委总部体制、实行军委多部门制，组建陆军领导机构、健全军兵种领导管理体制，重新调整划设战区、组建战区联合作战指挥机构，健全军委联合作战指挥机构等重大举措，着力构建军委—战区—部队的作战指挥体系和军委—军种—部队的领导管理体系。2015年12月31日，中国人民解放军陆军领导机构、中国人民解放军火箭军、中国人民解放军战略支援部队成立。2016年1月，军委机关调整组建，由原来的总参谋部、总政治部、总后勤部、总装备部4个总部，改为军委办公厅、军委联合参谋部、军委政治工作部等15个职能部门。2016年2月1日，中国人民解放军新战区成立，由原北京军区、沈阳军区、济南军区、南京军区、成都军区、兰州军区、广州军区七大军区，改为东部战区、南部战区、西部战区、北部战区、中部战区五大战区（图1-14）。2016年9月13日，中央军委联勤保障部队成立。

图1-14　中国人民解放军五大战区示意图

经过这一轮改革调整后，中国的国防和军队的领导管理体制与联合作战指挥体制会更加优化，解放军作战能力将进一步得到飞跃式提升。

四、新中国国防建设取得的主要成就

新中国成立以来，在党中央、中央军委领导下，国防建设取得了巨大成就，逐步建立起了中国特色的现代化国防体系。

（一）铸造了一支现代化人民军队

新中国成立以来，人民解放军在毛泽东军事思想、邓小平新时期军队建设思想、江泽民国防和军队建设思想、胡锦涛国防和军队建设思想、习近平国防和军队建设重要论述的指引下，不断向现代化、正规化和革命化迈进。特别是改革开放以来，我国国防实力得到进一步加强，国防现代化建设，尤其是军队的建设，有了突破性的进展，取得了一系列重大成就。

1949年10月1日，当毛泽东主席在天安门向全世界庄严宣告中华人民共和国成立时，经过长期考验的中国人民解放军，也迈开了建设诸军兵种合成军队的坚实步伐。当时的人民解放军基本是一支单一的以普通步兵为主的陆军，而陆军中的炮兵、装甲兵等技术兵种所占比例非常小，且海军、空军仅具雏形。经过几十年的艰苦努力，人民解放军实现了由单一陆军向诸军兵种合成军队的发展。目前，人民解放军适应国家安全环境新变化，紧紧围绕实现中国共产党在新形势下的强军目标，

贯彻新形势下积极防御军事战略方针，加快推进国防和军队现代化，坚决维护国家主权、安全、发展利益，为实现"两个一百年"奋斗目标和中华民族伟大复兴的中国梦提供坚强保障。

（二）建立了完善的国防动员体制

新中国成立以前，中国共产党就开始探索建立国防动员体制。尽管这个时期的国防动员体制并不完善，就连机构名称和工作职能也都很不统一，但为新中国成立后逐步探索建立相对规范的国防动员体制提供了有益的经验。

新中国成立后，经过几十年的建设，国防动员体制得到进一步发展和完善。1994年11月29日成立国家国防动员委员会，2010年2月26日颁布《中华人民共和国国防动员法》，该法的颁布施行，对健全适应经济社会发展的国防动员体制机制，科学规范各级政府、军事机关、公民和组织在国防动员活动中的责任、权利和义务，依法加强和保障国防动员建设，都起到了积极的推动作用。2016年1月11日，作为军委主管国防动员和后备力量建设的职能部门——军委国防动员部成立，在人民军队历史上写下了新的一页。

（三）创建了国防科技工业体系

国防科技是衡量一个国家综合国力的重要标志之一，也是国防现代化建设的一个重要方面。经过几十年的建设和发展，我国的国防科技工业经历了从无到有、从小到大、从落后到先进的过程，建立起电子、船舶、兵器、航空、航天和核能等门类齐全、综合配套的科研实验生产体系，取得了巨大成就。

军事电子科技已成为具有相当规模、门类齐全的新兴工业部门，特别是在指挥自动化、情报侦察、预警探测、电子对抗和通信等方面，为我军提供了各种新式装备和产品，进一步增强了部队侦察、通信、指挥和作战能力；在船舶工业方面，先后自行研制建造了核动力潜艇、常规潜艇、导弹驱逐舰、导弹护卫舰、导弹快艇等作战舰艇，以及各种辅助船舶和新型鱼雷、水雷、反水雷等新装备；在兵器工业方面，研制生产了一大批具有先进性能的坦克、装甲车辆、火炮、弹药、轻武器、军用光电器材和综合火控、指挥系统等新型武器装备；在航空工业方面，已能够生产歼击机、轰炸机、直升机、运输机、教练机等，基本满足了海空军作战和飞机训练的需要；在航天科技工业方面，已拥有地地、地空、海空和空空导弹武器系统，运载火箭、各种应用卫星的研制和实验能力以及各种应用卫星的发射能力，在世界高技术领域占有自己的一席之地。2015年3月30日，首颗新一代北斗导航卫星成功发射（图1-15），标志着我国北斗卫星导航系统由区域运行向

图1-15　中国成功发射首颗新一代北斗导航卫星

全球拓展的启动实施；在核工业方面，我国不仅可以生产制造原子弹、氢弹，还掌握了核潜艇技术，形成了我国的核威慑力量；在和平利用核能方面，我国也取得了突破性进展，已先后与巴西、阿根廷、英国、美国、韩国、俄罗斯、法国等30个国家签订双边核能合作协定，开展各项合作与交流，并为发展中国家提供力所能及的帮助。

（四）走出了一条军民融合式发展路子

新中国成立以来，我们党在领导国防和军队建设实践中，始终致力于探索军民结合、寓军于民的路子。1956年，毛泽东在最高国务会议上第一次提出了"军民两用"问题，强调国防工业生产要有两套设备，平时为民用生产，一有事，就可以把民用生产转化为军用生产。1982年，邓小平针对我国军工自成体系、军民分割状况，进一步提出国防工业要贯彻"军民结合、平战结合、军品优先、以民养军"的方针，强调军工体制必须"结束另一个天地的时代"。进入20世纪90年代，江泽民提出了"寓军于民"思想，并把寓军于民作为创建国防科技工业新体制的核心内容。新世纪新阶段，当代科技革命、产业革命和新军事变革迅猛发展，国防经济与国民经济、军用技术与民用技术的结合面越来越广、融合度越来越深、融合条件越来越充分，军队信息化建设和信息化作战对经济、科技和社会发展的依赖性也空前增强。适应这一新形势新要求，胡锦涛明确提出"走出一条中国特色军民融合式发展路子"重大战略思想，把"军民结合、寓军于民"提升到国家战略层面，拓展到经济、科技、教育、人才、社会服务等各个领域，从而在更广范围、更高层次、更深程度上把国防和军队现代化建设融入经济社会发展体系之中，书写了强军与富国并举的辉煌篇章。

图1-16　中国科协年会军民融合科技创新展举行

2015年11月24日至26日，习近平在中央军委改革工作会议上强调指出："要着眼于贯彻军民融合发展战略（图1-16），推动跨军地重大改革任务，推动经济建设和国防建设融合发展。着力解决制约军民融合发展的体制机制问题，努力构建统一领导、军地协调、顺畅高效的组织管理体系，国家主导、需求牵引、市场运作相统一的工作运行体系，系统完备、衔接配套、有效激励的政策制度体系，形成全要素、多领域、高效益的军民融合深度发展格局。"为新形势下深入实施军民融合发展战略指明了方向。

相关链接：
盘点世界5大军民融合技术

（五）维护了国家统一和安全

新中国成立以来，我军为保卫和平、反对侵略，捍卫国家领土、主权的完整和统一，取得了多次边境自卫反击作战的胜利。新中国成立之初，以美国为首的帝国主义国家企图把新生的共和国扼杀在摇篮之中。1950 年，美国进一步扩大朝鲜战争，中国人民志愿军于 1950 年 10 月出兵朝鲜，取得了抗美援朝战争的伟大胜利。20 世纪 60 年代初，中国坚决顶住了美帝国主义和苏联霸权主义的巨大压力，并且在 1962 年取得了中印边界自卫反击作战的胜利，进一步稳定了我国安全环境。20 世纪 70 年代以后，随着中美关系的改善，我国东南沿海地区的安全环境得到改善，与此同时，苏联在我国北方陈兵百万，对我国家安全构成了严重威胁，我国坚决顶住了苏联霸权主义的压力，并且在 1979 年取得了中越边境自卫反击作战的胜利。1997 年 7 月 1 日香港回归以及 1999 年 12 月 20 日澳门回归以后，我军又组建了驻港部队和驻澳部队，展示了我军威武之师、文明之师的形象。与此同时，我军在反对和遏制"台独"分裂势力，打击"东突"为代表的恐怖主义、分裂主义、极端主义"三股势力"，维护国家主权和领土完整，维护社会政治稳定和民族宗教团结等方面都作出了十分突出的贡献。此外，我军积极参加社会主义建设，在抗洪抢险、抗震救灾、抗雪救灾以及应对重大突发性事件等方面都发挥了重要作用。2008 年 12 月 26 日，根据联合国安理会有关决议，我海军舰艇编队赴亚丁湾、索马里海域实施护航，截至 2016 年 12 月 24 日，海军先后派出 25 批护航编队（图 1－17）、78 艘次舰艇、21000 余人次官兵，执行护航任务 1000 次，安全护送了近 6300 艘中外船舶，成功解救、接护和救助了 60 余艘遇险中外船舶，持续保持着被护船舶和编队自身"两个百分之百安全"的纪录。

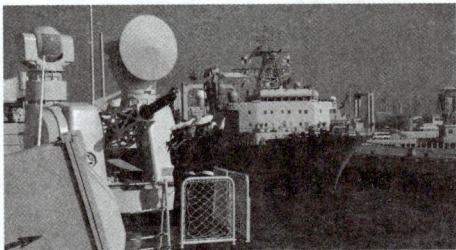

图 1－17　第 25 批护航编队赴亚丁湾

（六）为维护世界和平作出了积极贡献

中国作为一个负责任大国，支持并积极参加联合国维和行动，为维护世界和平作出了积极贡献。自 1990 年参加联合国维和行动以来，中国军队积极践行《联合国宪章》精神、宗旨和原则，已成为维护世界和平的一支重要力量。27 年来，中国军队实现了派遣维和人员从无到有，兵力规模从小到大，部队类型从单一到多样的历史性跨越。

第三节　国防动员

国防动员，简称动员，是国家或政治集团为应对战争或其他军事威胁，采取非常措施将社会诸领域全部或部分由平时状态转入战时状态，使国防潜力转化为国防

实力而进行的准备、实施及其他相关活动。国防动员是国防活动的重要组成部分，是国家实现寓军于民、军民融合的国防发展战略，保持国防与经济社会协调发展，有效增强国防能力，维护国家主权、统一、领土完整和安全的重大举措，在国家安全与发展中具有重要地位。

一、国防动员的内容

国防动员通常包括武装力量动员、国民经济动员、政治动员、交通战备动员和人民防空动员等。

（一）武装力量动员

武装力量动员是指国家为了适应战争的需要，将军队及其他武装组织由平时体制转为战时体制所采取的措施。其通常包括现役部队动员、后备兵员动员和群众武装动员及相应的武器装备和物资等动员。武装力量动员是战争初期夺取战略主动权和取得战争胜利的关键环节，对战争的进程和结局都有着极其重要的影响。在我国，武装力量动员主要是指现役部队动员、后备兵员动员和民兵动员。

1. 现役部队动员

现役部队动员，是指国家为适应战争的需要，将现役部队平时编制转为战时编制，其基本任务是按战时编制体制补充兵员和扩编。在现代信息化局部战争条件下，战争规模有限，战争进程加快，现役部队的动员与使用与以往战争相比更具应急性，对稳定初期战局、夺取胜利的决定性作用更大。

2. 后备兵员动员

后备兵员动员，是指国家为进行战争而征集或招募适龄公民到军队服现役所采取的措施。在现代信息化条件下，后备兵员动员仍然是实现军事战略目的不可或缺的重要措施。在我国可能面临的信息化战争中，后备兵员动员将是增强我国战时军事实力、夺取胜利的重要因素。后备兵员动员以地方政府、军事领导机关为主，在现役部队的配合下组织实施。按动员的形式区分，主要有为现役部队补充满员动员、预备役部队动员和组建部队动员。

3. 民兵动员

民兵动员，是指根据战争需要，动员民兵参战支援前线的活动。我国国防法对民兵的战时任务作了原则规定，即在军事机关的指挥下，担负战备执勤、防卫作战任务，协助维护社会秩序。其战时的任务：一是积极应征，踊跃参军，保证现役部队兵员补充；二是配合军队作战，或独立完成作战任务；三是带领群众发展生产、巩固后方，担负支前、抢救伤员等战场勤务。民兵动员的主要内容和方法是：按战时要求调整、健全民兵组织，包括配齐人员、调整骨干、落实制度；按照计划配发武器装备，并抢修或制造适合民兵参战支前特点的武器装备，满足民兵执行任务的需要；修订参战支前计划，组织各种保障；组织民兵进行临战训练，提高参战支前能力；等等。

（二）国民经济动员

国民经济动员是国家为了保障战争的物资需求和稳定战时经济秩序，促使国民经济的有关部门和体制乃至整个国民经济转入为战争服务的轨道，调整经济资源配置，增加武器装备及其他军用物资生产所进行的活动（图1-18）。经济是战争赖以进行的物质基础。现代条件下，以经济部门为分类标准，一般将经济动员区分为工业动员、农业动员、建筑业动员、运输业动员、商业贸易

图1-18　2016年桂林市国民经济动员专业保障队伍集训总结大会现场

动员、财政金融动员、信息产业动员等。国民经济动员主要是重新配置经济资源，充分调动国家的经济力量，最大限度地满足战争需要。做好经济动员工作，必须坚持平战结合、军民结合，平时就要兼顾战时需要，实现民用经济与军事经济协调发展。

（三）政治动员

政治动员是国家为进行战争而开展的宣传、教育、组织工作和外交活动。政治动员是国防动员的一项重要内容，并为其他领域的动员活动提供思想和组织保证。政治动员对于充分调动和发挥本国军民的精神力量、尽可能地争取国际社会的同情和支持、瓦解敌方的战斗意志，具有重要作用。政治动员在平时主要表现为国防教育，其内容主要包括国防理论、国防知识、国防历史、军事技能和国防法规等方面的教育。国防教育的对象为全民，重点是国家机关工作人员、武装力量组成人员和青年学生。政治动员的目的是对全体军民进行爱国主义和革命英雄主义教育，使之增强国防观念，坚定打败敌人、夺取胜利的决心和信心。

（四）交通战备动员

交通战备动员是指国家在战时控制各种交通运输线、设施和运输工具，进行人员、物资、装备运输的措施，是经济动员的重要组成部分。交通战备动员的主要任务是：保障军队机动、兵员和武器装备的补充、军工生产、军品供应、居民疏散、工厂搬迁以及其他人员、物资的前送后运等。交通战备动员的主要内容包括：交通战备网络规划与建设，交通战备工程设施建设，交通保障队伍建设，交通保障物资和器材的筹措、储备以及保障计划、方案的撰写，军事运输设备的研制和改进，战时交通保障计划的拟制与落实，运力动员筹划与落实，交通保障队伍的组织与训练，战时交通运输指挥机构的设置与转换预演，国防交通教育与科研、法规建设，等等。

（五）人民防空动员

人民防空动员也称为群众性防卫动员（或民防动员），是指国家为了防备敌人空

袭、消除空袭后果，发动和组织公民所采取的一切措施。人民防空动员是国防动员的重要组成部分，主要任务是：依据国家有关法律法令，动员社会力量，进行防空设施建设，组建防空专业队伍，普及防空知识教育，组织隐蔽、疏散，配合防空作战，消除空袭后果。目的是保护居民、经济设施及其他重要目标安全，减少国家及人民群众生命财产的损失，保存战争潜力。其主要工作有：一是人防机构平战转换；二是实行战时人防管制；三是扩编、集结群众防空组织；四是启用人防设施、设备；五是组织、分配社会人防资源；六是开展人防临战教育。

相关链接：

全民国防教育日，这三段防空警报必须听

二、国防动员的意义

（一）动员是增强国防实力的重要措施

国防实力是国家防御外来侵略的力量，是国家军事、政治、经济、科学技术等力量的总和。在和平时期，国家把动员准备纳入经济建设和社会发展的总体规划，贯彻军民结合、平战结合的方针，以增强战争潜力。同时通过动员准备，激发人民的爱国主义和国防观念，使国家政局稳定、经济发达、科技进步，迅速增强综合国力。由于平时奠定了良好的基础，一旦战争爆发，通过战时动员，就能迅速地把战争潜力转化为战争实力。就武装力量建设而言，为了对付敌人的突然袭击和入侵，保持一定数量的常备军是必要的，但在平时要保持一支满足战争需要的庞大军队，任何国家即使是经济发达国家都无法做到，巨额的军费开支必然加重国家的经济负担，影响国民经济的发展，同时也影响部队武器装备的研制和更新。这就要解决平时养兵少、战时用兵多的矛盾。采用常备军和后备力量相结合的原则，平时保持精干的常备军作为战时动员扩建部队的骨干力量，同时积极训练、储备后备力量，以便战时根据需要组编参战。这样既可以加速国民经济的发展，又可以从根本上增强国防实力。

（二）动员是增强国防威慑力的有效手段

一个国家的国防威慑力，不仅取决于常备军的数量和质量，而且取决于军队后备力量和其他动员潜力，取决于常备军与后备力量动员准备的有机结合，以及动员机制健全完善的程度和运行效率。平时充分做好战时动员的准备工作，建立强大的后备力量和健全的动员体制，可以使敌人望而生畏，不敢轻举妄动和贸然发动进攻。目前，一些国家主张采取"不战而屈人之兵"的军事战略，就是这个道理。特别是处于防御地位和反对侵略的国家，更应该采取积极的对策，以充分有效的动员显示应对战争的能力和拼死抵抗的决心，迫使敌人延缓或放弃侵略战争。我国的后备力

量既是潜力又是实力。例如，我国的民兵是现实力量和后备力量的统一体。平时，加强国防后备力量建设（图1-19），做好战争动员准备，无疑可以增大威慑力量，从而达到制约战争爆发和维护和平的目的。

图1-19　解放区举办基干民兵应急技能培训活动

（三）动员是夺取战争主动权的可靠保障

决定战争胜负的因素是多方面的，其中动员的准备和实施的好坏，是一个重要因素。随着现代科学技术的飞速发展及其在军事领域的广泛应用，现代战争的突发性和速决性显著增大，发动战争的一方往往先发制人，迫使对方在无戒备或准备不充分的情况下仓促应战，力求取得速战速决的效果。处于防御地位的国家，如果战时动员工作的准备和实施不当，在战争初期往往处于被动地位，甚至来不及实施动员和完成战略部署，其武装力量和经济命脉就已经陷于瘫痪。历史表明，在现代战争中，谁能保持强大的后备力量，并以最快的速度动员起来投入战争，谁就能取得战争的主动权。

第四节　国防法规

国防法规是指国家为了加强防务，尤其是加强武装力量建设，用法律形式确定并以国家强制手段保证其实施的行为规则的总称。国防法规是由特定的国家机关根据法定权限和程序制定的，是国家法制的重要组成部分，也是国防和军队建设的重要内容。国防法规一般包括国防立法、国防法律制度、国防法律的实施等主要问题。

一、国防法规的概念

国防法规是指国家为了加强防务，尤其是加强武装力量建设，用法律形式确定并以国家强制手段保证其实施的行为规则的总称。

（一）国防法规的主要任务

国防法规是以国家宪法为依据，根据国防建设的战略目标和实际需要而制定的。作为国防活动的基本法律规范，其主要任务是调整和规范国家在国防领域中的各种社会关系，把国防建设纳入法制轨道，确保军队革命化、现代化、正规化建设总目标的实现。

（二）我国现行国防法规的分层

目前，我国现行的国防法规有规范国防建设基本任务、方针原则、领导体制及制度的《中华人民共和国国防法》（以下简称《国防法》），有规范我国兵役和兵役制

度的《中华人民共和国兵役法》（以下简称《兵役法》），有规范武装力量作战、训练、管理等内容的行政法规，有规范军官和士兵服役、军衔等内容的国防人事法规，还有规范发展武器装备、保护军事设施的《中华人民共和国国防科技法》《中华人民共和国军事设施保护法》等。根据宪法规定和立法权限及立法原则，我国现行的国防法规从纵向结构上可划分为以下五个等级：

全国人民代表大会及其常务委员会制定颁布的基本法律及基本法律之外的其他法律。《兵役法》《国防法》等是由国家最高权力机关——全国人民代表大会制定颁布的，处于国家基本法的地位；《中国人民解放军军官服役条例》《中国人民解放军军官军衔条例》等是由全国人大常务委员会制定颁布的，属于基本法之外的其他法律。

国务院、中央军委制定颁布的行政法规。《军人抚恤优待条例》《退伍义务兵安置条例》等是由国务院制定颁布的；《内务条令》《纪律条令》《队列条令》等是由中央军委制定颁布的；《征兵工作条例》《警官警衔制度的具体办法》等则是由国务院和中央军委联合制定颁布的。

国务院各部委和中央军委各总部制定颁布的法规、规章及条例。国务院各部委和中央军委各总部制定颁布的法规和规章有《应征公民体格条件》《交通战备科研管理暂行规定》等。

各军兵种和大军区制定颁布的法规细则及条例，如陆军颁布的《战斗条令》、海军颁布的《舰艇条令》、空军颁布的《飞行条令》等均属这一等级。

各省、自治区、直辖市人大和政府制定的地方性法规规章，如《关于加强人武部建设意见》《征兵工作若干规定》《国防教育条例》等。

二、国防法律制度体系

目前，我国的国防法律制度主要包括以下六方面的内容：

（一）军事组织方面的法律制度

军事组织法律制度是规定各种军事组织系统中体制编制结构、职责权限划分及其相互关系的法律规范的总和。它能调整军事组织中各种与国防有关的社会关系，涉及有关国防和武装力量的组织形式、体制编制、人员装备编配等方面的内容。当前，我国尚无专门的军事组织法典或单行的军事组织法规，有关规定散见于宪法、国防法和其他国防法律、法规的条款之中。

（二）军事行政管理方面的法律制度

军事行政管理方面的法律制度是调整军事行政管理活动中各种社会关系的法律规范的总和，是进行军事行政管理活动的法律依据。具体内容主要有：内务制度，主要由《中国人民解放军内务条令》规定；纪律制度，主要由《中国人民解放军纪律条令》规定；队列制度，主要由《中国人民解放军队列条令》规定；警备制度，

主要由《中国人民解放军警备条令》规定；武器装备管理制度，主要由《中国人民解放军武器装备管理工作条例》《民兵武器装备管理规定》等规定；保密制度，主要由《中华人民共和国保守国家秘密法》和《中国人民解放军保密条例》规定。在国防法律制度中，军事行政管理法律制度是一个调整内容丰富、法规数量众多的分支门类，占有较大的比重和重要的地位。

（三）兵役方面的法律制度

兵役方面的法律制度是国家调整兵役活动中各种社会关系的法律规范的总和。它主要规定国家的兵役制度、公民的兵役义务、兵役工作机构的职责、兵员征集和动员的方式等内容，是国家开展兵役工作，确保公民服兵役，确保常备军和后备兵员补充的法律依据。由全国人民代表大会制定的《中华人民共和国兵役法》规定了兵役方面的基本法律制度。在它之下，国家和军队还制定了一系列兵役方面的法律法规，形成了具有中国特色的兵役制度，主要包括现役制度、预备役制度、兵员征集制度、对违反兵役法的惩处制度。

（四）国防动员方面的法律制度

国防动员方面的法律制度，是国家调整战时与动员活动中各种社会关系的法律规范的总和。它是国家实施战时管制以及由平时状态转入战时状态，统一调动人力、物力、财力为战争服务的法律依据。其主要有《中华人民共和国国防动员法》《民用运力国防动员条例》等。

（五）国防教育方面的法律制度

国防教育方面的法律制度，是调整国防教育活动中各种社会关系的法律规范的总和。它是国家对全民进行国防教育、加强其国防观念、提高其国防素质的法律依据。它既包括国家权力机关制定的国防教育法律，主要有《中华人民共和国国防教育法》（以下简称《国防教育法》），也包括地方权力机关和行政机关制定的地方性法规与规章。

（六）军事设施保护方面的法律制度

军事设施保护方面的法律制度，是调整人们在保护军事设施活动中各种社会关系的法律规范的总和。它是国家保护军事设施的安全和使用效能、维护国家军事利益的法律依据。其主要由《中华人民共和国军事设施保护法》（以下简称《军事设施保护法》）《关于保护通信线路的规定》《关于保护机场净空的规定》等一系列法律法规组成。

此外，还有安全防卫、军事训练、军队政治工作、国防后勤、人民武装警察部队、国防科研生产、优抚与安置、军事刑事法律和对外军事关系等方面的法律制度。

三、公民的国防权利和义务

公民的国防权利是指宪法和法律赋予公民在国防活动中享有的权利或利益。国

家从法律和物质上保障公民和组织享有这种权利的可能性。公民的国防义务是指由宪法和法律规定的公民在国防方面应当履行的责任。国防义务是法定义务和法律义务。每一个公民都享有相应的国防权利，也必须履行相应的国防义务。

（一）公民的国防权利

根据我国《国防法》的规定，公民享有以下三个方面的国防权利：

1. 国防建设建议权

《国防法》第五十四条规定，公民和组织有对国防建设提出建议的权利。所谓建议权，就是公民有权对国防建设的指导思想、方针原则、规章制度、措施方法等提出改进意见。此项权利是公民依宪法相应的对国家事务的建议权在国防建设方面的体现。

2. 制止、检举危害国防行为权

《国防法》第五十四条规定，公民和组织"有对危害国防的行为进行制止或者检举的权利"。所谓制止权，就是公民有权采取一定的方式方法使危害国防的行为停止下来，从而维护国防利益。所谓检举权，就是在危害国防的行为发生以后，公民有权进行揭发。对违法犯罪行为进行制止、检举是公民享有的一项普遍性权利，在国防领域也不例外。国家和社会保护行使此项权利的公民，使之免于因行使此项权利而受到打击报复或其他损害。

3. 损失补偿权

《国防法》第五十五条规定，公民和组织因国防建设和军事活动在经济上受到直接损失的，可以依照国家有关规定取得补偿。但必须明确的是，有些补偿措施是在战后落实的，不能把预先得到补偿作为接受动员和接受征用的条件。战时，国家可能一时拿不出钱来，那就先征用，战后再补偿。

（二）公民的国防义务

我国的国防法规赋予公民的国防义务主要有以下六项：

1. 维护国家统一和安全的义务

我国宪法第五十二条规定，中华人民共和国公民有维护国家统一和全国各民族团结的义务。维护国家统一主要是指维护国家领土的完整，任何公民都不得破坏、变更和以其他各种形式分裂肢解国家领土；维护国家政权的统一，不允许任何公民以各种方式分裂国家政权，破坏国家的统一，不允许任何人以任何方式把国家主权割让给外国。我国宪法第五十四条规定，中华人民共和国公民有维护祖国的安全、荣誉和利益的义务，不得有危害祖国的安全、荣誉和利益的行为。维护国家的安全主要是指维护国家的领土、主权不受侵犯，国家各项机密得以保守，社会秩序不被破坏。履行维护国家统一和安全这项义务，就是要求每一个公民都有高度的爱国主义精神和积极的爱国主义行动，以国家利益为最高利益，自觉维护祖国统一、安全、荣誉和利益，绝不做危害国家安全、民族荣誉和祖国利益的事。

2. 履行兵役的义务

我国《国防法》第五十条规定，依照法律服兵役和参加民兵组织是中华人民共和国公民的光荣义务。我国《兵役法》第三条规定，中华人民共和国公民，不分民族、种族、职业、家庭出身、宗教信仰和受教育程度，都有义务依照本法的规定服兵役。按照我国《兵役法》的规定，公民履行兵役义务有服现役、服预备役和参加民兵组织三种形式。参加民兵组织，服预备役，以及高等院校和高级中学学生参加军事训练，是我国应征公民在军队之外履行兵役义务的普遍形式。所有预备役人员必须依法参加军事训练，执行其他军事任务，并随时准备应征入伍服现役（图1-20）。

图1-20　青年大学生应征入伍服兵役

相关链接：

大学生当兵微电影《不忘初心》

3. 接受国防教育的义务

我国《国防法》第五十二条规定，公民应当接受国防教育。我国《国防教育法》第五条进一步强调，中华人民共和国公民都有接受国防教育的权利和义务。国防教育是建设和巩固国防的基础，是增强民族凝聚力和提高全民素质的重要途径，普及和加强国防教育是全社会的共同责任，自觉接受国防教育是公民应尽的义务。

4. 支前参战的义务

根据宪法和《兵役法》的规定，在战争发生时，为了对付敌人突然袭击，抵抗侵略，适龄公民应当积极响应祖国的战时征召。部分服现役人员参加战斗，其余的人员除了随时准备应召服现役外，还要在政府的领导下，由当地军事指挥机关组织，积极担负战备勤务，支援前线作战。

5. 保护军事设施的义务

我国《军事设施保护法》第四条明确规定，中华人民共和国的所有组织和公民都有保护军事设施的义务。禁止任何组织或者个人破坏、危害军事设施。任何组织或者个人对破坏、危害军事设施的行为，都有权检举、控告。根据《军事设施保护法》和国家其他有关保护军事设施规定的要求，公民应当自觉遵守各类军事设施的保护规定。

6. 保守国防秘密的义务

我国宪法第五十三条规定，中华人民共和国公民必须遵守宪法和法律，保守国家秘密。《中华人民共和国保守国家秘密法》规定，国家秘密关系国家的安全和利益，一切国家机关、武装力量、政党、社会团体、企事业单位和公民都有保守国家

秘密的义务。

第五节 国防教育

国防教育是指国家为增强公民的国防观念和提高公民的国家安全意识，在全体公民中进行的以爱国主义为核心的与国防和军队有关的思想、知识、技能的普及性教育。国防教育是国之大事，旨在强化全民的国家意识、国防意识和国土意识，筑牢中华民族伟大复兴的精神长城。我们的国防是全民的国防，建设巩固国防是每个公民义不容辞的责任和义务。

一、国防教育的地位与作用

国防教育是国家必不可少的基础教育，在国家生存和发展中具有极其重要的战略地位和作用。

（一）国防教育是增强民族凝聚力和向心力的重要途径

国防教育是以爱国主义为核心的国防思想、国防知识等方面的教育。经常性的灌输，可以有效地唤起国民的爱国感情，使国民树立强烈的国防观念。而这种爱国感情和国防观念，在民族生存和发展中，能激发出巨大的凝聚力和向心力。在中华民族发展的历史长河中，这种由爱国主义所形成的凝聚力和向心力是无时不在的。特别是当国家和民族面临危亡、社会发展处于转折的关键时刻，它可以把不同民族、不同阶级、不同信仰的人们最广泛地动员和团结起来，同仇敌忾，共赴国难，为保卫祖国而奋斗。

当前，随着我国对外开放不断扩大，意识形态领域的斗争更加复杂，特别是西方敌对势力打着自由、民主、人权的旗号干涉我国内政，极力怂恿支持"藏独""东突"等分裂势力进行分裂破坏活动，给我国的民族团结和民族凝聚力造成了很大的危害。我们必须通过深入持久的全民国防教育，进一步凝聚全民族力量，激发广大人民群众的爱国之心、强国之志，筑牢中华民族的精神长城。

（二）国防教育是提升国民素质和国家竞争力的重要手段

当今世界综合国力的竞争，不仅包括政治、经济、文化、科技、军事等方面的竞争，还包括国民素质的竞争。国民素质的高低、国防意识的强弱，直接关系到国家的兴衰和安危。如果一个国家的国民都有着很高的素质，都有着强烈的国防意识，都把国家利益看得至高无上，都能自觉地支持和参加国防建设，都能誓死保卫自己的祖国，那么，这个国家就将是不可战胜的。

国防教育能够使广大国民具有强烈的爱国精神和忧患意识，从而时刻将国家安危、民族兴亡记在心上。在抗日战争中，武器装备落后的中国人民，能够战胜武装装备精良的日本侵略者；在抗美援朝战争中，装备处于劣势的中国人民志愿军，能

够打败世界头号强国美国，这些都充分证明，精神因素和主观能动性对提高战斗力能够起巨大的作用，也能够提高整个国家的竞争能力。

（三）国防教育是关系国家生死存亡的基础工程

中外历史发展的经验一再证明，国防教育对国家的兴衰存亡，具有十分重要的作用：凡是注重国防教育和国防建设的朝代，国家就强盛，外敌不侵，边患不起，人民就安居乐业，凡是轻视武备、放松国防教育的时期，国家就积贫积弱，人民就饱受战乱和颠沛流离之苦。当今的相对和平时期，给我国的发展和国防现代化建设带来了难得的机遇，但长期的和平环境又容易使人们产生苟安心理，淡化国防观念。并且西方反动势力针对中国搞和平演变和颠覆的图谋从来没有也永远不会停止。因此，面对当前的国际形势，必须加强和完善国防法制建设，实行全民国防教育，不断提高全民的国防观念和国防素质，牢记史训，不忘备战，警惕战争亡国的危险。

军海泛舟

两次世界大战中的法国

法国在第一次世界大战中，由于举国上下有着强烈的国防意识，军队士气高昂。在著名的凡尔登战役中，法军英勇奋战，即使面对三倍于己的德军，仍然高呼"他们不得通过"的口号，使得德军寸步难行，直接导致德军统帅部的战略计划破产，德军人员损失达60万人，最终也没能打开凡尔登的大门。但是在第一次世界大战以后，法国政府放松了国防教育，和平主义、绥靖主义充斥了整个法国，公民普遍产生厌战情绪，醉心于安乐，甚至谈战色变，许多公民逃避兵役。第二次世界大战中德军发动进攻时，尽管法国修筑了总长400千米、纵深6～8千米的坚固的马奇诺防线，但由于国民心理防线早已崩溃，没有"为国而战""为民族生存而战"的思想基础和准备，马奇诺防线很快被德军突破，法国不到一个月就全部沦陷了。正如当时法国陆军总司令甘末林所说："今天所动员的人员在两次战争之间的阶段中，并不曾受到爱国的精神教育，所以他们对于决定国家命运的战斗，在精神上是毫无准备的。"

二、国防教育的方针与原则

国防教育是国防建设和国民教育的重要组成部分，是全民国防意识的社会系统工程。在长期的国防教育实践中，我国已总结出系统科学的国防教育方针和原则，并由《国防教育法》作出了明确规定。

（一）国防教育的方针

1. 全民参与

国防教育是全民性的巨大社会工程，是一项涉及社会各个方面的多层次的社会

性教育，普及和加强国防教育是全社会的共同责任，参与和接受国防教育是全体公民的权利和义务，绝不允许任何单位、任何团体和任何个人以任何借口拒绝参与与接受国防教育。

2. 长期坚持

培养公民的国防意识和国防精神是一项长期性任务，绝非一朝一夕所能完成的，必须持久地开展，常抓不懈。因此，国防教育不仅要在组织形式和法规制度上予以保障，更要在教育内容上下功夫，特别应在国防理论上逐步形成系统化、规范化的整套教材，使国防理论能真正发挥作用。

3. 讲求实效

国防教育事关国家的安危，因而容不得半点虚假。在进行国防教育时，必须把着眼点始终放在教育的实效上，坚决防止弄虚作假、形式主义、走过场等不良倾向。要从国情出发，着眼于国防教育的特点和发展，着眼于未来反侵略战争的需要，着眼于国际国内形势的发展变化，有针对性地施教；要注意提高教员队伍的素质，运用现代化教育手段，搞好各种教学保障。

（二）国防教育的原则

《全民国防教育大纲》第四条规定，国防教育应坚持以下三点原则：

1. 经常教育与集中教育相结合

从教育形式看，经常教育和集中教育是国防教育的两种基本形式。经常教育是通过媒体宣传、活动培养、典型带动、环境熏陶、文学艺术感染等途径，进行长期不懈、形式多样、生动活泼的国防教育，将教育融入公民日常的工作、学习、生活之中；集中教育是利用全民国防教育日和其他重大节日、纪念日，征兵和预备役人员集训、学生军训，以及国际国内重大事件等时机，有组织、有计划地开展专题、系统的国防教育。经常教育和集中教育是相辅相成、有机统一的整体。前者是后者的基础，后者是前者的深化和提高。

2. 普及教育与重点教育相结合

从教育对象来看，国防教育可以分为普及教育和重点教育两种类型。普及教育是对全体公民进行的普遍教育，主要是进行国防建设和战争的基本理论、基础知识、基本技能教育以及国防法规教育、"三防"知识教育等。重点教育是对重点团体、重点单位和重点地区的教育对象进行较系统的国防建设和战争的专门理论知识及技能教育，是重点"突出领导干部、青少年和民兵、预备役人员"的国防教育。普及教育和重点教育是一个有机整体。普及教育是基础教育、共性教育、长期教育，是全体公民必须接受的教育。没有普及教育，国防教育就没有坚实的基础，国防观念、国防意识就不可能深入每个公民的心中。重点教育是在普及教育基础上的提高教育。不抓好重点教育，那些担负特殊任务的团体和人员，那些作为国家和社会持续发展的重要力量，就不可能得到应有的提高，就不能胜任自己所担负的建设国防、保卫祖国的任务。因此，国防教育要坚持普及教育与重点教育相结合，既覆盖全民，又重点推进。

3. 理论教育和行为教育相结合

就教育内容和方法看，国防教育包括理论教育和行为教育两个方面。理论教育是通过普及国防知识、学习国防理论，引导公民认清国防建设的重要性，树立牢固的国防观念，为履行国防义务提供思想保证。行为教育是通过组织军事技能训练，体验军事生活，参与国防建设实践，开展拥军优属（图1-21）、拥政爱民等活动，增强公民履行国防义务的意识和能力，把国防观念转化为保卫祖国、建设祖国的实际行动。理论教育和行为教育的作用虽然各不相同，但两者相互依存、相互促进。只有将两者紧密结合起来，才能使受教育者提高国防综合素质和能力，保持国防教育的正确方向，有效地增强教育效果。

图1-21　拥军优属

三、国防教育组织与实施的方法

方法是达成目的的桥梁。国防教育要提高教育质量和取得最优教育效果，必须有一套最优的教育方法。目前我国的国防教育对象，涵盖了全国党、政、军、民、学各个领域的人员。其中，武装力量是国防教育的主体对象，各级干部是国防教育的关键对象，学生是国防教育的基础对象。由于国防教育对象的广泛性和内容的丰富性，要求国防教育的组织与实施方法必须灵活多样。目前我国各级各类学校按照《国防教育法》的要求，主要以组织学生军训和进行军事理论课程教育的方式进行国防教育，而社会国防教育主要采取以下方法实施：

（一）利用大众媒体开展教育

利用大众媒体开展教育，包括利用报纸、杂志、广播、电视、网络等开展教育。目前，全国许多报刊、电视台、广播电台开办了国防教育专栏或专题节目，有些地区还开办了国防教育网站，建起了集报纸、刊物、广播、电视、网站"五体一位"的宣传网络，扩大了国防教育的覆盖面。

（二）利用国防教育场所开展教育

利用国防教育场所开展教育主要是运用纪念馆、纪念地、领袖故居、烈士陵园、革命和历史遗址等缅怀纪念场所，博物馆、科技馆、文化馆、青少年宫、国防园、兵器馆以及军队的军史馆、荣誉室等观摩学习场所，民兵训练基地、学生训练基地、少年军校等军事训练场所，形象直观地开展国防教育。

（三）利用节日和纪念日开展教育

开展国防教育可以利用重大的节日和传统节日，如国庆节、建军节、春节等；重大历史事件纪念日，如九一八事变纪念日、抗日战争胜利纪念日、南京大屠杀死难者国家公祭日等。每年9月第三个星期六为法定的全民国防教育日，各地通常都

会开展声势浩大的国防教育活动。这些活动的开展，对提高全民国防意识，增强全民国防观念，形成全民关心国防、支持国防建设的浓厚氛围都起到了积极的作用。

（四）利用各种活动开展教育

利用各种活动开展教育，主要是结合双拥共建、征兵宣传、文化体育等，组织开展读书演讲、知识竞赛、文艺演出、专题展览等丰富多彩、群众喜闻乐见的国防教育活动，吸引公民自觉接受和参与国防教育，从而进一步增强公民关心国防、热爱国防、建设国防、保卫国防的责任感和自觉性。

思考题

1. 国防的基本含义是什么？它有哪些要素？
2. 我国国防的目的是什么？如何理解和把握？
3. 现代国防的基本特征有哪些？
4. 从我国国防历史中可以得到哪些启迪？
5. 什么是国防建设？其内容主要包括哪些？
6. 中国的国防政策主要包括哪些内容？
7. 什么是国防动员？国防动员的内容有哪些？
8. 什么是国防法规？
9. 简述我国国防立法的主体和立法权限。
10. 我国的国防法律制度主要包括哪些内容？
11. 公民的国防权利和义务分别有哪些？
12. 简述国防教育的方针与原则。

第二章　军事思想

　　军事思想的研究对象是战争、军队和国防建设问题。它具有鲜明的阶级性、强烈的时代性和明显的继承性，既是对历代战争与军事实践经验的理论概括，又对现实和未来的战争与军事实践具有重要的理论指导作用。

第一节　军事思想概述

　　军事思想是军事科学的重要组成部分，在军事科学体系中占指导地位。它是研究军事科学体系中其他各门具体军事学科的理论基础和根本方法。

一、军事思想的基本概念

（一）军事思想的定义和分类

1. 军事思想的定义

　　军事思想是关于战争、军队和国防的基本问题的理性认识，是人们长期从事军事实践的经验总结和理论概括。

　　军事思想揭示战争的本质、战争的基本规律以及指导战争的规律，阐明军队建设的基本理论和原则，从总体上反映战争和军事问题的研究成果。军事思想是战争与军事实践经验的理论概括，主要来源于战争与军事活动的实践，又给战争和军事实践以理论指导，并随着战争和军事实践的发展而发展，是军事科学的基础部分。

2. 军事思想的分类

　　从不同的研究角度出发，军事思想可以有不同的分类方法。按时代来划分，可分为古代军事思想、近代军事思想和现当代军事思想；按阶级性质来划分，可分为奴隶主阶级军事思想、封建地主阶级军事思想、资产阶级军事思想和无产阶级军事思想等；按地域和国家来划分，可分为外国军事思想和中国军事思想；按人物来划分，可分为孙子（图 2 - 1）军事思想、拿破仑军事思想、克劳塞维茨军事思想和毛泽东军事思想等。总的来说，任何军事思想都是对战争和军事问题的理性认识。它以一定的哲学世界观和方法论为指导，反映一定时代、阶级、国家、人物对战争性质、战争准备与实施等所持的基本观点。

图 2 - 1　孙武

（二）军事思想的内容

军事思想的内容大体可以分为两个层次：一是军事哲学问题，主要内容有战争观、军事问题的认识论和方法论；二是军事实践基本指导原则问题，主要内容有战争指导的基本方针和原则、军队建设的基本方针和原则、国防建设的基本方针和原则等。

（三）军事思想的特性

1. 军事思想具有鲜明的阶级性

军事思想来源于社会实践，在阶级社会中，人们为了各自阶级的利益，所奉行和推崇的军事思想必然要反映各个阶级对战争和军队建设的认识与立场。因此，不同阶级、国家或政治集团必然有不同的军事思想。

2. 军事思想具有强烈的时代性

军事思想是一定时代发展阶段的产物。由于不同历史时期的战争形态不同，军队的组织原则和编制体制也不尽相同。因此，不同历史时期的军事思想各有自己的特征。军事思想的这种特征往往最能反映一定时代的经济、政治、意识形态的现状，特别是军事科学技术的发展水平。也就是说，不同历史时期的军事思想体现着不同时期的生产力水平和军事科学发展水平。因此，军事思想具有强烈的时代性。

3. 军事思想具有明显的继承性

战争的特征之一，就是强制人们的主观认识与客观实际相一致。因此，在战争中，人们必须按事物的客观规律办事。古代大军事家孙武曰："先知者，不可取于鬼神，不可象于事，不可验于度，必取于人，知敌之情者也。"因为只有这样，才能做到"知彼知己，百战不殆，知天知地，胜乃无穷"。所以，历史上形成的具有规律性的军事原则、概念和范畴被流传下来为后人所用，并不断地加以丰富和发展。

二、军事思想的产生与发展

人类对军事问题的认识，随着社会生产力的发展、战争规模的扩大，以及人们科学文化水平的不断提高，经历了一个由浅入深的演进过程。

（一）古代军事思想

中国古代军事思想是指公元前 21 世纪至 1840 年鸦片战争之前产生和发展的军事理论。

从公元前 21 世纪奴隶制的夏王朝起，战争成为阶级斗争的最高形式。在甲骨文和金文中已经有了军事与战争问题的记载。当时的军事理论散见于国家的典章法令和其他文献之中。例如，《易经》（图 2-2）的卦辞和爻辞中有反映商周之际谋略思想的内容。《尚书》《诗经》中记述了一些军事理论的片段和零星的谋略思想及战争情况。

图 2-2　《易经》

春秋战国时期，随着奴隶制向封建制的过渡，社会大变革和频繁的战争使军事理论和实践得到新的发展。军队的组织制度初步完善，战略战术原理趋于系统，作战兵器也不断改进，许多军事家和兵书著作不断涌现。其中最杰出的就是春秋末期齐国孙武所著《孙子兵法》，它是中国古代军事思想的精华。它的军事理论和哲学思想都达到了当时的最高水平，成为后世兵书的典范，影响深远。

相关链接：

百家讲坛：《孙子兵法》之奇人奇书

在秦始皇统一中国后的漫长历史时期中，虽历经秦、汉、晋、隋、唐、宋、元等王朝的统治和更迭，但先秦的军事思想一直起着重要的指导作用。同时，社会经济、政治、文化及战争的发展，也使军事思想得到进一步丰富和提高。

从明朝至清朝后期，中国封建社会逐步走向没落，不但有连绵不断的大规模农民起义战争、民族起义战争和统治者的平叛战争，而且外国也开始入侵中国。这一时期，一方面出现了只求守城保寨的单纯防守作战思想；另一方面从实践中总结出带有强烈革新内容的军事思想。清王朝时，统治者局限于骑射为满洲之根本的思想，采取闭关锁国政策，在军事上逐渐趋于保守落后。虽然也出现了一些总结实战经验或论述防务和训练的兵书，但军事思想仍趋于陈旧和保守。

在古代，世界上其他国家的军事思想，特别是古代希腊军事思想和古代罗马军事思想获得显著发展。史书记载了古希腊底比斯军事统帅埃帕米农达、马其顿国王亚历山大三世、迦太基军事统帅汉尼拔、古罗马军事改革家马略、奴隶起义军领袖斯巴达克等人的军事实践活动和这一时期的代表性军事著作。

（二）近代军事思想

世界近代是资本主义形成与上升、无产阶级作为独立的政治力量开始登上历史舞台的时代。近代军事思想发展的总体特征有两个：一是欧洲一些国家在文艺复兴运动和产业革命的推动下率先实行军事思想的变革，资产阶级军事思想体系得到确立；二是人类军事思想发生革命性变化，以马克思主义军事理论为代表的无产阶级军事思想宣告诞生。

15世纪和16世纪之交，欧洲军事思想领域出现了近代化的萌芽，主要代表著作是意大利马基雅维利的《战争艺术》等。17—18世纪，欧美各国资本主义因素迅猛发展，发达的工场手工业生产出大量新式火器，资产阶级政治革命风暴造成的阶级关系和民族关系变化，加之早已兴起的文艺复兴运动对意识形态的催化作用，促使战争和军队建设从形式到内容都发生了巨大变革，欧美军事思想的近代化过程也随之达到高潮。近代欧洲军事思想变革的成果集中体现在产生于18世纪末至19世纪前期的拿破仑战争艺术上，以及克劳塞维茨所著的《战争论》和若米尼所著的《战争艺术概论》这两部军事理论名著之中。

经典战例 ▶▶ ▶

拿破仑灵活指挥战争被赞"欧洲第一名将"

1805 年的第三次反法联盟战争，是拿破仑军事才能和指挥艺术的完美体现。他在这场战争中凭借非凡的军事才能和灵活的战略战术，创造了以少胜多、以弱胜强的惊人战绩，赢得了"欧洲第一名将"的美誉。

1805 年 8 月 9 日，英国、奥地利、俄国、瑞典和那不勒斯结成了第三次反法联盟。根据盟约，奥地利出兵 30 万，俄国出兵 18 万，英国提供财政援助，并对各自的分工作了明确规定，要求各国军队协调一致，多路同时进攻。

战争仅仅历时 4 个月。拿破仑首先通过外交谈判促成普鲁士中立。然后果断下令放弃渡海征英计划，调遣 17.6 万大军强行军前往中欧地区。9 月 25 日，他赶在俄奥军队会师之前，率领法军向奥军发起进攻，很快取得乌尔姆战役大捷。在乌尔姆战役中，奥军损失 5 万余人，丢掉 200 门火炮和 90 面军旗，而法军只伤亡 1500 余人。但法军的处境仍然十分危险，因为普鲁士决定放弃中立，十几万普军正向奥地利边境开进；俄军实施暂时退却，援军源源不断到达；北意大利的奥军主力已经摆脱法军牵制，正向国内撤退。

拿破仑利用联军内部意见分歧，诱使敌人在形成合力前仓促进攻。他以南翼 1 万多人成功牵制联军 4 万多人，而在北翼集中约 6 万人打击联军 4 万多人，形成了局部优势。战场争夺异常激烈。法军最终大败联军，取得了著名的奥斯特里茨战役的胜利。在这场战役中，俄奥联军损失 2.7 万人，损失火炮 133 门，而法军伤亡不足万人。最后，法奥两国签署《普莱斯堡和约》，战争宣告结束。

无产阶级军事思想作为一种崭新的军事思想体系，也是在近代确立的。19 世纪中后期，为适应当时工人运动发展的需要和迎接即将到来的无产阶级暴力革命，马克思和恩格斯共同创立了马克思主义军事理论。马克思主义军事理论的诞生是人类军事思想发展史上一次划时代的伟大革命，为人们研究和解决军事领域的问题提供了科学的基本观点和方法，为无产阶级军事思想的发展奠定了坚实的理论基础。

1840 年鸦片战争之后，中国的传统兵学受到西方军事思想的严重冲击。魏源提出"师夷长技以制夷"的主张，成为变革传统军事思想的开端。在洋务运动中，清政府在"器利兵精"和"自强以练兵为要，练兵又以制器为先"的思想指导下，开始兴办中国近代军事工业，引进和仿造西式枪炮、战舰，编练军队。虽然清军在中日甲午战争中终归失败，但国防建设思想、作战指导思想和作战方式却向近代化迈进了一步。以孙中山为代表的资产阶级革命党人，在共产国际和中国共产党的帮助下，提出以党治军、军队与国民相结合，进而成为群众武力的建军方针，并在军队中建立党代表和政治工作制度，在建军思想上迈出了重大的一步。从 1927 年到 1949 年，蒋介石及国民党政府引进西方和日本的一些军事技术、体制编制和资产阶级军事思想，又按其所需承袭中国古代军事思想，与法西斯的军事思想掺杂混用，从而形成其军事思想的政治特征。

（三）现代军事思想

1917年，俄国十月社会主义革命的成功，标志着人类文明跨入现代史时期，而世界现代军事思想的孕育，可追溯于19世纪和20世纪之交。

19世纪中叶以后，世界列强竞相利用产业革命所提供的崭新物质技术手段，在全球加剧争夺势力范围，相应的军事理论开始产生。

在这一阶段，无产阶级军事思想在世界范围内蓬勃发展。列宁（图2-3）在领导俄国十月社会主义革命和反对帝国主义武装干涉及国内战争中，从帝国主义和无产阶级革命时代的特点与俄国的实际出发，创立了关于战争与革命、武装起义和建设工农红军、实行全民战争等学说，为马克思主义军事理论谱写了新篇章。世界其他一些国家的无产阶级政党在领导本国人民的革命武装斗争中，把马克思列宁主义军事理论的原理与本

图2-3 列宁领导俄国十月社会主义革命

国的实际结合起来，创立了各具特色的军事思想。产生和形成于中国革命战争之中，并在中华人民共和国建立后继续发展的毛泽东思想，成为指导中国革命战争不断走向胜利和指导新中国军队与国防建设不断取得巨大成就的理论武器和行动指南，是无产阶级军事思想发展史上的一座丰碑。

从第二次世界大战结束到20世纪70年代后期，随着核武器的进一步发展和世界两极格局的形成，以美国和苏联为首的两大国际政治、军事集团之间进行了长期的冷战。双方都曾认为，核战争是现代战争的主要样式，导弹、火箭、核武器将决定现代战争的命运。在此期间，随着双方核力量由悬殊到相对均势的发展变化，军事思想也在相应调整。

从20世纪80年代起，随着新科技革命在世界范围内蓬勃兴起，大量新技术用于军事目的，促使军事领域发生了新的变革。尤其是海湾战争所展现的高技术战争的崭新特点，更是对世界各国的军事变革产生了极大的影响。这些都有力地推动了各国现代军事思想的发展。

自20世纪70年代末以来，中国军事思想发生了阶段性变化。邓小平从新的历史条件出发，继承和发展了毛泽东军事思想，创立了新时期军队建设思想。1989年以来，江泽民就加强军队质量建设，把思想政治建设摆在首位，实行科技强军战略，走有中国特色的精兵之路，以改革创新精神迎接世界军事发展的挑战，提高部队高技术条件下遂行作战任务的能力，增强国防整体效能，以及新时期军事斗争准备的基点和指导原则，在高技术条件下仍要坚持人民战争思想等方面，作了一系列重要

论述，提出"政治合格、军事过硬、作风优良、纪律严明、保障有力"这一军队建设的总要求。21世纪初，胡锦涛结合我国国防和军队建设的新情况、新问题，对国防和军队建设的特点、规律所作的一系列新的论述，对新世纪新阶段军事斗争准备进行的科学决策与指导，形成了既与江泽民国防和军队建设思想一脉相承、又有鲜明特点的马克思主义军事理论的新成果。党的十八大以来，以习近平同志为核心的党中央从国内外形势发展变化的新特点、新情况出发，提出了一系列关于国防和军队建设的重大战略思想，特别是习近平的一系列重要论述，对国防和军队建设中一些具有方向性和全局性的重大问题进行了深刻阐释。这些重要论述，是对我国国防和军队建设指导思想的丰富和发展，是新形势下实现中国梦、强军梦的行动指南。

三、军事思想的作用

军事思想在军事科学中居于重要的地位，对军事实践具有宏观的和根本的指导作用。它具体表现在以下三个方面：

（一）为认识军事问题提供基本观点

人们总是基于一定的思想观念去评判军事问题的是非与价值，进而确定对其采取何种态度和行动。军事思想提供的正是这种思想观念。运用马克思列宁主义的理论去看待战争，就能全面认识战争在人类社会生活中的作用，正确判断正义战争与非正义战争，坚持以正义的、进步的、革命的战争去反对非正义的、反动的、反革命的战争。如果用否定一切战争暴力的和平主义或"强存弱汰"的社会达尔文主义之类的观点看待战争，就不可能有正确的态度和行动。

（二）为进行军事预测提供思想方法

科学的军事思想揭示了军事领域矛盾运动的规律，为人们正确地认识战争和进行军事预测提供了科学的认识论和方法论工具。恩格斯和列宁关于资本主义列强之间的争夺将导致世界大战的预见，毛泽东关于中国人民抗日战争进程与结局的论断，就是科学地进行宏观预测的范例。非科学的军事思想因不能揭示甚至歪曲了军事领域矛盾运动的规律，必然导致错误的预测结果。

（三）为从事各项军事实践活动提供全局性指导

人们从事军事实践活动离不开军事思想的指导。军事实践的成败与军事思想的科学与否关系甚大。以科学的军事思想作指导，军事实践就能保持正确的方向，并能达到预期的目的。否则，军事实践的方向就难免会发生全局性的偏差，达不到预期的目的。军事思想之所以能对军事实践起指导作用，就在于它是军事实践的能动反映，是军事实践经验的理论概括，并揭示了军事领域的一般规律。军事思想对军事领域的规律反映得越深刻、越正确，它对军事实践的指导作用也就越大。

第二节　毛泽东军事思想

毛泽东是伟大的马克思主义者，是伟大的无产阶级革命家、战略家、军事家，是中国共产党、中国人民解放军和中华人民共和国的主要缔造者和领导者。在长达半个世纪的军事实践活动中，以毛泽东为主要代表的中国共产党人不断探索中国革命战争的规律，全面总结我军建设和作战的丰富经验，将马克思列宁主义的普遍原理和中国革命战争的具体实践相结合，创造性地形成了毛泽东军事思想。

一、毛泽东军事思想的科学含义

毛泽东军事思想是以毛泽东为主要代表的中国共产党人关于中国革命战争、人民军队和国防建设以及军事领域一般规律问题的科学理论体系，是毛泽东思想的重要组成部分，是马克思列宁主义普遍原理与中国革命战争和国防建设实践相结合的产物，是中国共产党领导中国人民及其军队长期军事实践经验的科学总结和集体智慧的结晶。同时，它还从多方面汲取了古今中外军事思想的精华，是中国共产党领导中国革命战争、军队建设、国防建设和反侵略战争的指导思想。这一定义不仅科学地揭示了毛泽东军事思想的基本内涵，而且充分反映了毛泽东军事思想的本质特征。

（一）毛泽东军事思想是马克思列宁主义普遍原理与中国革命战争实践相结合的产物

马克思列宁主义是毛泽东军事思想产生和发展的直接理论来源。毛泽东军事思想的根本性质属于马克思列宁主义范畴，其基本立场、观点、方法、内在逻辑、整个体系都体现着马克思主义的内在规律性。以毛泽东为代表的中国共产党人在领导中国革命的实践中，把马克思列宁主义同中国革命战争的具体实际相结合，正确地解决了在一个以农民为主要成分的半殖民地半封建国家里如何组织革命军队、进行革命战争的问题，形成了具有中国特色的、发展了的马克思主义军事理论——毛泽东军事思想。

（二）毛泽东军事思想是对中国共产党领导中国人民及其军队长期军事实践经验的科学总结

中国革命武装斗争和国防建设的伟大实践是毛泽东军事思想赖以产生和发展的基础。以毛泽东为首的中国共产党领导的中国革命武装斗争主要有国共合作的北伐战争，独立领导的土地革命战争、抗日战争、解放战争以及新中国成立后的抗美援朝战争和其他自卫战争。其时间之长、规模之大、道路之曲折、情况之复杂、内容之丰富、形式之多样、胜利之辉煌，在中外战争史上都是罕见的。既有同国内反动派作战的经验，又有同国外帝国主义作战的经验；既有小部队分散

进行游击战（图 2-4）的经验，又有大兵团进行运动战、阵地战的经验；既有"小米加步枪"战胜敌人的经验，又有"飞机加大炮"战胜敌人的经验；既有战争年代武装斗争的经验，又有和平时期国防建设的经验。伟大的军事实践必然产生伟大的军事理论。毛泽东军事思想是中国革命战争和国防建设丰富经验的理论升华。

图 2-4　游击战

（三）毛泽东军事思想是具有中国特色的马克思主义军事理论

马克思列宁主义是指导世界无产阶级革命的科学。马克思主义必须同各国的具体国情相结合，才能发挥作用。以毛泽东为代表的中国共产党人，运用马克思主义的立场、观点和方法来研究中国历史，分析中国的社会特点，探求中国革命战争的特点和规律，解决了在半殖民地半封建的中国组织人民军队、进行人民战争的一系列根本问题，创立了具有中国特色的马克思主义军事理论。毛泽东军事思想不是在学院里推究出来的，而是诞生于革命战争的枪林弹雨之中。毛泽东等老一辈无产阶级革命家把战争的实践与辩证思维紧密结合起来，通过对战争不断地实践、认识、再实践、再认识，逐步地深化和完善对战争规律的认识，使主观指导符合客观实际。美国前国防部部长助理菲利普·戴维逊在所著《毛泽东战略》中说，毛泽东是"一切战略家中最重实效、最主张批判地接受经验的一个"。毛泽东军事思想既不是书院式的学究文章，也不是照葫芦画瓢地照搬外国的军事条令，而是中国革命战争经验的理论升华。

（四）毛泽东军事思想是一个开放的体系

建立在辩证唯物主义和历史唯物主义基础之上的马克思主义无产阶级军队建设理论，是在实践与认识的交互作用中产生和向前发展的。马克思主义军事理论由马克思、恩格斯建立后，列宁、斯大林为这一理论增添了新内容。毛泽东把马克思列宁主义的普遍原理与中国革命战争的具体实践相结合，极大地发展了马克思列宁主义军事理论。这种发展的具有中国特色的马克思列宁主义军事理论，就是毛泽东军事思想。而毛泽东军事思想本身，随着时代的发展，也必然在实践中继续发展。邓小平新时期军队建设思想，江泽民关于国防与军队建设的重要论述，胡锦涛关于国防和军队建设的重要论述，都是对这一理论体系的继承和发展。

二、毛泽东军事思想的主要内容

在长期的中国革命战争实践过程中产生的毛泽东思想，系统地解决了中国革命战争中的指导路线、方针政策、战略战术和建设与保卫国防等一系列问题，形成了认识与指导战争和国防建设的完整的理论体系。

（一）军事辩证法

"军事辩证法"这一概念是毛泽东于 1936 年提出来的，最能反映毛泽东军事思

想的特色。毛泽东关于军事辩证法的论述，是在军事领域对马克思列宁主义辩证唯物主义、历史唯物主义的继承与发展，是关于战争与军事规律，特别是关于中国革命战争与军事规律的科学认知，是毛泽东军事思想的理论基础。

毛泽东军事辩证法主要研究和解决以下三个问题：

1. 如何正确地认识战争与对待战争的问题

毛泽东根据马克思列宁主义的战争观，深化了对战争本质的认识，并对如何正确地认识与对待战争等问题作出了系统深刻的分析。其范畴包括战争的起源，战争的发生、发展、消亡的原因和条件，战争的性质，决定战争的因素，战争与政治、经济、科学技术的关系，战争与和平，战争与革命，以及无产阶级对待战争的态度等一系列问题。

2. 如何认识与解决武装力量建设中各种矛盾关系的问题

毛泽东遵循中国革命武装力量建设的客观规律，运用辩证唯物主义的方法，正确处理与解决军队和国防建设中有关军队与革命、军队与国家，以及军队内部与外部之间的各种矛盾。

3. 如何认识与运用战争规律和战争指导规律问题

毛泽东认为，战争同其他事物一样有其自身的发展规律。这种规律在战争实践中是既可以被认识，又可以被掌握的。毛泽东承认战争具有较大的流动性和不确定性，它较之于任何其他社会现象更难捉摸、更少确定性。但是，人们可以从战争的流动性中把握相对固定性的规律，可以通过不确定的征兆和端倪去探寻其相对确定性。

（二）人民战争思想

人民战争是被压迫阶级和民族谋求自身解放，发动和依靠广大人民群众所进行的战争，战争的正义性和广泛的群众性是人民战争的两个基本特点。在中国历史上，虽发生过一些具有人民战争性质或特征的战争，但受其历史条件和阶级的局限，这些战争的广度和深度都很有限，更没有形成科学的理论。只有以毛泽东为代表的中国共产党领导的人民战争及其理论的创造，才开创了真正的全面人民战争的先河，形成了完整系统的人民战争理论。毛泽东基于"对战争的决定因素是人不是物""战争伟力之最深厚的根源，存在于民众之中""兵民是胜利之本"的深刻认识，提出并实践了充分动员群众、组织群众和武装群众，依靠广大人民群众进行革命战争的指导路线，从根本上解决了战胜敌人的力量源泉问题。

图 2－5　油画《毛泽东考察湖南农民运动》

毛泽东的人民战争理论提出：在敌人统治力量相对薄弱的农村建立巩固的革命根据地，实行工农武装割据和土地革命，发动群众，不断积蓄、发展和壮大革命力量，走农村包围城市的革命道路（图 2－5）；实行以主力兵团为骨干，与地方武装、群众武装相结合的武装力量体制，使

人民武装力量有广泛雄厚的群众基础和可靠的组织保障；进行普遍和深入的政治动员，使广大人民群众了解进行战争的意义和目的，从而调动其参加革命战争的积极性和自觉性；组织千百万民众，联合一切可以联合的同盟军，共同对敌，从而最大限度地壮大革命力量，分化、瓦解、孤立敌人；以武装斗争为主，与其他各种形式的斗争（如经济战线、思想文化战线上的斗争）相配合，形成武装群众与非武装群众多条战线的、各个方面的、波澜壮阔的对敌斗争局面，陷敌于人民战争的汪洋大海之中。

相关链接：
雄才伟略毛泽东：人民战争篇

（三）人民军队建设思想

军事斗争主要包括力量的建设和力量的运用两个方面。纵观古今中外有代表性的军事理论著述，放在第一位的通常是力量的运用而不是力量的建设。毛泽东军事思想则不然，它从中国革命的实际出发，深刻把握了没有人民的军队便没有人民的一切的革命真谛，从领导武装斗争伊始，它就把建设新型人民军队问题放在了首位。以毛泽东为代表的中国共产党人，紧紧抓住军队的性质、宗旨及任务等关键性问题，创造了一整套崭新的建军理论和原则。

1. 党对军队绝对领导的原则

毛泽东认为，党对军队的绝对领导主要是通过政治领导、思想领导、组织领导来实现的。政治领导，就是用党的纲领、路线、方针、政策统一军队的思想和行动，以保证军队有坚定、正确的政治方向，始终同党中央保持一致。思想领导，就是用无产阶级思想教育军队中的广大官兵，使之树立无产阶级世界观，克服各种非无产阶级思想。组织领导，就是在党中央、中央军委的统一领导下，建立健全各种制度，发挥党委的核心领导作用、支部的战斗堡垒作用和党员的先锋模范作用，保证政治领导和思想领导的实现。

2. 全心全意为人民服务的建军宗旨

毛泽东军事思想把军队的行动与党的政治任务相统一，把军队的发展同人民群众的根本利益相联系，明确了军队存在的根本意义和目的。1945年，毛泽东在《论联合政府》的报告中，对于人民军队的宗旨作了精辟的概括，确立"全心全意地为中国人民服务"是人民军队唯一的宗旨。他指出，正是因为确立和坚持了全心全意为人民服务的宗旨，人民军队才具有一往无前的精神，不被敌人所压倒，才有一个很好的内部和外部的团结，才有一个正确的争取敌人官兵的政策和处理俘虏的政策，并形成人民战争的一系列的政治工作的基本原则。毛泽东根据人民军队的性质和宗旨，结合中国革命战争和我军实际，规定人民军队必须担负战斗队、工作队和生产队三项任务，这在世界军队发展史上是罕见的。

3. 民主制度与严格的纪律

毛泽东对人民军队民主制度与严格纪律的创建作出了突出贡献。毛泽东认为，人民军队内部的民主制度是破除封建军队习俗的重要武器。因此，他领导我军建立了以党委制、政治委员制、政治机关制三大根本制度为主体的一整套政治工作制度，贯彻了官兵一致、军民一致和瓦解敌军的三大原则，实行了政治、经济、军事三大民主。在纪律问题上，毛泽东指出，纪律是执行路线的保证，人民军队必须建立严格的纪律，包括党的纪律、军事纪律、政治纪律和群众纪律。因此，他制定了包括"三大纪律、八项注意"在内的建立在自觉基础上的严格纪律。在长期的革命战争中，包括"三大纪律、八项注意"在内的严格的纪律，保证了我军纪律严明，在内部做到一切行动听指挥，在外部赢得了广大人民群众的热烈拥护和支持。

（四）关于人民战争的战略战术思想

战争的一般规律是强胜弱败，但力量的强与弱不是绝对的，它在一定条件下可以相互转化。毛泽东创造的"你打你的、我打我的"一整套趋利避害、灵活机动的战略战术，揭示了由中国共产党领导的劣势装备的革命军队，战胜优势装备之敌的战争指导规律，解决了复杂艰巨的"以弱胜强"的作战指导及其方法问题。毛泽东的战略战术思想极为丰富，主要包括以下七个方面的内容：

1. 保存自己，消灭敌人

毛泽东认为，保存自己，消灭敌人，是战争的目的，是一切战争行动的基本原则。两方面是对立统一的：只有保存自己，才有力量消灭敌人；只有大量地消灭敌人，才能有效地保存自己。毛泽东把战争目的和作战手段辩证地统一起来，这对指导中国革命战争取得胜利起到了巨大作用。

2. 战略上藐视敌人，战术上重视敌人

毛泽东认为，在对敌斗争态度上，要坚持战略上藐视敌人，战术上重视敌人，并据此确立战略思想和战术思想，即在总体上树立敢打必胜的信心，有压倒一切敌人的气概，在局部上采取慎重态度，讲究作战艺术。

3. 军事战略的适时转变

毛泽东对军事战略的转变问题十分重视，他强调，在作战形式上，运动战、游击战和阵地战三种形式相互配合，并根据不同战争时期、不同战略阶段的敌我力量对比和我军作战能力、任务以及战争形势的发展变化，确定其主辅地位，适时进行军事战略的转变，推动革命战争的胜利发展。

4. 实行积极防御，反对消极防御

毛泽东强调，在战略方针上，要实行积极防御，反对消极防御，即在战略的防御战之中采取战役和战斗的进攻战，在战略的持久战之中采取战役和战斗的速决战，在战略的内线作战之中采取战役和战斗的外线作战，以使战略全局上的劣势变为战役和战斗上的局部优势。

5. 实行有利决战，避免不利决战

在作战指导思想上，毛泽东强调，慎重初战，实行有利决战，避免不利决战，不打无准备之仗、不打无把握之仗，力求做到不打则已、打则必胜。

6. 集中优势兵力，各个歼灭敌人

毛泽东非常强调歼灭战的方针。他形象地比喻说："对于人，伤其十指不如断其一指；对于敌，击溃其十个师不如歼灭其一个师。"要达到此目的，在作战方法上，要采取集中优势兵力、各个歼灭敌人的策略，发挥近战、夜战特长，以保证有把握地歼灭敌人。

7. 作战指导上的主动性、灵活性和计划性

在作战指导基本要求上，毛泽东强调主动性、灵活性和计划性，强调通过灵活地使用兵力和变换战术，争取作战的主动权，将胜利的可能变为现实。

经典战例 ▶▶ ▶

大杨湖战斗

1946 年 8 月下旬，国民党出动 14 个整编师共 30 万人的强大兵力，向晋冀鲁豫解放区发动进攻。当时刘邓大军刚刚打完陇海战役，人困马乏，粮弹两缺。为了粉碎敌人的进攻，刘伯承、邓小平决定集中现有兵力，首先歼灭孤军冒进、占领革命根据地大杨湖村的敌整编第三师，一举扭转我军在中原地区的被动局面。在刘、邓首长主持召开的各纵队司令员参加的作战会议上，时任六纵司令员的王近山主动要求担任主力，并勇立军令状。王近山慷慨领命，率部直扑整三师师部所在地——大杨湖（图 2-6）。经过 5 天英勇奋战，第六纵队在友邻部队配合下，歼敌 4 个多旅共 1.7 万余人，其中俘敌中将师长赵锡田以下 1.2 万余人，创造了集中优势兵力、各个歼灭敌人的

图 2-6 解放军苦战大杨湖

范例，彻底粉碎了敌人对我晋冀鲁豫解放区的进攻，打破了敌人东西两路钳击我军的计划，沉重打击了敌人全面进攻的疯狂气焰。

大杨湖战斗是中原野战军第六纵队成立后第一次打的恶仗、硬仗。这次战斗全纵坚决贯彻了刘邓首长诱敌深入，掩护主力进行战役准备的指示，采取了积极的机动防御与麻雀战相结合的战法，恰当把握了"阻"与"放"和"歼"的时机，既迟滞分散和消耗疲惫敌人，又以假象示敌，造成敌人错觉，使敌误认为我惧战而逃，因而大胆冒进，孤军深入我预定战场。战斗中，全纵上下发扬了"勇敢战斗，不怕牺牲"的革命精神，在持续激战、部队伤亡较大的情况下，与敌浴血奋战，始终保持了高昂的斗志和压倒一切敌人的英雄气概，最终全歼大杨湖顽敌，为实现刘邓首

长的决心，夺取定陶战役全胜，作出了重要贡献。

第三节 新时期党的军事指导理论

随着党的十一届三中全会的胜利召开，我国进入改革开放的历史新时期，在坚定不移地走中国特色社会主义道路的伟大实践中，我党不断总结新的历史条件下中国国防和军队建设的新经验，形成了以邓小平新时期军队建设思想、江泽民国防和军队建设思想、胡锦涛国防和军队建设思想以及习近平关于国防和军队建设重要论述为基本内容的新时期党的军事指导理论体系。

一、邓小平新时期军队建设思想

进入改革开放和社会主义现代化建设时期，邓小平在开创中国特色社会主义道路的历史进程中，正确把握战争与和平历史演进的客观规律，立足于中国的国情、军情和时代特征，以巨大的政治勇气和理论勇气，对国防和军队建设作出具有战略意义的重大决策，创造性地提出了一系列建军治军的方针原则，形成了邓小平新时期军队建设思想。邓小平新时期军队建设思想内容十分丰富，从不同侧面揭示新时期军队建设和军事斗争的规律，构成一个科学的军事思想体系。

（一）战争与和平思想

邓小平认为，霸权主义、强权政治严重威胁着世界和平，战争的危险依然存在，但是和平力量的发展超过了战争力量，争取一个较长时期的和平是可能的。为适应时代主题的变化与党和国家工作重心的转移，军队和国防建设的指导思想实行战略性转变，从立足"早打、大打、打核战争"的临战准备状态转到和平时期建设的轨道上来。邓小平强调，军队要服从整个国家建设大局，大局好起来了，国力大大增强了，再搞一点原子弹、导弹，更新一些装备，到那个时候就容易了；要坚持勤俭建军，精打细算，把有限的军费真正用在加强战斗力上。

（二）军事战略思想

邓小平强调，国家的主权、安全要始终放在第一位，军队要担当起维护国家主权和安全的历史责任。要实行积极防御的军事战略方针，坚持自卫立场，后发制人，把战略态势上的防御性和军事指导的积极性结合起来，把和平时期遏制战争和战争时期赢得战争统一起来。坚持积极防御的战略方针，从根本上讲就是要坚持人民战争的战略思想；搞人民战争并不是不要军队现代化，装备的改进可以使人民战争更有力量；要立足以弱胜强，以劣势装备战胜优势装备的敌人。

（三）军队建设思想

邓小平明确提出中国人民解放军必须建设成为一支强大的现代化正规化革命军队。必须把革命化建设放在第一位，始终不渝地坚持人民军队的革命性质；中心是

解决现代化的问题，不断提高军队建设的科学技术含量，提高现代化条件下的总体作战能力和水平；正规化建设是重要保证，要推动部队建设逐步走向法制化、制度化的发展道路，把军队训练得像个军队的样子。邓小平强调，在不打仗的情况下，军队素质的提高靠教育训练；要贯彻精兵、利器、合成、高效的原则；军队建设要讲质量，讲真正的战斗力，讲实战能力，搞少而精的真正顶用的、真正是现代化的东西。

相关链接：
1985 百万大裁军

(四) 国防建设思想

邓小平指出，在新的历史条件下，国防建设仍然要沿着毛泽东开创的道路前进，仍然要坚持全民办国防的指导思想，把建设精干的常备军与建设强大的后备力量结合起来，建立起人民解放军现役部队与预备役部队、人民武装警察部队和民兵组成的武装力量。要深入持久地开展全民国防教育，建立有效的国防动员体制，坚持平战结合、军民兼容的原则，把战争动员纳入国民经济和社会发展的总体规划，纳入整个国防建设包括军队建设和后备力量建设之中。要坚持军民一致、军政一致，恢复和发扬军政、军民之间紧密团结的优良传统，要广泛深入持久地开展拥政爱民、拥军优属活动。

邓小平新时期军队建设思想是邓小平理论的重要组成部分，主要回答了在和平与发展成为时代主题，国家实行改革开放的历史条件下，如何开创中国特色精兵之路，建设一支强大的现代化正规化革命军队的问题，是对毛泽东军事思想的继承和发展，为我军开创了一条符合中国国情的、相对和平条件下的建军道路。邓小平新时期军队建设思想具有鲜明的时代性、深刻的实践性和科学的指导性，为正确认识和解决新时期军队建设与军事斗争问题提供了科学的立场、观点、方法。只要和平与发展这一时代特征没有改变，世界军事变革的发展趋势没有改变，邓小平新时期军队建设思想就仍然是国防和军队建设的指导思想，具有长远指导意义。

军海泛舟

《邓小平新时期军队建设思想学习纲要》11 个方面内容

(1) 军队和国防建设指导思想实行战略性转变。

(2) 军队要服从整个国家建设大局。

(3) 军队要担当起维护国家主权和安全的历史责任。

(4) 实行积极防御的军事战略方针。

(5) 建设一支强大的现代化正规化的革命军队。

(6) 始终不渝地坚持人民军队的性质。

（7）中心是解决现代化的问题。

（8）提高军队建设的正规化水平。

（9）要把教育训练提高到战略地位。

（10）坚定不移地走有中国特色的精兵之路。

（11）军队和国防建设是全党和全国人民的事业。

二、江泽民国防和军队建设思想

20世纪90年代，世界形势风云变幻，我国改革开放和现代化建设全面推进，给国防和军队建设带来许多前所未有的崭新课题。江泽民深入思考新的历史条件下，建设什么样的军队、怎样建设军队，未来可能打什么样的仗、怎样打仗的问题，对国防和军队建设一系列新的重大理论和实践问题作出了科学回答，形成了江泽民国防和军队建设思想。江泽民国防和军队建设思想，科学阐明了新的历史条件下国防和军队建设的地位作用、目标任务、指导方针、总体思路、发展动力和政治保证等，是关于新时期军事战略、军队建设和国防建设等基本问题的科学理论体系。主要内容包括：

（一）解决好打得赢、不变质两个历史性课题

江泽民鲜明提出打得赢、不变质是新的历史条件下我军建设必须着力解决好的两个历史性课题。打得赢，就是要把我军建设成为一支具有强大实战能力和威慑能力的现代化军队，能够打赢现代条件特别是高技术条件下的局部战争。不变质，就是我军始终坚持党对军队的绝对领导，永远保持人民军队的性质、本色和作风，经得起任何政治风浪的考验。坚持打得赢与不变质相统一，反映了人民军队建设的本质要求，是我军存在和发展的全部意义与价值所在。

（二）按照"五句话"总要求全面加强军队建设

江泽民提出，军队建设的总要求是"政治合格、军事过硬、作风优良、纪律严明、保障有力"（图2-7）。强调党对军队的绝对领导是我军永远不变的军魂，要把思想政治建设摆在全军各项建设的首位，确保党从思想上政治上组织上牢牢掌握军队；要具有牢固的战斗队思想、精湛的军事技术、良好的军事素质和快速高效的反应能力；要有良好的思想作风、工作作风、战斗作风和生活作风；要严格遵守法律法规和条令条例，做到令行禁止，一切行动听指挥；要及时、

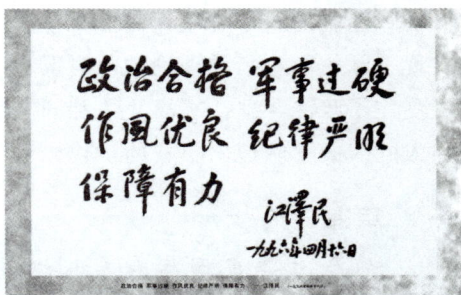

图2-7　江泽民军队建设总要求

准确、高效地保障军队建设和作战需要，建立和完善三军一体、军民兼容、平战结

合的联勤保障体制。

（三）用新时期军事战略方针统揽军队建设全局

适应时代发展和中国安全环境的新形势，江泽民主持制定了新时期军事战略方针，把军事斗争准备的基点，从应对一般条件下的战争转变到打赢现代技术特别是高技术条件下的局部战争上。江泽民强调，必须紧紧抓住我军的现代化水平与打赢高技术战争的要求不相适应的矛盾，着力解决增强我军高技术条件下防卫作战能力的关键性问题。要以军事斗争准备为龙头，牵引和带动国防和军队现代化建设的整体推进，按照"整体谋求适度发展，局部争取大幅跃升"的原则，处理好军事斗争准备与现代化建设的关系、主要战略方向与其他战略方向的关系、重点项目建设与体系建设的关系，把军事斗争准备融入军队改革和现代化建设的全局中去。

（四）积极推进中国特色的军事变革

江泽民强调，要按照"三步走"的战略构想，争取在 21 世纪前 50 年逐步实现国防和军队的信息化。要积极推进中国特色的军事变革，走以信息化带动机械化、以机械化促进信息化的跨越式发展道路，通过深化改革，实现军队建设的整体转型。要实施科技强军战略，把依靠科学进步提高战斗力摆在国防和军队建设的战略位置，增强国家的军事科技实力（图 2-8），全面提高军队建设的科技含量，调整改革体制编制，抓好人才战略工程，加快我军武器装备现代化建设步伐，实现我军由数量规模型向质量效能型、由人力密集型向科技密集型的转变。

图 2-8 新型海军舰艇

江泽民国防和军队建设思想是"三个代表"重要思想的组成部分，主要回答了在世界新军事变革蓬勃进行、我国社会主义市场经济深入发展的历史条件下，如何积极推动中国特色军事变革，保证人民军队打得赢、不变质的问题，是当代中国军事领域实践经验的科学总结，是新的历史条件下国防和军队建设基本规律的集中体现，实现了党的军事指导理论的与时俱进。在江泽民国防和军队建设思想指引下，我军经受住了政治斗争、军事斗争和同严重自然灾害斗争的严峻考验，向全面建设一支强大的人民军队迈出了新的步伐。

军海泛舟

《江泽民国防和军队建设思想学习纲要》14 个方面内容

（1）从国际战略全局和国家发展大局谋划国防和军队建设。

（2）解决好打得赢、不变质两个历史性课题。

（3）党对军队的绝对领导是我军永远不变的军魂。

（4）积极推进中国特色的军事变革。

（5）用新时期军事战略方针统揽军队建设全局。

（6）按照"五句话"总要求全面加强军队建设。

（7）始终把思想政治建设摆在军队各项建设的首位。

（8）实施科技强军战略，加强军队质量建设。

（9）培养和造就大批高素质的新型军事人才。

（10）加快我军武器装备现代化建设的步伐。

（11）走出一条投入较少、效益较高的军队现代化建设路子。

（12）坚持依法治军、从严治军。

（13）军队现代化建设动力在改革。

（14）依靠人民建设军队、建设国防。

三、胡锦涛国防和军队建设思想

新世纪新阶段，我军使命进一步拓展，承担的军事任务更加繁重，这对军事斗争准备和我军现代化建设提出了历史性的新要求（图 2-9）。胡锦涛紧紧围绕新世纪新阶段军队履行什么样的使命、怎样履行使命，实现什么样的发展、怎样发展，未来打什么样的仗、怎样打仗等重大问题深入思考探索，提出了一系列紧密联系、相互贯通的新思想新观点新论断，形成了胡锦涛国防和军队建设

图 2-9　新世纪新阶段军队现代化建设

思想，把我们党对军事力量建设和运用规律的认识提升到了新高度。主要内容有：

（一）在全面建设小康社会进程中实现富国和强军的统一

胡锦涛强调，坚持和发展中国特色社会主义，必须大力加强国防和军队建设，不断提升国家战略能力特别是军事能力；实现富国和强军相统一，关键是科学统筹经济建设和国防建设，必须坚持以经济建设为中心，在经济发展的基础上努力推进国防建设，使国防和军队现代化进程与国家现代化进程相一致；要坚持走中国特色军民融合式发展路子，建立和完善军民结合、寓军于民的武器装备科研生产体系、军队人才培养体系和军队保障体系，完善国防动员体系。

（二）全面履行新世纪新阶段军队历史使命

胡锦涛提出军队要为党巩固执政地位提供重要的力量保证，为维护国家发展的重要战略机遇期提供坚强的安全保障，为维护国家利益提供有力的战略支撑，为维护世界和平与促进共同发展发挥重要作用。各项建设都要围绕提高履行历史使命的

能力来进行；要牢固树立与履行历史使命相适应的思想观念；要坚持把捍卫国家主权、安全、领土完整，保障国家发展利益和保护人民利益放在高于一切的位置，努力做到忠于使命、献身使命、不辱使命；要不断提高履行历史使命的能力，使我军真正做到适应新形势、肩负新使命、完成新任务、实现新进步。

（三）在国防和军队建设中贯彻落实科学发展观

胡锦涛强调，国防和军队建设贯彻落实科学发展观，必须全面准确把握科学发展观的深刻内涵和基本要求，把科学发展观贯彻落实到国防和军队建设的各个领域和全过程；坚持以推动国防和军队建设科学发展为主题、以加快转变战斗力生成模式为主线；按照革命化现代化正规化相统一的原则加强军队全面建设；把以人为本作为重要的建军治军理念；提高军队建设的整体质量和效益，努力走出一条投入较少、效益较高的国防和军队现代化建设的路子。

（四）围绕"三个确保"时代课题加强军队思想政治建设

胡锦涛强调，军队思想政治建设要从思想上、政治上、组织上确保我军始终成为党绝对领导下的人民军队，确保国防和军队建设科学发展，确保有效履行新世纪新阶段我军历史使命。要始终坚持党对军队绝对领导的根本原则和人民军队的根本宗旨，坚持把用中国特色社会主义理论体系武装全军作为首要任务，把培育忠诚于党、热爱人民、报效国家、献身使命、崇尚荣誉的当代革命军人核心价值观作为基础工程（图2-10），把发展先进军事文化作为重要任务，把我军优良传统教育作为建军育人的

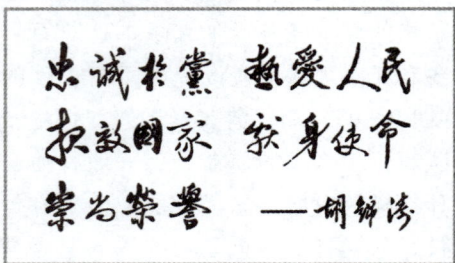

图2-10 胡锦涛军队建设总要求

战略措施。坚持紧贴时代发展、紧贴使命任务、紧贴官兵实际，着力增强思想政治建设的科学性。

胡锦涛国防和军队建设思想是科学发展观的重要组成部分，主要回答了在世界大发展大变革大调整、我国全面建设小康社会的历史条件下，如何推进国防和军队建设科学发展、全面履行新世纪新阶段历史使命的问题。全军认真贯彻胡锦涛国防和军队建设思想，中国特色军事变革取得重大成就，军队革命化现代化正规化建设协调推进、全面加强，军事斗争准备不断深化，履行新世纪新阶段我军历史使命能力不断提高，国防和军队建设取得历史性成就。

军海泛舟

《胡锦涛国防和军队建设思想学习纲要》14个方面内容
（1）正确认识时代特征和国家安全形势的发展变化。
（2）在全面建设小康社会进程中实现富国和强军相统一。

（3）全面履行新世纪新阶段军队历史使命。

（4）在国防和军队建设中贯彻落实科学发展观。

（5）围绕"三个确保"时代课题加强军队思想政治建设。

（6）坚持不懈地拓展和深化军事斗争准备。

（7）加快转变战斗力生成模式。

（8）加快全面建设现代后勤。

（9）实现我军武器装备的自主发展、跨越式发展、可持续发展。

（10）加紧培养大批高素质新型军事人才。

（11）把依法治军、从严治军作为全局性基础性长期性工作紧抓不放。

（12）积极稳妥进行国防和军队改革。

（13）提高军队党的建设科学化水平。

（14）紧紧依靠人民办国防。

四、习近平关于国防和军队建设的重要论述

习近平总书记在庆祝建党95周年的讲话中指出：要统筹经济建设和国防建设，全面加强军队革命化、现代化、正规化建设。要坚持党对军队的绝对领导，牢牢把握党在新形势下的强军目标，全面实施政治建军、改革强军、依法治军，拓展和深化军事斗争准备，着力培养有灵魂、有本事、有血性、有品德的新一代革命军人，努力建设一支听党指挥、能打胜仗、作风优良的人民军队（图2-11）。习近平总书记立足于国家安全和发展战略全局所提出的一系列重大的战略思想，做出的一系列重大决策和部署，指挥的一系列重大军事行动，开辟了党的军事理论新境界，在中国特色强军之路上迈出了一大步，为强军兴军打下了坚实的政治基础、思想基础、实践基础。

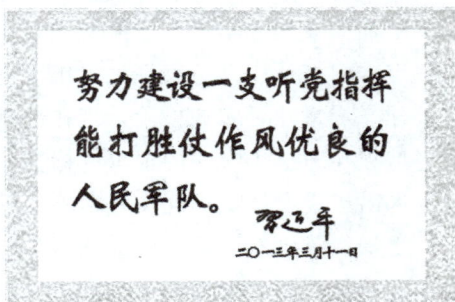

图2-11 习近平军队建设总要求

（一）牢牢把握党在新形势下的强军目标

党的十八大以来，习近平总书记鲜明提出党在新形势下的强军目标，就是建设一支听党指挥、能打胜仗、作风优良的人民军队。坚决听党指挥是强军之魂，这决定了军队建设的政治方向。从根本上说，军队的性质和战斗力取决于它所从属的政治力量和领导力量。习近平总书记指出，坚持党对军队的绝对领导，关系我军性质和宗旨，关系社会主义前途与命运，关系党和国家的长治久安，是我军的立军之本、强军之魂，是我军生命所系、力量所在。在任何时候、任何情况下，都要确保部队绝对忠诚、绝对纯洁、绝对可靠。

能打胜仗是强军之要。习近平总书记提出，必须按照打仗的标准搞建设、抓准备，确保部队能做到召之即来、来之能战、战之必胜。能打胜仗是核心，反映军队的根本职能和军队建设的根本指向。古往今来，不管国际形势、安全环境、战争形态、作战方式怎样变化，准备战争、遏制战争、打赢战争始终是军队的任务和使命。我们人民军队战无不胜的威名就是在一场场大仗、硬仗、恶仗中打出来的。我们必须扭住能打仗、打胜仗这个强军之要，按照打仗的要求搞建设、抓准备，坚持军事斗争准备龙头地位不动摇，扭住核心军事能力建设不放松，不断提高部队信息化条件下的威慑能力和实战能力。

作风优良是我军的鲜明特色和政治优势，必须把作风建设作为一项基础性、长期性的工作抓紧抓实，永葆人民军队政治本色。我军在长期实践中培育和形成的一整套光荣传统和优良作风，贯穿渗透于军队建设的各个方面和环节，是圆满完成使命任务的独特政治优势，是战斗力构成的重要因素，是我军从胜利走向胜利的重要保证。

（二）正确把握军队建设发展战略指导

搞好国防和军队建设，首先要做好顶层设计，习近平指出，要紧密结合军队面临的形势任务和工作实际，深入贯彻新发展理念，努力实现更高质量、更高效益、更可持续的发展。强调在军队建设发展战略指导上，要更加注重聚焦实战、更加注重创新驱动、更加注重体系建设、更加注重集约高效、更加注重军民融合。

更加注重聚焦实战。军队首先是一个战斗队，必须把全部心思向打仗聚焦，使各项工作向打仗用劲。我军许多年没打过仗了，尤其缺乏信息化条件下作战的经验，各项建设成果缺乏实战检验，现在部队建设中仍有许多同实战贴得不紧的现象。必须坚持战斗力这个唯一的根本的标准，坚决纠正同实战要求不符的一切思想和行为，确保部队建设发展经得起实战检验。

更加注重创新驱动。创新能力是一支军队的核心竞争力，也是生成和提高战斗力的加速器。靠改革创新推动国防和军队建设实现新跨越，是决定我军前途命运的一个关键。要把创新摆在军队建设发展全局的核心位置，深入实施创新驱动发展战略，通过抓理论创新、抓科技创新、抓科学管理、抓人才集聚、抓实践创新，推进军事理论、技术、组织、管理、文化等各方面创新，不断提高创新对战斗力增长的贡献率。

更加注重体系建设。信息化战争拼的就是体系，作战行动讲究联合性、协调性、整体性。这对成体系筹划和推进军事力量建设提出了刚性要求。要牢固确立信息主导、体系建设的思想，以对作战体系的贡献率为标准推进各项建设，统筹机械化、信息化建设，统筹各战区、各军兵种建设，统筹作战力量、支援保障力量建设，全面提高我军体系作战能力。

更加注重集约高效。我军组织结构日益复杂，专业分工精细，对标准化、规范化、精细化的要求越来越高。军队建设发展要精准，做到精准谋划、精准规划、精

准部署、精准落实、精准检验；军队建设发展要改进决策方式和程序，建立健全决策咨询制度，完善信息和智力支持系统，提高决策科学化水平；军队建设发展要把过程控制摆在战略位置来抓；军队建设重大资源要统筹调配。

更加注重军民融合。军民融合发展是实现发展和安全兼顾、富国和强军统一的必由之路。要加快形成全要素、多领域、高效益的军民深度融合发展格局，促进经济建设和国防建设协调发展、平衡发展、兼容发展。

（三）贯彻新的历史条件下政治建军方略

政治工作是我军的看家本领，是我军的最大特色、最大优势，是我军同一切其他性质军队的最大区别，也是我军保持人民军队性质、宗旨、本色的重要保障。政治工作永远是我军的生命线。面对新的形势和任务，我们要更加坚定自觉地贯彻政治建军要求，确保部队建设坚定正确的政治方向，确保我军永远立于不败之地。

政治建军是人民军队的立军之本。实行革命的政治工作，保证了我军始终是党的绝对领导下的革命军队。实行革命的政治工作，为我军战胜强大的敌人和艰难险阻提供了不竭的动力。实行革命的政治工作，使我军始终保持了人民军队的本色和作风。

扭住坚持党对军队绝对领导这个根本不放。坚持党对军队绝对领导，是人民军队的命脉所在，是我军的军魂和命根子，关系我军性质和宗旨，关系社会主义前途命运，关系党和国家长治久安。我军是党领导的人民军队，必须牢牢掌握在党的手中，必须做到绝对忠诚、绝对纯洁、绝对可靠。在这个根本政治原则问题上，我们要头脑特别清醒、态度特别鲜明、行动特别坚决，绝不能有任何动摇、任何迟疑、任何含糊。

最紧要的是把四个带根本性的东西牢固立起来。一是把理想信念在全军牢固立起来。二是把党性原则在全军牢固立起来。三是把战斗力标准在全军牢固立起来。四是把政治工作威信在全军牢固立起来。

培养有灵魂、有本事、有血性、有品德的新一代革命军人。政治工作是培养人、塑造人的工作，新形势下要引导官兵努力成长为有灵魂、有本事、有血性、有品德的新一代革命军人。有灵魂就是要信念坚定、听党指挥；有本事就是要素质过硬、能打胜仗；有血性就是要英勇顽强、不怕牺牲；有品德就是要情趣高尚、品行端正。

（四）全面实施改革强军战略

改革是决定当代中国命运的关键一招，也是决定我军发展壮大、制胜未来的关键一招。我国进入由大向强发展的关键阶段，国防和军队建设处在新的历史起点上，放眼世界，纵观全局，审时度势，应对当今世界前所未有之大变局、有效维护国家安全，坚持和发展中国特色社会主义、协调推进"四个全面"战略布局，贯彻落实强军目标和军事战略方针、履行好军队使命任务，都必须以更大的智慧和勇气深化国防和军队改革。

深化国防和军队改革是为了设计和塑造军队未来。人民军队发展史，就是一部

改革创新史。我军之所以始终充满蓬勃朝气，同我军与时俱进不断推进自身改革是紧密联系在一起的。习近平指出，深化国防和军队改革，是实现中国梦、强军梦的时代要求，是强军兴军的必由之路，也是决定军队未来的关键一招。这深刻阐明了深化国防和军队改革是为了设计和塑造军队未来，着眼的是今后二十年、三十年国防和军队发展，谋的是民族复兴伟业，布的是富国强军大局，立的是安全与发展之基。

要坚持用强军目标审视改革、以强军目标引领改革、围绕强军目标推进改革。通过改革把强军兴军的重大战略谋划和战略设计落实好，为贯彻强军目标提供强大动力和体制保障。

全面把握深化国防和军队改革的战略举措。一是着眼于贯彻新形势下政治建军的要求，推进领导掌握部队和高效指挥部队有机统一，形成军委管总、战区主战、军种主建的格局。二是着眼于深入推进依法治军、从严治军，抓住治权这个关键，构建严密的权力运行制约和监督体系。三是着眼于打造精锐作战力量，优化规模结构和部队编成，推动我军由数量规模型向质量效能型转变。四是着眼于抢占未来军事竞争战略制高点，充分发挥创新驱动发展作用，培育战斗力新的增长点。五是着眼于开发管理用好军事人力资源，推动人才发展体制改革和政策创新，形成人才辈出、人尽其才的生动局面。六是着眼于贯彻军民融合发展战略，推进跨军地重大改革任务，推动经济建设和国防建设融合发展。

相关链接：
军改一年间基层官兵有何变化？

（五）深入推进依法治军

一个现代化国家必然是法治国家，一支现代化军队必然是法治军队。我们推进强军事业、建设强大军队，没有法治引领和保障不行。习近平指出："深入推进依法治军、从严治军，是全面推进依法治国总体布局的重要组成部分，是实现强军目标的必然要求。"

依法治军、从严治军是我们党建军治军的基本方略。我们党在领导革命、建设和改革的各个历史时期，始终高度重视用严格的法规、严明的纪律建军治军，积累和创造了许多宝贵经验。党的十八大以来，习近平鲜明提出依法治军、从严治军是强军之基，是我们党建军治军的基本方略。

按照法治要求转变治军方式。习近平指出，深入推进依法治军、从严治军，要求我们的治军方式发生一场深刻变革，努力实现"三个根本性转变"，即从单纯依靠行政命令的做法向依法行政的根本性转变，从单纯靠习惯和经验开展工作的方式向依靠法规和制度开展工作的根本性转变，从突击式、运动式抓工作的方式向按条令条例办事的根本性转变。

强化全军法治信仰和法治思维。深入推进依法治军、从严治军，首先要让法治精神、法治理念深入人心，使全军官兵信仰法治、坚守法治。没有这一条，依法治军、从严治军是难以推进的。

构建完善中国特色军事法规制度体系。军事法规制度是军队建设的基本依据，是官兵行为的基本准则，是依法治军、从严治军的重要前提和基础。要着眼改革急需、备战急用，做好法规制度立改废释工作，对现有法规制度，要进行全面清理，加快构建实在管用、系统配套的中国特色军事法规制度体系。

（六）实施军民融合发展战略

军民融合发展作为一项国家战略，关乎国家安全和发展全局，既是兴国之举，又是强军之策。习近平指出，把军民融合发展上升为国家战略，是我们长期探索经济建设和国防建设协调发展规律的重大成果，是从国家安全和发展战略全局出发做出的重大决策。

把军民融合发展作为兴国强军的一项国家战略。正确认识和处理经济建设与国防建设的关系，是社会主义现代化建设必须正确认识和处理的重大课题。党的十八大以来，习近平着眼实现中国梦、强军梦，提出深入实施军民融合发展战略，并作为一项国家战略加以推进，为新形势下实现富国和强军统一指明了前进方向。

在更广范围、更高层次、更深程度上推进军民融合。党的十八届三中全会对军民融合发展方面作出全面部署，提出围绕提高国防科研和武器装备自主创新能力，健全国防工业体系，完善国防科技协同创新体制，改革国防科研生产管理和武器装备采购体制机制，引导优势民营企业进入军品科研生产和维修领域，改革完善依托国民教育培养军事人才的政策制度，拓展军队保障社会化领域，涵盖国防科技工业（图2-12）、武器装备、人才培养、军队保障社会化、国防动员

图2-12 国防科技工业军民融合发展成果展

等领域。落实好这些部署，要在国家层面加强统筹协调，发挥军事需求主导作用，加快把国防和军队建设融入国家经济社会发展体系。

以强烈的责任担当推动军民深度融合发展。推动军民深度融合发展，是一个重大的战略工程，是一项长期的艰巨任务。习近平强调，军地双方都要深化认识，更新思想观念，打破利益壁垒，做到应融则融、能融尽融。必须以强烈的责任担当，凝聚国家意志，举全国之力，军地同心一起推动落实。

建立健全国防动员体制机制。国防动员是军民融合的重要组织形式和桥梁，要建立健全国防动员体制机制，深化民兵预备役体制改革，优化后备力量规模、结构和布局，完善平时征用和战时动员等法规制度，增强打赢未来战争的国防潜力。

（七）军事辩证法

军事辩证法是中国共产党人运用马克思主义立场观点方法思考军事问题的独特创造，是党的军事指导理论的精髓。党的十八大以来，习近平创造性地运用辩证唯物主义和历史唯物主义世界观方法论，研究和解决当代中国军事问题，深刻揭示了新的时代条件下国防和军队建设规律、军事斗争准备规律、战争指导规律，丰富发展了党的军事辩证法思想。

战争与和平的辩证法。正确认识和处理好战争与和平的关系，是攸关国家安全和发展战略全局的重大问题，是思考筹划国防和军队建设的逻辑起点。习近平指出："能战方能止战，准备打才可能不必打，越不能打越可能挨打，这就是战争与和平的辩证法。"

军事服从政治、战略服从政略。战争是政治的继续，这是马克思主义战争理论的一个基本观点。习近平指出："筹划和指导战争，必须深刻认识战争的政治属性，坚持军事服从政治、战略服从政略，从政治高度思考战争问题。"

用全面的观点抓建设。习近平在治党治国治军实践中，高度自觉、能动运用这一唯物辩证法要求，鲜明提出"四个全面"战略布局、五大发展理念，在军事领域提出全面推进国防和军队建设，推进政治建军、改革强军、依法治军，确立"五个更加注重"军队建设发展战略指导、实现更高质量更高效益更可持续的发展等，这些都充分体现了以全面的观点抓建设谋发展的思想。

强化战略思维、辩证思维、创新思维、底线思维。习近平国防和军队建设重要论述蕴含着科学的立场观点方法，贯穿体现了鲜明的战略思维、辩证思维、创新思维、底线思维。我们要认真学习运用这些思想方法，用以观察事物、分析问题，不断增强工作的科学性、预见性、主动性和创造性。

相关链接：

习近平的强军之道

思考题

1. 什么是军事思想？军事思想主要包括哪些内容？
2. 怎样理解军事思想的地位和作用？
3. 如何理解毛泽东军事思想的科学含义及本质特征？
4. 毛泽东人民战争思想的基本理论观点是什么？
5. 邓小平新时期军队建设思想的基本内容是什么？
6. 江泽民国防和军队建设思想的基本内容是什么？
7. 胡锦涛国防和军队建设思想的主要内容是什么？
8. 习近平关于国防和军队建设的重要论述的主要内容是什么？

第三章　战略环境

战略环境是制定战略的客观基础和主要依据。对环境进行深入的分析是战略谋划的思维起点。研究国防建设，确定国防发展战略，必须先廓清环境，辨析我们所处的战略环境条件，并依据客观环境作出正确的战略决策。

第一节　战略与战略环境

下围棋的人讲究谋势，写文章的人注重谋篇布局，指挥作战的人要求运筹帷幄之中，决胜千里之外。同样，各国在对外交往中，在为利益相互博弈时，也要妙算在心，对国际战略环境有正确的认识和判断。这是制定和实施对外战略的基本依据和前提，也是洞察国际风云变幻、判断国际战略形势的关键所在。

一、战略

（一）战略的含义

战略有两层含义，一是"泛指关于全局性、高层次、长远的重大问题的方针和策略，如国家战略、国家安全战略、经济发展战略等"，二是"军事战略的简称，是指筹划和指导战争全局的方针和策略，分为进攻战略和防御战略"。本章所指战略，特指军事战略，即根据对国际形势和敌对双方政治、军事、经济、科技、地理等诸多因素的分析和判断，科学地预测战争的发生与发展，制定战略方针、战略原则和战略计划，筹划战争准备，指导战争实施所遵循的原则和方法。

军事战略是为国家利益服务的，具有对外反侵略、对内反颠覆的双重职能。根据国家利益的要求，它既指导战争时期的作战活动，也指导和平时期的军事斗争；既指导准备与打赢战争，也指导遏制和防止战争；既要保卫国家的和平与安全，捍卫国家的主权和领土完整，又要以有效的军事行动支持国家的外交斗争，维护国家利益。

（二）战略的特点

世界上任何事物都有区别于其他事物的本质属性，战略亦不例外，军事战略因其特定的研究对象、内容和表现形式，而具有其自身的鲜明特点。

1. 全局性

全局性是战略的首要特点。这个全局指的是国家（集团）整个军事斗争的全局，

带有统筹各方面、各部分和各阶段的性质。战略是国家（集团）关于军事问题的最高决策，处于军事领域的最高层次。作为国家（集团）的军事战略，它的全局有其特定的对象和范围。在军事领域里，战略的层次最高，指导的范围最广，是各项工作的"龙头"和总纲，是各种活动的依据。

2. 对抗性

军事斗争，尤其是战争，是一种有组织、有计划的暴力行为，是敌对双方以军队或其他武装组织为骨干而展开的激烈较量。战略对军事斗争的筹划和指导，是伴随这种较量进行的，对抗性是它的一个显著特点。战略的对抗性，在实践中主要表现为针对国家安全所面临的威胁，全面筹划和运用国家的军事力量去夺取军事斗争的胜利。战略的对抗性具有整体性和连续性的特点。在军事领域内，战役和战术也是具有对抗性的，并且在本质上与战略的对抗性是一致的。但是，战役和战术的对抗性，在其包含的内容和表现的形式上却与战略有很大区别。战略的对抗性主要表现在对整个国家（集团）军事斗争全局的整体运筹上，具有更广阔的空间和时间范围。它既包括对军事力量建设的全面筹划，也包括对军事力量使用的全面筹划；既包括战争全局的整体运筹，也包括和平时期对各种军事斗争方式的整体运筹。

3. 谋略性

谋略是指挥员基于客观情况而提出的计谋和策略。它是人的自觉性的高度体现，是指导军事斗争取得胜利的一个重要因素，也是战略的一个突出的特点。战略是主客观结合的产物。从本质来讲，它是政治的选择，有严格的规定性，但从实践的意义上讲，它又是手段的选择，有高度的灵活性。战略的重点和枢纽的把握、战略方针的确定、军事力量和斗争方式的运用、战略调整和转变等，这些活动都是计谋、策略、艺术的结合，是智与谋的生动表现。

4. 相对稳定性

军事斗争情况的发展变化，决定着军事斗争指导规律的发展变化。战略必须随着军事斗争的发展而发展，依照情况的变化而变化，一成不变的战略是不存在的。然而，由于战略出于军事领域的最高层，指导范围广，影响重大而深远，是一切军事活动的依据和准则。因此，战略又具有相对的稳定性。这是它与战役和战术相区别的又一重要特点。

（三）战略的基本要素

战略的基本要素，就是构成战略的基本成分。它是战略本质属性的集中反映，也是战略内容和形式的具体展现。根据制定和运用战略的实践经验，就战略自身的本质特性和社会功能来说，战略目的、战略方针、战略力量、战略措施这几个要素是不可缺少的，应当成为构成战略的基本成分。这些要素是一个有机联系的整体，它们共同构成了一个完整的战略框架。它们之间互为依托、紧密联系，在相同的时间、空间、力量条件下对同一个对象发生作用，并通过相互之间的最佳匹配，实现最佳的斗争效果。

1. 战略目的

战略目的是战略行动所要达到的预期结果，是制定和实施战略的出发点与归宿点。战略目的是根据战略形势和国家利益的需要确定的。不同性质的国家和军队，其战略的目的不同。对于奉行防御战略的国家来说，维护国家和民族的根本利益、长远利益和整体利益，特别是维护国家的领土主权完整和统一是战略的基本目的。确定战略目的，强调需要与可能相结合，具有科学性和可行性，符合国家的路线、方针和政策，与国家的总体目标和国力相适应，满足国家在一定时期内对维护自身利益的基本要求。

2. 战略方针

战略方针是指导战争全局的方针，是指导军事行动的纲领和制订战略计划的基本依据。它是在分析国际战略形势和敌对双方战争诸因素基础上制定的，具有很强的针对性。对不同的作战对象、不同条件下的战争，应采取不同内容的战略方针。每个时期或每次战争除了总的战略方针外，还需制定具体的战略方针，以确定战略任务、战略重点、主要的战略方向、力量的部署与使用等问题。

3. 战略力量

战略力量是战略的物质基础和支柱。它以国家综合国力为后盾，军事力量为核心，在发展经济和科学技术的基础上，根据战略目的和战略方针的要求，确定其建设的规模、发展方向和重点，并与国家的总体力量协调发展。

4. 战略措施

战略的措施也称战略手段。战略措施是为准备和进行战争而实行的具有全局意义的战略保障，是战略决策机构根据战争的需要，在政治、军事、外交、经济、科学技术和战略领导与指挥等方面，所采取的各种全局性的切实可行的方法和步骤。

二、战略环境

战略环境是指影响国家安全或战争全局的客观情况和条件。它主要包括国际和国内的政治、经济、军事、外交、科技、地理等方面综合形成的客观情况和条件，以及由此而形成的战略态势，特别是战争与和平的总态势。战略环境是制定战略的客观基础。全面、准确地认识和分析战略环境是正确制定战略的先决条件。

（一）国际战略环境

国际战略环境是指一个时期内世界各主要国家在矛盾、斗争或合作、共处中的全局状况和总体趋势。它是国际政治、经济、军事形势的综合体现。它主要包括各方力量消长、利益得失、矛盾升降、斗争起伏，特别是在双边或多边关系中敌与友、战与和、对抗与妥协、分化与组合、多助与寡助，在战争中进与退、攻与守、胜与负、强与弱、优势与劣势等方面的总状况和总趋势。

由于国际战略环境关系到一个国家的生存与发展、安危与兴衰，影响着一个国家军事斗争的对象、性质、目标、敌友关系以及军事力量建设与运用的基本方向，

因此，在制定一个国家的战略时首先必须考察和关注国际战略环境这一外部环境和条件。国际战略环境的范围极其广泛，在研究和考察的过程中，重点应从以下五个方面入手：

1. 时代特征

时代特征反映了世界发展总进程中的矛盾领域和斗争状况，是整个世界在一定历史阶段的总标志，而不是个别国家的个别现象，也不是国际社会一时一事的情节或短时期的形势变化，因而，它具有世界性、阶段性的特点。正确认识时代特征，有助于战略指导者从宏观上把握当代世界的主要矛盾和总的发展趋势，进而对国际战略环境作出正确的判断，避免战略指导的重大失误。

2. 世界战略格局

世界战略格局是指世界各国政治、经济、军事力量在其消长、分化、组合过程中所形成的，对世界战略全局具有重大的影响而又相对稳定的力量结构。它反映了一定时期内国际的力量对比、利益矛盾和需求，以及基本的战略关系。全面分析与研究世界战略格局，有助于从总体上了解世界各主要国家在世界全局中的地位，以及战略利益方面的矛盾和需求，有助于对世界形势及其可能的发展趋势作出基本的估计。

3. 主要国家的战略动向

世界各国之间由于战略利益和政策的异同，既可能是对手，也可能是盟友。各国的战略动向，既互为条件、相互依存，又相互影响和制约。一些实力较强的世界性或地区性的大国，特别是超级大国所推行的战略，对其周边地区乃至世界的安全与稳定都具有重大的影响，对其他国家的战略也有不同程度的影响。因此，一定时期内各主要国家的战略及发展趋势，是国际战略环境的重要内容之一。了解主要国家的战略动向，有助于从世界各国特别是大国之间的关系上具体地研究国际战略环境，进而对世界形势作出正确的判断。

4. 当代世界战争与和平的趋势

战争是解决阶级与阶级、民族与民族、国家与国家、政治集团与政治集团之间利益矛盾和冲突的最激烈的手段。只要战争的根源还存在，战争与和平就始终是国际安全面临的重大问题。因此，当代世界战争与和平的趋势在国际战略环境中最引人注目，也是世界各国研究和制定军事战略时最为关注的焦点。

5. 周边安全形势

周边安全形势是指周边国家直接、间接影响本国安全的条件和因素。其中，周边国家与本国的利益矛盾、对本国的政策企图、与本国密切相关的军事力量及其部署等直接影响本国安全的情况和因素，是周边安全形势中最值得关注和研究的重要内容。

从上述五个方面入手研究国际战略环境，对于洞察国际斗争，特别是战争与和平的基本趋势，进而判明对本国战略利益的影响具有十分重要的意义。

（二）国内战略环境

国内战略环境是指对筹划、指导军事斗争全局具有重大影响的国内社会环境与自然环境。它反映了国家军事力量建设与运用的可能条件和制约因素，决定着战略的基本性质与方向，是制定战略的依据。

国内战略环境主要包括国家政治、经济、军事、地理等方面的基本状况。其中，国家地理环境、政治环境和综合国力状况对国内战略环境具有最直接的影响。

1. 地理环境

地理环境主要包括国家（战区）的地理位置、幅员、人口、资源、地形、气候以及行政区划、交通、要地等状况。这些地理要素与军事斗争的关系十分密切，是军事力量生存、活动的空间条件。因此，地理环境不仅是制定战略的重要客观依据，还是影响战争胜负的一个非常重要的因素。

2. 政治环境

国内政治环境涉及的范围比较广泛，其中，国家的政治、法律制度和基本国策，以及国内政治安全形势两个方面对战略影响最大。国家的政治、法律制度和基本国策是国内政治环境的本质和核心，对军事斗争全局的筹划与指导起着决定性的作用，是确定军事斗争目的、性质、任务、基本方针、政策和战略指导原则的政治依据，也是保证战略。得以贯彻实施的政治基础国内政治安全形势，包括一定时期内国内的阶级、民族、宗教、政治集团之间相互关系的基本状况以及对政局和国家安全的影响。其中，敌对势力分裂、颠覆国家和发生武装冲突（图 3-1）或国内战争的情况，是直接影响国家统一和稳定的因素，是筹划和指导军事斗争必须关注的重要问题。

图 3-1　2014 年 5 月 4 日，乌克兰敖德萨冲突现场

3. 综合国力状况

综合国力是一个国家全部物质力量和精神力量、实力和潜力的总和。包括国家的人力、物力、财力、军力、科技与生产能力、社会保障与服务能力以及组织动员能力等。综合国力是军事斗争特别是战争的物质基础，是军事理论、作战方法发展进步的重要条件。

三、战略环境与战略的关系

战略环境与战略是客观实际与主观指导的关系。战略环境是制定战略的客观基础，影响战略的实施，任何战略都离不开战略环境。同时，战略的实施也推动战略环境的改变。

（一）战略环境是制定战略的客观基础

战略环境是独立于战略指导者意识之外的客观存在，而战略则是军事斗争规律在人们头脑中的反映。任何国家的战略，无不受一定战略环境的制约和影响，并随着战略环境的变化而变化。例如，新中国成立后，曾多次进行战略调整，每一次调整，都与战略环境的变化紧密相关，都是为了适应战略环境的变化和军事斗争的需要，使主观指导更加符合客观实际。由此可见，任何战略都是一定战略环境的产物，从来就没有脱离战略环境而凭空产生的战略。

（二）战略环境影响战略的实施

战略的实施和战略的制定一样，都是在一定的战略环境中进行的，因此必须充分考虑战略环境对战略实施的各种影响，以便及时采取措施消除负面影响，保证战略的顺利实施。一定时期内，战略环境对战略的影响既有有利因素，也有不利因素。战略指导者要坚定信念，最大限度地利用有利因素，克服不利因素，推动战略的顺利实施。当前，我国处于发展的重要战略机遇期，必须不断增强综合国力，加速推进中国特色军事变革，确保新时期军事战略方针的落实。

（三）战略对战略环境的发展变化具有重大的能动作用

战略作为对军事斗争全局的筹划与指导，不论其正确与否，均对维持或改变战略环境有着重大的影响。实践证明，在一定的物质条件下，正确的战略可以改变险恶、不利的战略环境，化险为夷，转危为安；错误的不符合客观实际的战略，则会使环境恶化或使困境加剧，导致斗争严重受挫，甚至招致全局失败。

第二节　国际战略格局

国际战略格局的形成，是国际斗争和国际战略运用的必然结果。同时，新的国际战略格局一经产生，又会对国际战略形势产生直接的影响。因此，要想从整体上把握国际斗争的基本情况和基本形势，揭示国际斗争的一般规律，就必须注重研究国际战略格局问题。

一、国际战略格局概述

（一）国际战略格局的基本含义

"格局"，指力量对比的结构和态势。国际战略格局，是指对国际事务具有重要影响的力量，在一定历史时期内相互联系、相互作用而形成的较为稳定的力量结构。它可分为国际政治格局、国际经济格局和国际军事格局。国际战略格局是这几种格局的综合，也称"国际格局"。

（二）国际战略格局的构成要素

国际战略格局作为国际斗争的直接产物和国际战略运用的必然结果，其构成要素是国际战略力量。国际战略力量是指在国际关系中能够独立地发挥作用，并对国际形势及国际战略的运用和发展具有重大影响的国家或国家集团。当今国际战略力量主要由美国、俄罗斯、中国、日本、印度和欧盟构成。

（三）国际战略格局的结构类型

依据国际战略格局的内部结构和外在形态，可把国际战略格局区分为四种基本类型：第一种，单极格局，即某一个大国在国际战略格局中占据主导地位，形成一国独霸的局面。如英国的霸权地位维持了近200年。第二种，两极格局，即两大战略力量之间的相互对立和相互斗争，对整个国际事务起着决定性影响的局面。比较典型的是第二次世界大战后出现到冷战结束期间的美苏对抗的两极格局。第三种，多极格局，即多种战略力量既相对独立又相互联系、既相互合作又相互制约而形成的一种相对平衡的战略关系。这种格局在20世纪70年代以后初见端倪，即中、美、苏、日、西欧和第三世界这六大力量的竞相发展。第四种，多元交叉格局，即由两极向多极或由多极向两极的过渡性格局。在这种格局状态下，一方面存在两大战略力量或多种战略力量之间的对立，这是格局的主导方面；同时也存在独立于上述力量之外的其他战略力量。这些战略力量既在一定程度上受到现有格局中的支配力量的影响，又能够在国际事务中发挥自身的独特作用，从而构成国际战略格局中潜在的一极。冷战结束后，在向多极格局的过渡时期，多元交叉格局表现得更为明显。欧美虽是盟友关系，但欧洲正在成为新的一极。美日同盟也有新的发展，日本的政治独立性也有很大增强，很可能在多极格局中占有一席之地。中、俄既与其他战略力量保持着联系，同时又坚持自身的独立地位。这种多元交叉格局无疑构成了未来多极格局的基础。

军海泛舟

"日不落帝国"：霸权地位上的英国

1783年北美殖民地的独立，宣告了第一帝国的终结。此后，英国人面对的是一个支离破碎的帝国。为此，谢尔本伯爵哀叹道："政府同意美洲独立之日，便是大不列颠之太阳陨落之时，我们将不再是个大国和受尊敬的民族了。"然而，仅仅几十年后，一个更庞大的历史上前所未有的"日不落帝国"又被英国建立起来，它在欧洲的国际政治对弈中再次击败对手法国，自"滑铁卢战役"胜利后一个世纪里达到了它力量的顶峰，建立了可与"罗马治下的和平"相提并论的"不列颠治下的和平"。如果说历史上庞大辉煌的罗马帝国也只不过是一个以地中海为中心的区域帝国，那么，英国人建立的"日不落帝国"却是一个真正的

世界帝国，英国殖民地遍及全球，其开拓的疆域之大，统治的人口之多，绝非人类历史上任何一个帝国所能比拟。庞大的"日不落帝国"是英国成为世界最强国的一个标志，帝国本身与英国的海上霸权与工业霸权一起，共同将英国推上了世界霸主的宝座。英国的霸权地位一直延续到20世纪，小小岛国能在世界称霸一个世纪之久，这是它一系列的制度领先所造成的结果。

二、国际战略格局的现状与特点

(一)国际战略格局的现状

目前，新的国际战略格局还没有完全形成，正处于国际战略格局的过渡转型时期。此次国际格局的转变，基本是以和平方式进行的。在此期间，各种国际力量需要慢慢发生变化，要重新定位和整合，由量变到质变，最后才能定型，因而需要时间较长。其主要表现在以下四个方面：

第一，美国仍是世界唯一超级大国。苏联解体标志着以美苏对抗为特征的两极格局的终结，并导致世界军事力量对比严重失衡。在向新格局转变的过渡时期，美国成为在政治、军事、经济等方面具有全球性影响的唯一超级大国。冷战后国际格局的变化具有渐进性，将会使美国"一超独霸"的局面保持相当长的一段时间。美国将其强大的军事力量作为维持其在世界的领导地位和对付地区冲突的重要支柱。美国利用自己的经济和军事技术优势，加速新军事革命，加快武器装备研制和更新，以拉大与其他国家的军事技术差距。美国的"新干涉主义"和战略扩张成为国际局势动荡的根源。

第二，世界多极化趋势正在发展。美国"一超独霸"的局面是两极体制被打破后的一种过渡现象，在这个过渡期内，国际战略格局呈现的基本态势将是"一超多强"，又是一个终将被多极体制所取代的暂时历史进程。其突出表现在战后日本、德国迅速崛起，已成为世界主要经济大国，并且凭借强大的经济实力，力图谋求政治大国地位，积极争取成为联合国安理会常任理事国。欧盟是当今世界上规模最大、一体化程度最高的地区经济集团，具有雄厚的经济、科技和军事实力，在联合国理事会5个常任理事国中占有两个席位，在处理全球或地区事务中有很大的发言权。俄罗斯虽然丧失了苏联超级大国的地位，但其军事力量仍可以与美国相抗衡。中国是发展中大国，综合国力不断增强，在国际事务中的影响与日俱增。所有这一切因素都促使世界战略格局向多极化方向发展。

第三，新的各种安全结构正在建立和完善。在两极格局时代，美苏始终互为对手。东西方集团内部即使有时其经济、政治上的矛盾升为主要矛盾，但盟友关系却一直是十分清楚的。而在两极格局瓦解后，对手和盟友便模糊不清了，均势的维持更多依靠结盟。各种国际和地区安全机制应运而生，相继建立。北约决定将其军事活动范围由北约成员国领土之内扩大到整个欧洲，先后与欧洲其他国家和俄罗斯建

立了"和平伙伴关系";欧盟由一个经济体转为政治、经济、货币联盟体;东盟各国的"东盟地区论坛"已成为亚太地区第一个政府间的多边安全对话机制;亚太经济合作组织(简称APEC,图3-2)已举行了多次非正式首脑会议,等等。随着各地区安全机制的建立,预示着未来地区军事格局将朝着多样化、区域化的方向演进,世界将在地缘上

图3-2 亚太经济合作组织标志

分为欧洲、原苏联地区、亚太、中东、拉美和非洲等六大军事区域,形成各具特色的地区军事格局。

拓展阅读 ▶▶ ▶

东盟地区论坛成立经过

冷战结束、两极格局解体后,亚太国家普遍认为有必要开展多边安全对话。1992年初东盟首脑会议就加强地区政治、安全对话达成共识。1993年7月,第26届东盟外长会议在新加坡举行。会议特别安排了东盟6个成员国、7个对话伙伴国、3个观察员国和2个来宾国外长参加"非正式晚宴"。各国外长同意于1994年在曼谷召开东盟地区论坛(ARF),就地区政治安全问题举行非正式磋商。1994年7月25日,ARF首次会议在曼谷召开。ARF是目前亚太地区最主要的官方多边安全对话与合作渠道,截至2017年3月,已经举行了23届外长会议。

第四,经济因素在国际事务中的作用上升。当前世界战略力量呈现多极化的发展趋势,最突出地表现在经济领域的多极化速度比其他领域发展更快。在人类发展史上,没有哪个世纪能像21世纪这样使世界空前地进入经济全球化时代,随着经济全球化趋势的发展和世界政治格局日益走向多极化,国家间的利益格局呈现出既错综复杂又相互依存的态势,国家间的博弈很难轻易诉诸武力。

(二)国际战略格局的特点

当今国际战略格局的基本特点表现为如下四个方面:

(1)由少数西方发达国家组成的既得利益集团,凭借其强大的综合实力,主导并利用现行各种国际规则,保护和扩大其既得利益。冷战结束的客观后果是,世界有史以来第一次出现了如此广阔的相对统一市场,出现了全球主要力量拥有如此广泛而坚实的共同既得利益之状态,出现了除非其内部发生分裂否则在一二十年内不会遇到挑战者的局面,以至有人声称自由民主和市场经济已经成为唯一可行的选择,历史开始了以西方价值观和制度的胜利作为终结的进程。

(2)美国是这个既得利益国家集团中影响力最大,也是最咄咄逼人的力量,同

时，欧洲作为一个整体的实力也在急剧提升。对美国霸权的理解必须以发达国家作为一个利益集团为背景。换言之，美国只是整个西方世界的一个组成部分，其影响力的源泉也在于此。正是在这个意义上，欧洲的选择才特别值得关注。

（3）在确立和实施国际规则的方式上，明显带有地域性和多样性的特点，并开始呈现出北美、欧洲并立和亚洲加速组合之势。地区一体化就深度和广度而言都在加剧的背后，隐藏着各主要力量力求巩固和扩大势力范围、将于己有利的规则灌注其中以抵御区外竞争的动机。

（4）尽管广大发展中国家拥有建立更合理的国际政治经济新秩序的强烈愿望，并且在个别领域占有优势地位，比如俄罗斯的军事力量、中东国家的石油资源、中国的人口规模，但总体来看，它们大都是现行不公平国际规则和由发达国家设定的生产方式和生活方式的接受者，而且它们之间受益或受损情况又有很大的差别，因而在形成集体行动以谋求共同利益方面，还存在重重障碍，尚需要下大力气加深合作。

三、未来的国际战略格局

国际战略格局是一定时期内国际关系中起主导作用的力量之间的相对关系和结构形式。第二次世界大战结束后形成的以美苏为首的两极格局支配世界国际关系近半个世纪。东欧剧变和苏联解体使两极格局被打破，国际社会的各种力量进行新的组合，世界处于新旧格局交替的动荡时期，国际战略格局逐渐呈现出"一超多强"的态势。同时，世界多极化在曲折中发展。

在未来的国际战略格局中，起主导作用的可能是美国、欧盟、俄罗斯、日本、中国这五大力量中心或五极，其他一些重要的国际组织、地域集团和地区性大国，也将发挥重要的作用。

（一）美国欲建立单极世界却难阻多极化潮流

美国是当今世界唯一的超级大国，虽然其实力地位和国际影响力相对有所下降，但从经济实力、科技实力、军事实力及国防影响力、文化扩散力等方面看，仍是各极力量中最强大的一极。美国拥有一支全球进攻性军事力量。其战略核力量拥有洲际弹道导弹（图3-3）、弹道导弹潜艇、潜射弹道导弹、战略轰炸机等，是世界上最强的三位一体核进攻力量。美军具有很强的远程精确打击、隐形攻击、电子战、联合作战和综合保障能力。海军能够控制世界各大洋和海峡咽喉

图3-3 美国"大力神"地对地洲际弹道导弹

要道，空军能够全球到达和全球攻击，陆军能够在世界各地区实施作战，后勤力量

能够有效保障美军在海外的作战行动。美国把全球划分为六大战区，企图建立以美国为领导的单极世界，充当世界领袖。其战略构想是：以美洲大陆为依托，以北约和美日军事同盟为两大战略支柱，从欧、亚大陆向全球进行新的战略扩张，把美国的领导作用扩展到全世界，遏制新的全球性竞争对手出现，长期保持美国唯一的超级大国地位。但是，美国并不能凭借自己的优势地位在世界上为所欲为。首先，几乎所有国家都不赞成建立以"美国为轴心的世界"新格局；其次，美国在国内面临众多的社会问题和经济问题，不具备承担"领导世界重任"的能力；再次，欧洲、日本等国家和地区的挑战，对美国的"世界新秩序"形成一大制约；最后，当今世界仍存在许多的尖锐矛盾和复杂问题，无论美国如何强大和富有，都不可能包揽解决所有问题。因此，未来的国际战略格局绝不可能完全按美国的意图发展，也绝不会是美国一家独霸的局面。

（二）欧盟力量在不断增长且自主意识日趋发展

欧盟（图3－4）是当今世界上规模最大、一体化程度最高的地区经济集团，现由28国组成，人口合计达5.1亿（截至2016年1月）。欧盟具有雄厚的经济、科技和军事实力，其整体经济实力已经超过美国；在联合国安理会5个常任理事国中占有2个席位，在处理全球或地区事务中有很大的发言权；在南北关系中有较大的影响力，尤其与曾是其殖民地的发展中国家还保持着较为密

图3－4　位于布鲁塞尔的欧盟总部

切的政治经济文化联系。冷战时期，欧洲是两极对抗的主战场，北约国家依附美国。冷战结束后，尽管欧盟国家对美国产生了离心力，美国的盟主地位受到冲击，但欧盟仍未摆脱对美国的依赖。事实上，美国通过签订北约"战略新构想"、拉北约参加科索沃战争等方式，在一定程度上加强了对欧盟的控制。与此同时，欧盟也在设法排除各国在政治、外交、防务等问题上的分歧，共同谋求使欧洲真正成为未来多极世界中强有力的一极，争取与美国平起平坐的地位，表现出与美国和日本角逐全球经济主导权的强烈愿望；逐步实行具有联合一致的外交和防务政策，加强自身防务建设，与美国争夺北约的领导权和军事指挥权。欧盟内部多边或双边防务组织不断出现，法、意、西、葡四国宣布组建"欧洲陆军"和"欧洲海军"两支联合部队；法、德军团已建立，并可能成为欧盟防卫力量的核心。由上可见，美国与欧盟之间的关系，正在由过去的盟主与盟友关系逐步转变为平行的伙伴关系。未来的欧盟将可能成为影响力大大增强的一极。

（三）俄罗斯力保大国地位

苏联解体后，俄罗斯的实力和国际影响力大大削弱。但是，从总体上看，俄罗

斯仍具有较强的综合国力。它继承了苏联在联合国安理会常任理事国的席位，以及苏联76％的领土和70％的国民经济总资产，幅员横跨欧亚两大洲，国土总面积1709.82万平方千米（截至2017年1月），自然资源极其丰富，物质技术基础雄厚，燃料动力、冶金、机械制造、化学和交通运输业十分发达，科技实力较强，人民受教育程度较高，在航空、航天、核能、生物工程和新材料等领域居世界先进水平之列，仍具有巨大的发展潜力。俄军仍然是目前世界上能与美国抗衡的军事力量。其战略核力量拥有陆基弹道导弹、远程战略轰炸机、弹道导弹潜艇、潜射弹道导弹等。俄军三位一体的核力量足以毁灭任何国家。俄军整体作战能力较强，武器装备较先进，部分高技术武器装备不亚于美军。目前，俄罗斯把北约东扩视为对其国家安全的主要外部威胁，在独联体一些国家中仍保留驻军。俄军的主要任务是：防止战争，消灭入侵之敌，遏制境外武装冲突向国内蔓延，力保周边势力范围的特殊利益与稳定。虽然俄罗斯综合国力受到削弱，但其军事力量尚能够有效支撑其大国地位。目前，俄罗斯已调整了亲西方政策，力求在世界和地区事务中发挥其大国的影响力，加速推进独联体军事一体化，反对美欧染指独联体国家。为弥补综合国力的不足，俄罗斯越来越把核武器作为恢复国家地位的支柱，放弃不首先使用核武器的承诺，研制并发射新型导弹，试图以此遏制北约东扩，维护国家利益和自身安全，保持其大国影响力（图3-5）。因此俄罗斯仍是国际战略格局中有重大影响的角色。

图3-5 普京正迅速巩固俄罗斯的大国地位

（四）日本加快由经济大国走向政治大国的步伐

日本是世界上仅次于美国和中国的第三大经济体，外汇储备居世界第二。日本工业高度发达，科技实力雄厚。在机器人、半导体元件、光纤通信等方面的科技水平居世界前列。随着经济和科技实力的增强，日本已经不满足于经济大国的地位，提出了以经济力量为后盾，以强大军事力量为保证，以自主外交为手段，逐步发展成为世界性政治大国的战略目标。它要求成为联合国安理会常任理事国，竭力在国际政治舞台上扮演重要角色，力争在关系世界稳定和发展的重大问题上拥有不次于其他大国的发言权，成为在未来国际战略格局中"支撑国际秩序的一极"。

相关链接：
日本非常想"入常"，却成了"非常"

（五）其他国家和国家集团的实力与地位也在增长

现在世界上有一些国家和地区集团，如印度、东盟等，其经济的迅速发展带动

了综合国力的明显增强，在全球和地区事务中的地位和作用日益提高。

印度是南亚地区性大国，其国土面积约 298 万平方千米（截至 2017 年 1 月），人口位居世界第二，资源较丰富，科技力量较强，具有较快发展综合国力的客观条件。印度为了确保在南亚和印度洋地区的优势，积极谋求"亚洲核心"和世界大国的地位，争取成为联合国安理会常任理事国，进一步加快军队现代化步伐，增强军事力量。印军地面部队在南亚次大陆占有绝对优势；空军可以夺取局部空中优势，进行纵深打击和火力支援；海军有一定远洋作战能力；战略核力量已初步具有核威慑与核打击能力。东南亚是 20 世纪 80 年代以来世界经济最具活力的地区之一。

随着经济实力的壮大，东盟作为一支新兴的政治力量，正在不断加强内部多边、双边防务合作，积极调整与对本地区有影响的美、日、中、俄等大国的关系，同时加紧扩大成员国数量，积极争取对东亚事务有更大的发言权。

（六）中国在国际事务中将发挥越来越大的作用

中国是社会主义国家，也是最大的发展中国家。中国不与任何国家结盟，不干涉别国的内部事务，坚决维护自己的独立和主权，同时也尊重别国的独立和主权。中国一贯坚持正义的原则立场，反对以大欺小、以强凌弱和以富压贫的强权政治，致力于建立公正合理的国际新秩序，是反对霸权主义和维护世界和平的重要力量。中国作为独立自主的政治大国，坚持走具有自己特色的现代化发展道路，这是中国作为多极世界中独立一极的政治力量所在。中国自实行改革开放以来，经济飞速发展令世人瞩目，国民生产总值在世界上的排位不断上升。中国已拥有一支数量可观、实力较为雄厚的科学技术队伍，拥有较为齐全的科研设施，在一些重要的科技领域已接近或达到世界先进水平。中国的国防实力在日益增强，能够独立研制各种型号的坦克、火炮、战机、舰艇、导弹等主战兵器，而且自行设计和制造了原子弹、氢弹、运载火箭、卫星等，成为世界上少数几个掌握这类技术的国家之一。中国拥有一支任何人都不能轻视的军事力量。在反对霸权主义、推动国际裁军进程、促进全球发展以及解决国际争端等方面发挥着日益突出的重要作用。

第三节　中国周边安全环境

周边安全环境是指在一定时期内，国家周边地区对国家安全产生影响的外部及内部条件的总和。它是周边地区各种力量长期作用的产物，对国防建设具有直接的影响。同时，国防建设对周边安全环境具有反作用。

一、中国地缘环境的基本情况

国家地缘环境，是指影响国家安全的地理位置、地理特征以及与地理密切相关的国家关系等因素，它是持久地影响国家安全的基本因素之一。因此，研究国家的周边安全环境，必须从研究地缘环境入手。只有充分了解地缘环境对周边安全环境的影响，才能对周边安全情况作出客观的判定。

（一）中国是边界线较长、相邻国家最多的国家

中国地处亚洲东部，与周围各国有漫长的边界线（图3-6）。与中国有共同陆上边界的国家有14个，共有陆地边界线约2.2万千米。中国还分别隔黄海、东海、南海与韩国、日本、菲律宾、印度尼西亚、马来西亚、文莱相望。中国有海疆线约32000千米，其中大陆海岸线长约18000千米，面积500平方米以上的海岛约6500个，中国的渤海、黄

图 3-6　我国周边安全形势与周边外交

海、东海、南海总面积约为473万平方千米。此外，由于历史等方面的原因，有些国家虽然与中国无共同边界或海疆，但与中国的关系素来比较密切，如柬埔寨、孟加拉国、泰国等。

众多邻国对中国安全的影响是复杂的。在这些国家中，有的过去曾经侵略中国，并且目前仍然是经济大国或军事大国，有着雄厚的综合国力和军事实力，具有对中国安全造成重大影响的能力；有的邻国之间积怨很深，严重对立，剑拔弩张，一旦它们之间爆发战争或武装冲突，必将影响中国边境安全；有的国家内部不稳定因素很多，一旦发生大的内乱，必将对中国边境造成很大压力；有的国家的居民与中国边境地区的居民属于同一民族，这虽然有利于与邻国开展友好往来，改善国家关系，但是，一旦这些邻国国内的狭隘民族主义泛起，就可能会引起中国国内的民族纠纷；有的国家的居民与中国某些地区的居民信奉同一宗教，一旦这些国家内的宗教派别斗争加剧或者某些极端教派掌权，就可能增加中国国内相关地区的不稳定因素；还有一些国家与中国之间存在历史遗留下的边界领土争议和海洋国土划界的争议，存在可能引发边界事件甚至武装冲突的隐患。

拓展阅读 ▶▶　▶

中国与邻国边界线的确定

定界的第一步是划界，就是中国与邻国通过外交谈判就两国的边界位置达成一致，并签订边界条约或者协定予以法律确认。谈判过程中，双方为维护各自的领土主权经常"寸土必争"，常常耗时十几年甚至几十年。比如，中苏（中俄）边界谈判历时40余年，中越陆地边界谈判历时20余年。

划界协议生效，就要进入第二步勘定边界。主要是通过技术手段，如全球定位系统、遥感技术、航空技术也包括测绘技术、地理信息技术等，把条约里规定的界线走向和叙述在实地找到，确定界线走向，再实地竖立界桩。

中国边界地区地形复杂，北部有冰河沼泽、大漠戈壁，西部有雪山高原、湍流深谷，南部有崇山峻岭、热带雨林，很多边境地区人迹罕至。有时勘界要先坐汽车，没有路后开始换上马匹甚至牦牛，有些陡峭的地方只能靠人爬。勘界工作不仅艰苦，还有危险。例如，在中越边境地区，有以前遗留下来的地雷，有一位勘界工作人员踩到地雷上，一直站了几个小时等待排险。

界线勘定之后，就要对边界进行管理。第一类是维护好边界，保持边界线的清晰和稳定。例如，陆地边界经过原始森林的地方有林间通视道，经过两三年树长高了，需要复打使得界线清晰。中国有很长的界线是沿着界河走的。由于自然原因河道会改变，改道需要维护界河和界线的稳定。第二类就是管理好边界，加强边界管理的法制化、机制化、制度化、信息化。截至2012年年底，中国同邻国之间已签署了边界管理双边协定达240余个，包括边界管理的内容、边界口岸开放的内容、边境地区环保的内容等。同时，中国和邻国也建立了很多双边合作的机制，如边界联合委员会、跨界河流联合委员会等。

（二）中国周边国家政治制度及经济发展水平差距很大，民族矛盾、宗教矛盾交织，安全环境复杂

中国周边地区政治制度差别很大，既有社会主义国家，也有资本主义国家；既有发达国家，也有发展中国家；既有富国，也有穷国；既有老牌的经济强国，也有崛起的新兴国家。中国是亚太地区的大国，亚太地区是同中国安全关系最为密切的外部环境，特别是周边国家形势同中国安全直接相关。中国的邻国众多，周边国家和地区所奉行的国家安全战略和外交政策各不相同。这种复杂的周边环境对中国的安全造成了一定的不利影响。

同时，中国周边地区民族分布和构成不同，宗教信仰和文化传统各异，存在区域内和区域间的巨大差异与复杂矛盾。这些矛盾所导致的冲突将不可避免地对中国的安全造成消极影响，而且这种影响还会日益突出，因为中国是个多民族、多宗教国家，不少民族和宗教还有跨境联系。近年来，在国际战略格局变化的大背景下，中国周边地区各种极端的民族、宗教势力日益蔓延，并向我国境内渗透，这必将对我国边境地区的安全与稳定带来直接的影响（图3-7）。与国际反华势力相勾结相呼应的宗教极端主义、民族分裂主义和国际恐怖主义三股势力的破坏活动是对我国社会稳定和民族团结的严重威胁。

图3-7 2014年7月14日，吐鲁番市鲁克沁镇赛尔克甫村村民参加揭批宗教极端思想及民族分裂主义大会

（三）中国位于世界两大地缘战略区的交接处，既受其他大国关系的影响，又影响其他大国关系

目前，世界可划分为两大地缘战略区，即海洋地缘战略区和欧亚大陆地缘战略区。美国属于海洋地缘战略区，而且是世界超级海洋强国，具有全球性影响。而世界上其他强国大都集中在欧亚大陆地缘战略区，俄罗斯则位于该战略区的心脏地带。中国属于欧亚大陆地缘战略区，背靠欧亚大陆，面向浩瀚的太平洋，是连接东北亚、东南亚、南亚和中亚的枢纽，处于两大战略区的交接处。这种特殊的地缘关系，使得中国在历史上曾经遭到两大战略区强国的侵略和压迫，也使得今天的中国成为能够对两大战略区关系产生重要影响和作用的国家。

冷战时期，美国企图通过控制欧亚大陆边缘地带，构成对苏联的遏制包围圈，把苏联困死在欧亚大陆中心；而苏联也企图控制大陆边缘地带，然后千方百计向海洋地缘战略区扩展自己的势力。所有处在边缘区的国家都不能摆脱美苏两个超级大国争霸的影响，中国也不例外。那时，如何处理与两个超级大国的关系是中国国家安全政策的中心问题。中国根据形势的变化和自身安全的需求，多次调整安全政策。中国的政策反过来又影响着美苏两方的力量对比和战略态势，形成了著名的"大三角关系"。冷战结束后，美国成为世界上唯一的超级大国。处于大陆心脏区的俄罗斯虽然暂时力量衰弱，但它仍然是世界第二军事大国，它的重新崛起只是个时间问题。与中国同处在欧亚大陆东部边缘的日本，经济实力居世界第三位，军费开支居亚洲第三位、世界第八位（根据斯德哥尔摩国际和平研究所 2016 年 4 月公布的数据），并且正在向政治大国迈进。中国处在这些大国交接处，如何处理好与美、俄、日三大国的关系，不仅关系到中国自身的安全，而且关系到东亚、亚太地区乃至世界的安全与稳定。

二、中国周边安全环境的现状

冷战结束后，世界格局和安全形势发生了深刻变化，和平与发展成为新时代的主题。中国周边的安全环境进一步得到改善。和平合作已成为我国目前周边安全环境的发展主流，目前的中国周边安全环境处于新中国成立以来的最好时期。

（一）与邻国签署协定，确保了边境稳定

1991 年与苏联签署《中苏国界东段协定》，1994 年与俄罗斯签署《中俄国界西段协定》，2004 年 10 月与俄罗斯签署《中俄国界东段补充协定》，从而标志中俄之间长达 4300 千米边界线的走向全部确定。2008 年 7 月 21 日，中俄外交部部长共同签署两国政府关于中俄国界线东段的补充协定书及其附图（图 3-8），这标志着中俄 4300 千米的边界全线勘定。从此我国北部、西部边境

图 3-8　中俄外交部部长共同签署两国政府关于中俄国界线东段的补充协定书及其附图

可望得到较长时期的稳定。我国还与印度签署了《边境信任协定》，与越南签署了《陆地边境条约》。目前，陆地边界 14 个邻国中，除印度、不丹外，我国已与 12 个邻国签订边界条约或协定，划定的边界约占中国陆地边界线总长度的 90％，为我国边境的稳定和边境问题的解决创造了一个良好的环境。

（二）参与和建立合作组织，增进了友好往来

亚太经合组织在推动区域的贸易投资自由化和便利化、开展经济技术合作方面不断取得进展，为加强区域经济合作、促进亚太地区经济发展和共同繁荣作出了突出贡献。上海合作组织成员国签署长期睦邻友好合作条约，使安全、经济等领域的务实合作取得进展。东盟签署《东盟宪章》，使一体化进程迈出新步伐。中国与东盟合作成就显著，2010 年 1 月 1 日，中国东盟自由贸易区正式启动。我国与周边国家和地区的贸易额始终占外贸总额的 60％以上，从周边国家和地区获得的投资多年来占吸引外资总额的 70％以上。

2013 年 9 月和 10 月，习近平在出访中亚和东南亚国家期间，先后提出共建"丝绸之路经济带"和"21 世纪海上丝绸之路"的重大倡议，得到国际社会高度关注。自"一带一路"倡议提出 3 年多来，中国始终在为"一带一路"的顶层设计和规划对接潜心耕耘。习近平在世界经济论坛 2017 年年会开幕式上的主旨演讲中指出，3 年多来，已经有 100 多个国家和国际组织积极响应支持，40 多个国家和国际组织同中国签署合作协议，"一带一路"的"朋友圈"正在不断扩大。中国企业对沿线国家投资达到 500 多亿美元，一系列重大项目落地开花，带动了各国经济发展，创造了大量就业机会。可以说，"一带一路"倡议来自中国，但成效惠及世界。

2015 年 12 月 25 日，中国倡导筹建的亚洲基础设施投资银行（简称"亚投行"，图 3-9）正式成立。2016 年是亚投行的开局之年，全年共计为 7 个亚洲发展中国家的 9 个项目提供了 17.27 亿美元贷款，撬动公共和私营部门资金 125 亿美元。这些项目的投资建设，对推进国际产能合作、促进区域互联互通具有积极意义。除了 57 个创始成

图 3-9　亚投行总部

员国，不断有国家和经济体希望加入亚投行。2016 年，亚投行适时启动了新一轮接纳新成员的工作。截至 2017 年 1 月 16 日，共有近 30 个域内外国家和经济体申请加入亚投行。亚投行以发展中成员为主体、同时包括大量发达成员的这一独特优势，将使其成为促进亚洲地区和世界共同发展的重要桥梁与纽带。

三、中国周边安全环境存在的不稳定因素

中国周边在保持总体安全稳定的同时，也面临日益严峻的挑战。虽然经济高速增长，但中国周边安全环境并没有同步改善。面对中国的崛起，某些大国作为国际秩序

的既得利益者，失衡的心态在加剧，对中国的防范意识在加强。区域外的某些大国插手中国周边事务，也进一步加剧了本已存在的周边安全风险。周边部分小国对中国崛起的误解，强化了他们的担忧意识。这些复杂的安全隐患使得中国的周边安全环境日趋复杂，同时，也决定了中国不可能采用单一对策来化解不同类型的安全隐患。

（一）美国视中国为主要潜在竞争对手，对我国采取遏制战略

当前，虽然出于应对全球金融和气候危机以及联合反恐等方面的需要，中美关系在政治、经济、军事等领域均得到了很大改善，但这并不能掩盖双方存在的诸多矛盾。由于美国防范新的权力中心的观念根深蒂固，中国作为一个正在迅速崛起、有着巨大发展潜力的大国，不可避免地要成为美国遏制、敌视的对象。一方面，美国尽可能地维持与加强同中国在经济、政治、文化、军事领域的交流，并千方百计地把中国纳入自己主导的各种国际机制之中；另一方面，美国又采取各种手段遏制中国的崛起，使中国不能成为美国的"战略竞争对手"。为此，美国在不放松对中国的经济、政治、文化方面遏制的同时，在军事方面，调整了其在亚太地区的军事战略部署，强化了美国与日、韩、澳等盟国的军事同盟关系；提升关岛美军的军备水平和战略威慑能力，形成日本和关岛两大地区兵力投送中心；增强了其在东亚、东南亚、中亚、南亚地区的军事存在，特别是实现了在中亚的军事存在。

2016年美国总统大选，美国主流社会不看好的地产大亨特朗普横空出世锁定胜局（图3-10）。特朗普在竞选期间，对中国充满指责。在经济领域，特朗普指责"中国进行贸易保护、操纵汇率"，"抢走我们的工作"，扬言要对中国商品"征收45%的反补贴税"。在军事领域，特朗普批评中国的南海政策，说中国"不够尊重"美国，他当选后将加强美国在东海、南海的军力部署，威

图3-10　特朗普宣誓就任美国总统

慑中国。特朗普当选总统后，美国对外战略目标不会改变，但他采用的政策和措施将会发生很大变化，其重点将转移到美国国内，以强化经济建设和社会发展为中心，以确保"美国第一"为导向，使美国"再次强大"。特朗普的信条是："美国最强大的时候，也是世界最和平、最繁荣的时候。"可以预见，在特朗普总统任期内，其内外政策很有可能给全球地缘政治和中美关系增加诸多不确定、不稳定因素。

（二）中日之间存在一系列的矛盾和斗争

长期以来，中日之间在东海大陆架划分、钓鱼岛主权归属问题、历史问题以及台湾问题上存在一系列矛盾和争端。

一是中日之间在钓鱼岛、东海大陆架以及东海油气资源开发等方面存在严重争端。钓鱼岛自古以来就是中国领土不可分割的一部分。长期以来，中国为维护钓鱼

岛的主权进行了坚决斗争。目前，中日双方围绕钓鱼岛问题的博弈日趋激化，但钓鱼岛的形势已发生了根本性的变化，中方已实现在钓鱼岛及周边海域常态化存在。

我们绝不允许日方霸占中国固有领土钓鱼岛。关于东海大陆架划分和油气资源问题，中方主张根据东海大陆架自然延伸原则来划定两国的专属经济区界线，不接受日本所主张的采用等距离中间线来划分中日两国之间的东海大陆架。中国目前在东海已经勘探了"春晓"（图 3 - 11）"断桥""天外天"和"冷泉"等油气田，全都在中国的大陆架范围之内，日方说的"中国损害其利益"完全没有根据。

图 3 - 11　中国东海"春晓"油气田平台

相关链接：

寻根探源——钓鱼岛是中国的

　　二是日本当局歪曲历史，美化侵略战争，拒绝承担战争责任。在对待侵华历史、参拜靖国神社等问题上，日本当局不顾中国政府和人民的反对，多次做出伤害中国人民感情的事情，致使中日关系严重紧张。冷战结束以来一再发生的历史教科书问题的实质，就在于日本不能正确认识和对待日本军国主义的侵略历史，不能以正确的历史观教育年轻一代。日本领导人参拜靖国神社，是企图挑战第二次世界大战后东京国际法庭审判的正当性，破坏了中日建交的政治基础，也严重伤害了战争受害国特别是中国人民的感情，成为中日关系正常发展的最大障碍。

　　三是日本在台湾问题上挑战中国的国家核心利益，伤害13亿中国人民的民族感情。1895 年至 1945 年，台湾被日本殖民统治长达 50 年，从而留下了严重的后遗症。一方面，岛内的"台独"分裂势力具有浓厚的亲日情结，甚至公然要求日本承担更多"维护台海地区安全稳定的责任"；另一方面，日本国内的右翼势力总想着重温昔日殖民台湾的旧梦，甚至想借台湾问题阻挠中国的崛起。近年来，日本右翼势力支持"台独"分裂势力更加明目张胆，其动向值得高度关注。

（三）台湾当局新领导人拒不承认"九二共识"，台海局势复杂严峻

　　当前，台海局势趋于复杂严峻。两岸同胞高度关注两岸关系发展前景。

　　2008 年以来，两岸双方在坚持"九二共识"、反对"台独"的共同政治基础上，开辟了两岸关系和平发展道路。台海局势摆脱紧张动荡，呈现安定祥和的局面。维护这一良好局面是两岸同胞、海外侨胞和国际社会的共同期盼。维护两岸关系和平发展的关键在于坚持"九二共识"政治基础。"九二共识"明确界定了两岸关系的根本性质，表明大陆与台湾同属一个中国、两岸不是国与国关系。"九二

共识"经过两岸双方明确授权认可，得到两岸领导人共同确认，是两岸关系和平发展的基石。

2016 年 5 月 20 日，蔡英文担任台湾当局领导人，在两岸同胞最关切的两岸关系性质这一根本问题上采取模糊态度，没有明确承认"九二共识"和认同其核心意涵。不同的道路选择决定不同的前景。是维护体现一个中国原则的共同政治基础，还是推行"两国论""一边一国"的"台独"分裂主张；是继续走两岸关系和平发展之路，还是重蹈挑起台海紧张动荡的覆辙；是增进两岸同胞感情与福祉，还是割裂同胞间的精神纽带、损害同胞根本利益，在这些重大问题上，台湾当局更需以实际行动作出明确回答，并接受历史和人民的检验。

"台独"是台海和平与两岸关系和平发展的最大祸害。搞"台独"，台海不可能有和平稳定。今天，我们捍卫国家主权和领土完整决心未变，能力更强，将坚决遏制任何形式的"台独"分裂行径和图谋。

相关链接：
《国家记忆》："九二共识"的历史真相

（四）朝核危机愈演愈烈，给我边境安全带来隐忧

自 2003 年 1 月 10 日，朝鲜宣布退出《不扩散核武器条约》以来，朝鲜不顾国际社会的反对，先后于 2006 年、2009 年、2013 年、2016 年 1 月和 9 月（图 3-12）进行了五次核试验，并发射"光明星 3 号"卫星，多次试射多种型号的导弹，致力于发展战略性进攻武器，成为拥核国家。这期间，为和平解决朝核问题，在中国的倡导下，中国、朝鲜、美国、韩国、俄罗斯和日本先后举行多次六方会谈，由于种种原因，一直没有取得实质性进

图 3-12　朝鲜五次核试验位置

展。朝鲜于 2009 年 4 月退出六方会谈，致使朝鲜继续沿着"成为拥核国家"的目标前行。之后，美国与韩国频繁进行联合军演，向朝鲜施压。在朝鲜进行第四次核试验后，2016 年 3 月 2 日，联合国安理会一致通过决议，决定实施一系列制裁措施遏制朝鲜的核、导开发计划，包括要求各国禁止向朝鲜运送可能用于核、导开发计划的物品，收紧对朝鲜的武器禁运措施，冻结可能与核、导开发计划有关的金融资产等，并呼吁恢复六方会谈。2016 年 11 月 30 日，联合国安理会针对朝鲜第五次核试验，通过决议，表明了国际社会反对朝鲜发展核导计划、维护国际核不扩散体系的一致立场。上述情况表明，朝鲜半岛形势充满了变数和不确定性。"城门失火，殃及池鱼"，中国作为朝鲜的近邻，这种险恶的形势给我边境安全带来的隐忧，不可忽视。

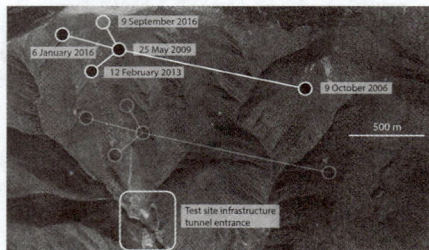

（五）恐怖主义活动猖獗，对我威胁增大

中国毗邻恐怖活动的"重灾区"，与恐怖事件频发、恐怖势力聚集的阿富汗、印度、巴基斯坦等为邻，处于国际恐怖势力猖獗的高危弧形地带。从北高加索、中东、中亚、南亚到东南亚，都是国际恐怖势力的主要盘踞地和威胁高发区。国际恐怖势力在中国周边的频繁滋事，恶化了中国周边安全环境，直接危害着中国国家安全。

（六）我国海洋主权和权益面临严峻复杂的挑战

中国是陆地与海洋兼备的大国，海洋是中国实现可持续发展的重要空间和资源保障，它关系着人民的福祉，关系着国家的未来。南海诸岛，特别是西沙群岛和南沙群岛自古以来就是中国的领土。从历史角度和国际法角度来看，中国对西沙群岛和南沙群岛都拥有毋庸置疑的领土主权。但自 20 世纪 70 年代以后，南海周边国家却开始陆续侵占瓜分南沙群岛各主要岛礁，分割海域，掠夺油气资源，严重侵犯了我国的领土主权和海洋权益。我国在南海主权的现状是岛礁被侵占，海域被瓜分，资源被掠夺，形势十分严峻。从最近一个时期的事态发展看，南海周边国家加紧染指我南海主权和海洋权益，频频制造事端，严重恶化和平解决南海争端的良好氛围，南沙群岛及其海域的归属和划分问题的争端日益突出。

值得注意的是，2010 年以来，美国改变在南海问题上的立场，加大对南海介入力度，试图挑战中国南海主权，破坏中国与南海周边国家关系，加强对中国的地缘战略围堵，阻挠中国崛起。不仅如此，美国还进一步加强其在南海周边的军事存在和军事同盟体系。一是明显加大了在南海方向对我实施抵近海空军事侦察活动的力度；二是频繁地在南海地区举行一系列双边及多边联合军事演习；三是在南海周边寻找军事基地，寻求直接存在。

相关链接：

盘点南海问题的现状

中国一贯致力于维护南海地区和平稳定，坚定维护自身在南海的主权和相关权利，坚持通过同直接当事国友好协商谈判和平解决争议。中国政府坚决维护在南海的主权和权益，2012 年 7 月 24 日，海南省三沙市正式成立（图 3 - 13），管辖西沙群岛、中沙群岛、南沙群岛的岛礁及其海域。与此同时，我国在有关南海问题上一贯坚持"主权属我、搁置争议、共同开发"原则，主张有关争议的当事方通过双边直接对话，协商解

图 3 - 13　海南省三沙市成立大会暨揭牌仪式在三沙市永兴岛隆重举行

决问题，积极推动落实《南海各方行为宣言》，反对南海问题的多边化、地区化和国际化，反对不相干的第三方介入和干涉南海问题。

2016年7月12日，菲律宾诉中国"南海仲裁案"仲裁庭公布了所谓最终裁决。这场历时3年半的仲裁闹剧终于落下帷幕。仲裁庭对菲律宾提出的15项诉求几乎照单全收，而对中国在南海的领土主权和海洋权益近乎全盘否认，完全背离了一个国际仲裁机构应有的公平和道义。大量证据已经表明，南海仲裁案由始至终是一场披着法律外衣的政治闹剧。中国在南海的领土主权和海洋权益在任何情况下不受所谓菲律宾南海仲裁案裁决的影响。中国不接受任何基于该仲裁裁决的主张和行动（图3-14）。中国一贯维护国际法治以及公平和正义，坚持走和平发展

图3-14 英国和荷兰华人华侨抗议南海仲裁结果

道路。2016年10月21日，菲律宾总统杜特尔特结束访华之旅，这是2011年以来菲律宾总统对中国的首次国事访问。这次"历史性的访问"全面改善和发展了两国关系。

拓展阅读

《中国的亚太安全合作政策》白皮书对南海问题的解答

2017年1月11日，中国国务院新闻办公室发表《中国的亚太安全合作政策》白皮书指出，中国对南沙群岛及其附近海域拥有无可争辩的主权。中国始终坚持通过谈判协商和平解决争议，坚持通过制定规则和建立机制管控争议，坚持通过互利合作实现共赢，坚持维护南海和平稳定及南海航行和飞越自由。中国与东盟国家就南海问题保持密切沟通对话，在全面有效落实《南海各方行为宣言》框架下深化海上务实合作，稳步推进"南海行为准则"磋商，不断取得积极进展。中国坚决反对个别国家为一己私利在本地区挑动是非。对于侵犯中国领土主权和海洋权益、蓄意挑起事端破坏南海和平稳定的挑衅行动，中国将不得不作出必要反应。任何将南海问题国际化、司法化的做法都无助于争议的解决，相反只会增加解决问题的难度，危害地区和平与稳定。

总之，我们一定要未雨绸缪，时刻准备应对我国周边安全环境中各种可能出现的情况，坚持与邻为善，以邻为伴，在中国和平发展的同时，积极维护亚太地区的安全与稳定，促进亚太地区的共同发展。

相关链接：
《经典人文地理》之南海风云

84

四、我国的国家安全政策

国家安全政策，是一个国家在维护本国安全的实践中所形成的关于自身安全利益、安全目标、安全环境和安全手段等问题的系统化理性认识和安全战略指导方针与原则的总和。营造有利的周边安全环境，必须在国家安全政策指导下，积极应对周边安全环境面对的主要威胁。

（一）认清国家安全形势，维护国家安全

党的十八大以来，党中央高度重视国家安全工作，成立中央国家安全委员会，提出总体国家安全观，明确国家安全战略方针和总体部署，推动国家安全工作取得显著成效。2017年2月17日，习近平在主持召开国家安全工作座谈会时强调，要切实加强国家安全工作，为维护重要战略机遇期提供保障。不论国际形势如何变幻，我们要保持战略定力、战略自信、战略耐心，坚持以全球思维谋篇布局，坚持统筹发展和安全，坚持底线思维，坚持原则性和策略性相统一，把维护国家安全的战略主动权牢牢掌握在自己手中。同时，要突出抓好政治安全、经济安全、国土安全、社会安全、网络安全等各方面安全工作。要完善立体化社会治安防控体系，提高社会治理整体水平，注意从源头上排查化解矛盾纠纷。要加强交通运输、消防、危险化学品等重点领域安全生产治理，遏制重特大事故的发生。要筑牢网络安全防线，提高网络安全保障水平，强化关键信息基础设施防护，加大核心技术研发力度和市场化引导，加强网络安全预警监测，确保大数据安全，实现全天候全方位感知和有效防护。要积极塑造外部安全环境，加强安全领域合作，引导国际社会共同维护国际安全。要加大对维护国家安全所需的物质、技术、装备、人才、法律、机制等保障方面的能力建设，更好适应国家安全工作需要。

（二）实行"睦邻、安邻、富邻"政策，构建周边安全机制

积极促进亚洲的经济振兴与和平发展，努力营造安全稳定的周边环境，创造一个整体发展的良好格局，是中国的既定方针。"睦邻、安邻、富邻"是中国实现自身发展战略的重要组成部分。"睦邻"就是继承和发扬中华民族亲仁善邻、以和为贵的哲学思想，在与周边国家和睦相处的原则下，政治上互谅互信、和睦共处，共筑本地区稳定、和谐的国家关系结构。"安邻"就是积极维护本地区的和平与稳定，坚持通过对话合作增进互信，安全上互商互让，通过和平谈判解决分歧，为亚洲的发展营造和平安定的地区环境。"富邻"就是加强与邻国的互利合作，深化区域和次区域合作，经济上互利互惠，共同发展，积极推进地区经济一体化，与亚洲各国实现共同发展。"睦邻、安邻、富邻"政策的实行，有利于我国发展战略的顺利实现，有利于维护地区的和平稳定，有利于世界的繁荣与发展。

（三）准确把握大国利益边界，发展新型大国关系

我国要实现自己的安全战略目标，很大程度上依赖于国际战略平衡。我国历来

重视与大国关系的发展，面对冷战后国际体系复杂化的挑战，在发展大国关系政策上也有新的定位。一是不对抗、不结盟、不针对第三国的原则定位。建立大国间健康、稳定的关系，对地区乃至世界的和平与安全至关重要。中国出于共同利益的考虑，重视与大国加强合作与协调，改善和发展与各大国的关系而提出的这一原则不仅符合今后大国关系发展的主流，也为中国塑造良好的国际形象发挥了积极作用。二是包容整体利益的双赢策略定位。我国在发展与大国关系中努力构筑伙伴关系框架，为我国营造一种良好的国际环境发挥积极作用，也不失为一种实现双赢的理念基础。三是多重角色并举、灵活多变、万变不离其宗的角色定位。伴随着冷战的结束，大国关系也出现了一些新的特点：摩擦但不放弃合作，并且以合作而不是冲突来解决争端的方式日益增加；大国关系中敌、我、友界限模糊，国家利益成为形成和解决国家间矛盾的主要因素。以国家利益为对外行为的根本出发点，可以在政治领域是对手而在经济领域是伙伴，或昨天是对手而今天是伙伴。

思考题

1. 什么是战略？战略主要有哪些特点？
2. 战略主要有哪些构成要素？
3. 什么是国际战略格局？
4. 国际战略格局有哪些结构类型？
5. 如何理解国际战略格局的发展态势？
6. 我国周边安全环境有哪些不稳定因素？
7. 如何贯彻我国国家安全政策？

第四章 军事高技术

科学技术的发展，特别是军事高技术的发展正在军事领域引发一场深刻的变革。从 20 世纪 80 年代以来发生的历次局部战争中，人们可以看出：现代战争不仅是军事力量和谋略的较量，更是武器装备的竞赛。武器装备技术含量的高低已经成为衡量军队战斗力的重要指标。

第一节 军事高技术概述

军事高技术知识门类很多，层次结构复杂，它是由传统、常规技术发展演变而来的。当代高技术在军事上的广泛运用和发展，推动了战争形态由机械化向信息化转变。

一、军事高技术的基本概念

所谓高技术，即高新技术，是指科学技术领域中处于前沿或尖端地位，对促进经济和社会发展、增强国防力量有着巨大推动作用的技术群。当代高技术主要指信息技术、新材料技术、新能源技术、生物技术、航空航天技术和海洋开发技术等。

军事高技术，简单地说，是指应用于军事领域或从军事领域直接产生的高技术；具体地说，是指建立在现代科学技术成就基础上，处于当代科学技术前沿，对武器装备、军事理论和作战样式的发展起着巨大推动作用的所有高技术的总称。

军事高技术是高技术的一个重要组成部分，是诸多高技术中为了满足国防现代化的需要而发展起来的部分新技术群。尽管军事高技术和民用高技术之间并不存在截然的分界线，但人们还是习惯把高技术分成军事高技术和民用高技术两大方面。在高技术的发展过程中，军事高技术往往起着带头作用。

二、军事高技术的分类

军事高技术的范围十分广泛，按照不同的标准有不同的分类方法：

（一）军事基础高技术

军事基础高技术是指支撑高技术武器装备发展的基础技术。它主要包括军用微电子技术、军用光电子技术、军用计算机技术、军用新材料技术、军用生物技术、军用航天技术、军用信息技术、军用核技术、海洋技术、先进制造技术等。

（二）军事应用高技术

军事应用高技术是直接应用于武器装备研制和生产的技术，以及充分发挥武器装备效能的综合使用技术。军事应用高技术的内容非常广泛，分类方法也多种多样。按其功能，可分为侦察监视技术、伪装与隐身技术、夜视技术、激光技术、电子战技术、军用航天器技术、精确制导技术、核生化武器技术、指挥自动化技术和新概念武器技术。按其完成的军事任务，可分为战略武器装备技术、战役战术武器装备技术、后勤保障装备技术、军事工程技术、军事系统工程技术等。

三、军事高技术的发展趋势

随着高新技术的不断涌现和人类活动空间的进一步拓展，军事高技术在诸多领域齐头并进，获得空前发展，其发展趋势主要体现在以下四个方面：

（一）将进一步向综合化方向发展

现阶段，单一技术已很难形成优势，只有将各种相关技术群运用系统集成方法进行综合开发和利用，才能有效提高武器装备系统的作战效能。比如，在信息化战场上要想进一步提高精确制导武器系统的命中精度，就必须将目标定位技术、探测技术、精确制导技术以及机械精密加工技术等进行综合运用，其中的任何一种或几种技术发展不平衡或有所欠缺都会直接影响精确制导武器系统的命中精度。

（二）发展领域将进一步拓宽

现有的各种高技术将更趋成熟，领域将进一步拓展，所有这些使得各种武器装备的性能将更加优越和全面。纳米、生物计算机等技术将进一步发展。纳米技术的发展将会对武器装备的发展产生难以估量的影响。单原子、单分子存储技术以及单电子晶体管集成电路技术的成熟和运用将产生纳米级的武器装备。如美国正在研制的"电子昆虫"，虽然只有人的拇指大小，但却拥有不同凡响的"超常能力"：有的身装卫星摄像头，负责勘察地形和观察情况；有的则配备各种传感器，能探测出化学、生物或放射性武器。

（三）效费比将得到进一步提高

目前，很多高技术武器装备因其自身造价昂贵、开发周期长、保障要求高而难以大量投入实战运用。随着军事高技术的不断发展和完善，武器装备的作战效能不断提高，研制开发和保障费用逐渐降低，将会有更多的高技术武器装备大量投入实战运用。

（四）将更加注重军民融合、军民共用

信息化战争是综合国力的较量，更加需要强大的经济、科技和民间力量的支撑。军事高技术运用到民间技术领域，先进的民间技术运用到军事领域，两者相互融合，相互促进，不仅对国民经济和科技的发展以及综合国力的增强会起到很好的推动作用，而且反过来对军事高技术的发展也会产生促进作用。

四、军事高技术对现代战争的影响

随着高技术的发展及其在军事领域的广泛应用，军事高技术已经对现代战争产生了巨大影响。这些影响大致可以概括为以下五个方面：

（一）侦察立体化

侦察立体化，通俗地讲就是"眼观六路、耳听八方"。在未来战争中，新型信息化装备将使战场更透明，可实现全球感知，实时进行远程指挥控制。从大洋深处到茫茫太空，布满了天罗地网式的侦察监视系统。水下的声呐能够隐蔽地寻找军舰和潜艇的踪迹；地面的传感器能够警惕地注视人员与车辆的动静；空中的侦察飞机能够同时监视高空、低空、地面、海上的各种活动目标。

军海泛舟

灵活机动的空中侦察骑兵

同空间侦察相比，航空侦察具有灵活、机动、准确和针对性强的特点，所以即使有了侦察卫星，航空侦察仍然是获取战术情报的基本手段和获取战略情报的得力助手。

现代航空侦察手段主要有：有人驾驶侦察机、侦察直升机、无人驾驶侦察机、预警机。其中有人驾驶侦察机是航空侦察的主力，它携带的可见光航空相机、红外航空相机、侧视成像雷达、电视摄像机、电子侦察设备能及时并准确地完成对战场情况的侦察，能为各级指挥员提供作战所需的大面积、远纵深的情报，并能直接引导突击兵力摧毁目标。尤为值得关注的是由空中预警机组成的空中预警网，其机动性强、情报传递快、侦察范围大，对低空、超低空目标的探测性能好。如美国为防止敌机从海上入侵，沿其东西海岸各设置了一道空中预警线，由 E-3A 空中预警机（图 4-1）担负空中巡逻警戒任务。它在 9 千米以上的高空对高度 18 千米以下的空中目标，发现和跟踪距离为 460 千米，并能发现高度 100 米以下的超低空来

图 4-1　E-3A 空中预警机

袭的目标。当然，作为有人驾驶侦察机的必要补充，无人侦察机和侦察直升机在战争中也不容忽视。如海湾战争中美军运用无人机电子侦察设备在伊军阵地上空近距离侦收其通信信号，并动用机载干扰机施放干扰。同时还用摄像机拍摄伊军阵地，通过无线电图像及数据传输系统，将这些第一手的军情发回地面站，或发往高空预警飞机，然后再转发给地面指挥中心。

（二）指挥控制智能化

由于现代高技术被大量地运用于战争中，军队的指挥和对各种作战力量的控制水平上呈现智能化的特征：计算机运算速度越来越快，大大加快了对各种信息的处理能力；网络技术的运用，使指挥由树状结构变为网状结构，因而更加快速和准确；传感技术和制导技术的综合运用，使武器装备的射程、威力、精度都几乎达到了各自的极限；传感技术、计算机技术、网络技术和通信技术的综合运用，改变了战场评估和信息反馈的方式与质量，甚至变得可以自由地控制战争。因此，在现代战争条件下，交战双方的差距在很大程度上取决于其对作战力量的指挥控制水平。

（三）反应快速化

"兵贵神速"历来是兵家的追求，但传统武器装备因受技术条件限制，常常"欲速则不达"。高技术武器装备在现代战争中的应用终使"兵贵神速"成真，实现了机动快、反应快、打击快和转移快。高技术武器从发现目标到攻击目标的反应时间也大为缩短。

当前，计算机控制的火控系统，能在 96 秒内操纵 4 门火炮摧毁 35 个分离的目标，而传统武器摧毁这些目标需要 2 个小时。在信息化战争中，被发现就意味着被命中。对于现代防空系统的反应时间，那更是以秒计时。例如，美国的"爱国者"、俄罗斯的"C-300"地空导弹系统的反应时间为 15 秒；我国的"红旗"系列地空导弹（图 4-2）的反应时间为 15~20 秒。

图 4-2　红旗-9 地空导弹

（四）目标打击精确化

精确打击武器与精确的信息支援系统有机结合，使得精确打击成为战争的重要样式。攻击精度越来越高、距离越来越远。精确打击在现代战争中的地位日益重要。在过去的战争中，要想在 1000 千米以外摧毁一个目标是根本不可能的，就是在 100 千米以外也需要耗费大量的弹药。而在非接触作战行动中，由于使用远程精确打击兵器，彻底改变了传统的打击方法，"定点清除""斩首行动"就是其典型代表。在求"精"的同时，借助军事高技术特别是智能化技术，未来战争也开始在"巧"字上下功夫。例如，对于人，是击毙好还是击伤好；对于物，是粉碎好还是击废好。随着时代的发展，人们已经开始重新审视这些古老而又崭新的话题。美国认为，要想最有效地削弱敌人的战斗力，致死不如致伤，致伤不如使其失能。这里讲的"失能"，既可以指武器，也可以指人员。这样的战争效费比更高，后遗症更大。

（五）防护综合化

"保存自己，消灭敌人"是一切战争的共同原则。由于现代侦察、监视和探测手段具有全方位、全频谱、全天候、全时域的特点，进攻一方如果不能有效地保护自己，就可能出现"发难者先遭难"的结局。现在，一架战斗机在重要地区 300 米以上高度飞行时，可能受到 800～900 部雷达的照射，其中可能有 300～400 部雷达以 600～700 个不同频率的波束进行搜索，有 30～40 部雷达跟踪飞机。如果再加上光电探测设备的威胁，战场电磁环境必将更加复杂。这对飞机、导弹等进攻性武器是一个严峻的挑战。在这种情况下，防护的地位尤显重要。海湾战争中，F-117A 飞机大出风头，且无一损伤，其奥妙之处，便是借助于外形设计和表面涂料，有效地实现了隐身，其雷达反射面只有 0.1 平方米，和一顶钢盔的大小差不多。

军事高技术的发展给现代战争带来的新变化，还远远不止这些。随着新军事革命的兴起及在全球范围内的迅速拓展，未来战争还将出现更多新的变化。

第二节 高技术在军事上的应用

军事高技术的发展，使武器装备性能发生了质的飞跃，并对现代作战产生了重要影响。本节分别从侦察监视技术、伪装与隐身技术、精确制导技术、航天技术、电子对抗技术、指挥信息系统等方面介绍军事高技术对现代作战的影响。

一、侦察监视技术

"知己知彼，百战不殆"，情报保障历来都是决定战争胜负的重要因素。伴随科学技术的发展，经过几场局部战争尤其是伊拉克战争的实战检验，人们逐渐对侦察监视技术有了一个较为全面的认识。

凭借着现代侦察与监视技术提供的"千里眼""顺风耳"，指挥员可以迅速、准确、全面地掌握敌方的情况，识别、跟踪和预测敌方部队未来的行动，从而为克敌制胜创造有利条件。

（一）侦察监视技术的基本概念

侦察是军队为获取军事斗争特别是战争所需敌方或有关战区的情况而采取的措施，是实施正确指挥、取得作战胜利的重要保障。侦察监视技术是指发现、识别、监视、跟踪目标并对目标进行定位所采用的技术。侦察监视技术（图 4-3）实现上述五项任务主要是使用高技术侦察设备来完成的。其工作过程大致是：目标的特征信息直接或间接以波的形式通过介质

图 4-3 侦察监视技术

向外传输，被侦察设备接收后，经过加工处理送显示记录设备，经分析、判读来获取情报，并传送到指挥所。

（二）现代战争中的侦察监视设备

按照侦察监视设备获取信息的途径可将现代侦察监视设备分为可见光侦察监视设备、红外热成像侦察监视设备、雷达侦察监视设备、电子侦察监视设备、多光谱侦察监视设备和声学侦察监视设备等。

1. 可见光侦察监视设备

可见光侦察监视设备是根据目标在可见光波段的物理特征来进行侦察的一种侦察监视设备。常用的可见光侦察监视设备包括望远镜、潜望镜、指挥观察仪、测距仪、微光夜视仪等。

2. 红外热成像侦察监视设备

红外波段位于可见光和微波之间（0.76～1000 微米），是一种"肉眼看不见的光"，任何温度高于绝对零度的物体都在不断地向外辐射红外线，并且温度越高，能量越强，波长越短；温度越低，能量越低，波长越长。红外侦察监视设备就是根据红外线的特征，把强度不同的红外线转换成人眼看得见的图像或数据，来探测目标。红外侦察监视设备主要分为成像红外探测器和非成像红外探测器两种。常见的成像红外探测器主要有红外照相机、红外夜视仪等（图 4 - 4）；非成像红外探测器，主要感受热源的存在方

图 4 - 4　红外夜视仪下的伏击

位，不能形成目标的热图像，其侦察设备主要有红外预警探测器等。如预警卫星就是利用红外探测器来探测敌方导弹的发射，以实现早期预警。

相关链接：
狙击手如何逃过热成像仪？

3. 雷达侦察监视设备

雷达侦察监视设备利用物体对无线电波的反射特性来发现目标和测定目标的位置（距离、高度、方位角等）。飞机、导弹、卫星、舰船、车辆等都是雷达可能探测到的目标。雷达侦察具有侦察距离远和全天候使用的优点，雷达侦察的主要缺点是易受到电磁干扰。

4. 电子侦察监视设备

电子侦察主要分为两大类：一类是无线电探测，主要用于侦察敌方电台通信内容，并确定敌电台的大致位置；另一类是微波探测，专门侦察敌方雷达信号，根据

敌方雷达的使用频率、功率等参数，来判定敌方雷达的性能和位置，为己方飞机和导弹突破敌人防空网提供情报，为实施电子干扰与摧毁这些雷达提供根据。

5. 多光谱侦察监视设备

多光谱侦察是把目标发射和反射的各种波长的电磁波划分为若干窄的波段，在同一时间内，用几台仪器分别在各个不同光谱带上对同一目标进行照相或扫描，将所得的图像或信号进行加工处理、分析比较，就可从物体光谱和辐射能量的差异上区分目标。多光谱侦察的主要特点是能识别伪装，在多光谱侦察获得的"假彩色合成图像"上，生长旺盛的活体植物呈现红色，伪装用的砍伐植物呈现灰蓝色，涂有绿漆的金属物体呈现黑色，这样就能把真假目标很明显地区分出来。多光谱侦察设备主要有多光谱照相机、多光谱电视和多光谱扫描器等。

6. 声学侦察监视设备

根据声音在不同媒质中的传输特点，利用声电变换器件和电子放大器件，来拾取声音、进行声音放大或远距离传输，从而测定声源方位、探测目标参数。声学侦察监视设备主要有兵声测仪、舰（船）载声呐等。

（三）侦察监视技术对现代作战的影响

1. 作战空间扩大

现代侦察技术装备可以覆盖整个战场并在全球范围内进行全纵深、大面积的侦察和监视。陆战场监视系统侦察纵深可达 150 千米远；高空侦察机飞行距离达 4800 千米，值勤时间达 12 小时，每小时监视能力达 38.9 万平方千米；卫星侦察与监视可覆盖数百万平方千米。作战侦察距离的增大，不仅为实施远距离作战提供了条件，也使传统近战战法受到严重挑战，所以必须探索新的对敌作战方式。

2. 信息获取手段改善

侦察技术的发展使现代战争的情报侦察方式发生了变革，过去战场侦察主要依靠侦察兵或特工人员使用目视观察器材进行侦察，而现代战争的情报侦察主要使用配备有先进的光、电、磁传感器的侦察设备，获取军事情报，为制订作战计划和作战行动提供依据。使用现代侦察手段可以深入敌人后方，全面详细地了解和掌握战场的情况。

3. 指挥质量提高

现代战场复杂多变，实时获得高质量的情报信息越来越重要。现代侦察监视技术特别是卫星、遥感技术应用于军事领域后，使获取信息的范围显著增大，速度和准确率也大大提高。高技术侦察装备以实时、快速、准确传递信息的能力和手段，极大地提高了作战指挥的时效性。现代侦察监视系统不仅能为指挥员提供直读、直观、直闻的不同距离的、全方位的、有声有色的情报，还可用计算机的逻辑功能帮助计算、分析和判断，对指挥员作出的计划方案进行"对抗模拟"，比较方案的可行性，以便于选择最佳方案，进而提高指挥质量。

4. 促进反侦察技术发展

侦察技术在战场上的运用促进了反侦察技术的发展。战场"透明度"越来越大，部队隐蔽行动企图更加困难，必须探索新的伪装方法和行动方法。例如，常用的伪装方法对目视侦察和微光侦察有效，但热成像器材出现后，这些方法失去了作用。高技术侦察设备大量使用，使战场目标的生存面临更大的威胁。为提高战场目标的生存能力和达成战役战斗的突然性，必须发展反侦察技术。

相关链接：
战场神眼

二、伪装与隐身技术

在现代高技术战争中，由于侦察监视技术引人注目的发展和精确制导武器的使用，目标一旦被发现，就难以逃脱被歼灭的命运。因此，作为对抗侦察与监视手段的伪装与隐身技术也得到迅速发展。

（一）伪装与隐身技术的概念

伪装（图4-5）就是为隐蔽自己和欺骗、迷惑敌人所采取的各种隐真示假的措施。伪装技术的基本原理是：减少目标和背景在可见光、红外、微波等电磁波段的散射或辐射特性的差别，以隐蔽真实目标或降低目标的可探测性特征；模拟或扩大目标与背景的这些差别，以构成假目标欺骗敌方。伪装技术在战争实践中主要是通过天然伪装、迷彩伪装、植物伪装、人工遮障伪装、烟幕伪装、假目标伪装、灯火与音响伪装等措施和方法来实现的。

隐身技术，亦称隐形技术（图4-6），是指在一定遥感探测环境中采用反雷达探测措施，以及反电子探测、反红外探测、反可见光探测和反声学探测等多种技术手段，降低飞机、导弹、坦克等目标的可探测信号特征，使其在一定范围内不易或难以被敌方各种探测设备发现、识别、跟踪、定位和攻击的综合性技术。隐身技术不仅要求隐身，还要求隐声、隐光、隐电和隐磁。

图4-5　单兵伪装

图4-6　隐身衣带来的隐形效果

（二）伪装与隐身技术的分类

1. 伪装技术的分类

（1）按作战运用范围分类

伪装技术按其在作战中的运用范围，可分为战略伪装、战役伪装和战术伪装三种：①战略伪装是指为实现某种目标而制订的大规模、全方位的长期伪装行动和计划；②战役伪装是指军队为达到战争的局部目的或带全局性的目的，根据战略伪装赋予的任务，在战争的一个区域或方向，于一定时间内按照一个总的作战企图和计划，进行的一系列伪装行动的总和；③战术伪装是对部队、分队的人员、兵器、车辆、工程设施和兵力部署、行动、作战企图等实施的伪装，由部队司令部和分队的指挥员组织实施。

（2）按实现的指导思想分类

伪装技术按照实现的指导思想，又可以分为遮蔽技术、融合技术、示假技术、规避技术四种：①遮蔽技术又称为遮蔽隐真技术，是将真实目标遮蔽起来，不让敌人发现和识别的措施。遮蔽技术在高技术局部战争中是反侦察和对付精确制导武器的最有效方法之一，如迷彩遮蔽和人工遮蔽技术。②融合技术是指减小或消除目标与背景之间可探测特征的差别，使目标融合于广大的背景当中，不容易被侦察、辨别的技术手段。例如，单个士兵可用油彩涂抹皮肤的暴露部位，在钢盔和衣服上抹上涂料和编插新鲜植物，以便与周围背景近似或相融合。③示假技术就是故意将假目标、假信息暴露给对方，来达到欺骗和迷惑的目的，考验的是对方的辨别能力，如假飞机、假坦克（图4-7）、假导弹等。④规避技术就是提前获取对方侦察监视的手段、时间、范围等情报，有针对性地避开相关侦察的技术手段。虽然现代侦察技术能多谱段、

图4-7 俄军装备仿真充气武器对付美国高空侦察

全方位、全天候、高分辨地收集情报，但并未达到"天网恢恢、疏而不漏"的境界。因此，可以利用侦察的盲点来对目标进行规避。例如，掌握侦察卫星的运动规律，利用不良天气或避开卫星的过境时间来实施规避，或者选择合理的行动路线来避开侦察。

此外，按照伪装所对付的高技术侦察器材的工作频谱范围，可分为反光学探测伪装、反热红外探测伪装、反雷达侦察伪装和反声测伪装等。

相关链接：
军事伪装

2. 隐身技术的分类

常规的工作在不同电磁波波谱段的侦察监视技术分别是可见光侦察、红外侦察、

雷达侦察、电子侦察和声波侦察。针对这些不同的侦察监视技术，相应的隐身技术也应运而生。

（1）可见光隐身技术。可见光隐身技术是对目标特征信号进行控制，降低敌方可见光探测系统的探测概率。具体方法有控制光反射特性、控制色度和控制亮度等。

（2）红外隐身技术。红外隐身技术是抑制目标在敌方红外探测系统方向上的红外辐射。减少红外辐射的方法有屏蔽、冷却、吸收和散射等。在设计飞行器时需要考虑的方法有减少热源数量、减少机体红外辐射、改进发动机喷管设计和改进燃料等。

（3）雷达隐身技术。雷达隐身技术是采取措施使雷达波反射到其他方向，或者将雷达波吸收掉，使目标不容易被发现的技术。这也是雷达隐身的基本原理。使用各种办法来降低目标雷达散射截面积，而同时武器装备的战术技术性能不受大的影响，是雷达隐身武器的设计目标。

（4）电子隐身技术。电子隐身技术通常采用抑制目标自身电子辐射的方法，以降低敌方电子探测系统对目标的探测概率。具体的措施和方法有屏蔽电子设备、实施电子欺骗和干扰、减少电缆辐射和改变天线结构。

（5）声波隐身技术。声波隐身技术是控制声波辐射特征，降低目标自身的噪声，减小声波探测系统探测概率的技术。具体方法有改进发动机和辅助机的设计、减小运动介质的振动噪声、减小共振和使用阻尼声材等。

（三）伪装与隐身技术对现代作战的影响

1. 伪装对现代作战的影响

未来信息化条件下的局部战争，侦察与反侦察、制导与反制导的斗争异常激烈，伪装对于隐蔽自己、欺骗或迷惑敌人将起着关键作用。伪装对作战的影响主要表现为以下四个方面：

（1）伪装是造成敌人获取错误情报的重要方法。敌对双方的作战企图和行动是建立在所获取情报基础上的。战争史上，敌对双方无一不重视利用伪装技术造成对方错觉，使其指挥员做出错误的决策，采取错误的作战行动。尽管现代光电侦察技术具有全天候、实时化、高分辨率和准确的定位识别能力，但由于伪装技术的发展，伪装仍是欺骗敌人、造成敌人错觉的重要方法。

（2）伪装是提高作战部队生存能力的重要措施。随着光电侦察和精确制导武器的发展，任何目标只要被发现，就有可能被摧毁。因此，无论在进攻还是防御中，作战双方首先面临的问题是如何保存自己。而有效地运用伪装技术将成为解决这个问题的一项有力措施。通过伪装，既可增加敌人侦察的困难，使其不易发现真目标，又可故意暴露假目标，诱骗敌人实施攻击，分散敌人火力。即使真目标被发现，也会由于真假难辨，使敌无所适从，从而降低敌方武器的命中率和杀伤率，提高部队的生存能力。

（3）伪装成为夺取作战主动权的重要手段。可靠的伪装不仅可以隐蔽自己的作战行动及战场配置，还可以给敌人制造错觉，为自己创造可乘之机。特别是隐身技术的

使用，使武器的突防能力大大提高，从而增强了作战行动的突然性，成为现代战争中有效的进攻手段。这些都为夺取战争的主动权和达成作战企图创造了有利条件。

（4）伪装使作战任务和作战方法发生了变化。为增强部队的打击力和提高部队的生存能力，未来将有更多的部队担负欺骗、佯动任务；为使自己不成为敌人攻击的目标，伪装已成为所有部队的重要任务之一。伪装技术的发展将使人们重新认识近战、夜战和步兵的作用。高技术条件下作战如果缺少夜视侦察和伪装器材，将失去夜战的主动权。战术、战役机动的方式将改变，小群、多路、多方向、出其不意成为机动的重要方法。

经典战例 ▶▶ ▶

军事伪装在局部战争中的作用

在海湾战争中，伊拉克成功运用了伪装技术，虽然以美国为首的多国部队，连续不断地对伊进行了38天的空袭，但攻击的目标有80%是假目标，消耗了多国部队大量的弹药，美国自己也承认最多损坏伊军军力的20%。在科索沃战争中，以美国为首的北约出动了数万架次飞机扔下了1万多吨的弹药，对南联盟实施了空前野蛮、残酷的轰炸，而南联盟只有462名军人和114名警察为国捐躯，80%的军事实力得以保存。这充分说明军事伪装在高技术局部战争中仍作用巨大。

2. 隐身技术对现代作战的影响

隐身技术的发展及广泛应用，尤其是各种隐身武器装备的研制成功及在战争中的应用，对现代作战产生了深刻的影响。

（1）隐身武器装备突防能力的提高，使作战行动的突然性进一步增大。传统的伪装隐身技术大多是被动式的，而现代的隐身技术则能主动对付敌方防御武器，从而改变了袭击兵器传统的突防方式，使战争的突然性增大。

（2）隐身技术对侦察探测及防御提出了更高的要求。为了及早发现隐身目标，必须提高探测系统的性能，增大探测范围。为了防止隐身兵器的突入，防御一方必须加大雷达探测范围和探测密度，或者增加预警飞机的巡逻范围和巡逻密度，对组织战场侦察提出了更高的要求。由于隐身技术的应用，增大了作战行动的突然性，这对防御的组织与实施也提出了更高的要求。

（3）隐身技术使侦察与反侦察的对抗更加激烈。在现代战争中，由于侦察手段越来越先进，交战双方装备的电子器材也越来越多，侦察与反侦察的斗争越来越激烈。一方面，诸如隐身飞机、隐身机器人等用于战场侦察，使空中侦察和地面侦察更加隐蔽；另一方面，隐身技术给伪装增添了新内容，可使电子器材隐去电子特征，发热器材隐去红外特征，振动设备隐去噪声特征，从而使敌方侦察探测系统更难以进行侦察探测。

军海泛舟

外媒关注 FC-31 改进版试飞成功：隐形性能提升

外媒称，中国试飞了国产隐形战机的改进版本，并计划将其销售价格定为美国隐形战机的一半，以打破西方对高科技飞机的垄断。这将对印度产生战略性影响，因为巴基斯坦已经对引进这款战斗机表现出兴趣。

据《俄罗斯报》网站 2016 年 12 月 26 日报道，中国最新型战机歼-31 的第二架原型机于 23 日在沈阳进行了首次试飞，名为 FC-31"鹘鹰"（图 4-8）。中国航空工业集团公司证实了此事，但拒绝透露细节。外界首次获知歼-31 是在 2012 年，当时，第一架原型机也是在沈阳上空进行了试飞。报道称，此次试飞的是第二架原型机，它拥有更好的隐形性能，电子设备更加完善，机身构造进行了一系列改进，有效载荷得到提升。它的最大起飞

图 4-8　FC-31 战斗机在珠海航展中心上空进行飞行表演

量 28 吨、作战半径 1250 千米，可以携带 8 吨以内的武器。除歼-31 外，中国自 21 世纪初以来也在开发另一款第五代战斗机，即更重型的歼-20。它的起飞重量为 36 吨，最高时速可达 2 马赫。

另据英国《泰晤士报》网站 2016 年 12 月 27 日报道，中国日前成功试飞一款先进战斗机，其正在快速现代化的军队有望再次获得令人印象深刻的装备。报道称，该飞机是中国第二款第五代战斗机，是继体型较大的歼-20 之后现有的最先进战斗机。《中国日报》援引一名航空专家的话说，在首架原型机试飞 4 年后，此次试飞的新型 FC-31"鹘鹰"战机似乎拥有更好的隐形能力，更先进的电子设备以及更大的载荷能力。

三、精确制导技术

20 世纪以来，科学技术发展突飞猛进，带动了武器装备发展的巨大飞跃。特别是近 50 年来，世界武库中出现了一类崭新的装备——精确制导武器。它的精度远非传统武器所能比拟，已成为现代局部战争中的兵器之星，而精确制导武器进行精确攻击是通过精确制导技术来实现的。

（一）精确制导技术的基本概念

精确制导技术是一种按照一定规律控制武器飞行方向、姿态、高度和速度，引导其战斗部准确攻击目标的技术，广泛应用于导弹、航空炸弹、炮弹、鱼雷、地雷等武器系统中，是精确制导武器的关键技术（图 4-9）。该技术的应用目标是确保精确制导武器既能准确命中选定的目标乃至目标的要害部位，又尽可能减少附带破

坏，其核心是精确导引和精确控制技术。

（二）精确制导技术分类

精确制导技术主要有寻的制导、遥控制导、惯性制导、相关制导、全球定位系统制导和复合制导。

1. 寻的制导

寻的制导系统的大部甚至全部装置都装在精确制导武器的头部，故常被称为导引头。当寻的系统正常工作后，就能自动寻找

图 4 - 9　精确制导武器

目标然后瞄准目标，并对精确制导武器的飞行进行控制。寻的制导对目标探测的原理和方法很多利用目标的某些物理特征，如目标反射的阳光和夜光，目标反射或发出的红外线、微波、毫米波和声波等，通过相应的探测器发现和识别目标。因此，自动寻的制导系统的技术途径是多种多样的，可以是微波、毫米波、红外线，也可以是电视自动寻的。寻的制导的精度很高，但作用距离比较短，所以多用于末段制导。精确制导武器的高精度主要是靠末段制导保证的，远程精确制导武器都有末段制导，而末段制导多采用寻的制导。

2. 遥控制导

遥控制导就是在导弹飞行过程中，另外设有指令站，通过不断测量目标和导弹的相对位置，不断地对导弹发出指令，来修正飞行路线。比如说有线制导的反坦克导弹就采用这种制导方式。导弹发射后，尾部拖着一条长长的导线，操纵员通过观测导弹与目标的相对位置，发出控制指令，指令通过导线传到导弹上，纠正飞行路线，通过这样不间断的遥控，使导弹最后命中目标。

3. 惯性制导

惯性制导就是采用惯性测量设备测量导弹运动参数的制导技术。在飞行过程中，导弹通过陀螺仪、加速度表等装置测量数据，并根据事先制定好的初始条件和制导程序来发出指令，控制导弹飞行。比如中远程弹道导弹、巡航导弹就采用这种技术，一般用来攻击固定目标，因为其弹道在发射前就装定了。

4. 相关制导

在武器的飞行过程中，利用预先储存的飞行路线的某些特征与实际飞行过程中探测到的相关数据不断进行比较，来修正飞行路线，这种制导方式称为相关制导。

（1）地形匹配制导

地形匹配制导就是通过侦察照相获取导弹预攻击目标及沿途航线上的地形情报，并据此作出专门的标准地貌图。然后把这幅预先测定的数字地图存入弹体计算机，导弹在飞行的过程中利用雷达高度计和气压高度计连续测量飞经地区的实际地面海拔高度，并把这一数据输入计算机与预定弹道的相关数据进行比较，如发现已经偏离预定飞行轨迹，计算机会将需要纠正的偏差修正量以指令形式传送给自动控制装

置，使导弹及时回到预定轨道上来。地形匹配制导具有地形越复杂精度越高的特点，但它不适用于海面和平原。

（2）数字式景象匹配区域相关制导

这种制导方式和地形匹配制导基本一样。地形匹配是通过测定导弹飞经路线地面的实际标高来修正航向，景象匹配区域相关制导则是利用弹载"景象匹配区域相关器"获取目标区域的景物图像，然后把目标及其周围的景象与弹体计算机存储的原摄影景象进行比较，从而确定导弹相对于目标的位置，进行攻击。

5. 全球定位系统制导

这种方式也称 GPS 制导，就是借助于全球定位系统的导航卫星来进行制导和攻击。全球定位系统是美国在 1993 年完成部署并投入使用的卫星导航和定位系统，由空间设备、地面设备及用户设备三部分组成。GPS 部署有 24 颗导航定位卫星可为用户提供全天候、连续实时高精度的信息。GPS 制导就是利用 GPS 接收机接收 4 颗导航卫星的信号来修正武器的飞行路线。

相关链接：
精确打击武器的耳目——卫星制导

6. 复合制导

复合制导指导弹在飞行的不同区段采用不同的制导方式。导弹大多实行复合制导，目的是提高制导精度，在命中精度相同的条件下，作用距离比单一制导方式的导弹更远，并可以增强导弹的抗干扰能力。任何一种制导方式都有它的优缺点，采用复合制导可以取长补短，更好地满足作战要求（图 4 - 10）。

图 4 - 10　挪威防空导弹更新雷达和增加光电复合制导系统

（三）精确制导技术对现代作战的影响

精确制导技术在军事上的应用主要体现在精确制导武器上。

精确制导武器，就是指采用精确制导技术，直接命中概率在 50％ 以上的武器。直接命中则是指制导武器的圆概率误差（英文符号为 CEP）小于该武器弹头的杀伤半径。CEP 值越小，制导武器的命中精度越高；CEP 值越大，制导武器的命中精度就越低。

精确制导武器具有命中精度高、射程远、杀伤威力大等特点，给现代作战行动带来深刻影响，主要表现在以下四个方面：

1. 超视距、多模式、多目标精确打击成为可能

巡航导弹的打击距离达 1000 千米以上，可从陆地、空中、海上多方式发射，自行打击各种重要战略目标。如美国"爱国者"地空导弹系统就配备了相控阵雷达和

100 万次/秒的计算机，可同时跟踪 50～100 个目标，或同时控制 9 枚导弹分别攻击不同方向、不同高度的目标。

2. 旷日持久的消耗战将被速战速决取代

精确制导武器快速、高效的作战特点，使得战争可以在短期内达成战略目的。据统计，自 20 世纪 80 年代以来发生的高技术局部战争，战争持续的时间与精确制导武器的投入量成反比。例如，1986 年 4 月，美国空军出动机群，绕过欧洲数个国家偷袭非洲国家——利比亚，倾泻了大批激光制导炸弹和带"眼睛"的集束炸弹，摧毁了利比亚 6 个地方的重点目标。空袭时间仅为 30 分钟，一场战斗就结束了。当美国的飞机空袭完毕返航时，利比亚军队才组织火力还击。

3. 远程火力打击的突然性空前增大

精确制导武器具有精确的远程打击能力，附带杀伤较小，作战持续时间短，军事打击行动造成的国际影响也相对降低，因而成为军事打击行动的主要手段，使远程火力打击的突然性空前增大。如阿富汗的恐怖分子训练基地、苏丹的"化学工厂"和波黑的弹药库都曾经受到美军实施的"点穴"式打击。

4. 作战效能有了很大提高

精确制导武器是一种作战效能很高的武器，其效费比通常为常规炸弹的 25～30 倍。例如，美国的 GBU-28"宝石路Ⅲ"系列激光制导炸弹能钻入地下 6 米深的加固混凝土建筑物或 30 米深的地下土层，一枚 GBU-28 激光制导炸弹就可摧毁地下的钢筋混凝土隐蔽工事，而"二战"时期摧毁同样一个钢筋混凝土隐蔽工事需要 9000 枚炸弹，越南战争时也需要 300 枚炸弹。

据有关资料统计，过去平均使用 250 发 155 毫米的常规炮弹，只能击毁一辆坦克，现在使用精确制导炮弹仅需 1～2 发即可，其效能提高了 125～250 倍。一枚"陶"Ⅱ反坦克导弹造价虽达 1 万美元，但用它可击毁一辆造价为 244 万美元的 M1 型坦克，二者比值为 1∶244。而使用常规炮弹击毁一辆 M1 型坦克，约需炮弹 250 发，每发以 150 美元计算，共 3.75 万美元。

相关链接：
美俄陆军精确打击装备体系

四、航天技术

航天技术是当今世界上最引人注目的技术种类之一，它推动着人类科学技术的进步，使人类活动的领域由大气层内扩展到宇宙空间。航天技术是现代科学技术的结晶，是基础科学和技术科学的集成，是一个国家科学技术水平的重要标志。

（一）航天技术概述

1. 航天技术和军事航天技术的基本概念

航天技术，又称空间技术，是一项探索、开发和利用太空以及地球以外天体的

综合性工程技术，是一个国家现代技术综合发展水平的重要标志。

军事航天技术是把航天技术应用于军事领域，为军事目的进入太空和开发、利用太空的一门综合性工程技术，是军事技术的一个组成部分。

2. 航天技术的组成

航天技术是由运载器技术、航天器和航天测控技术三大部分组成。

（1）运载器技术是航天技术的基础。要想把地球上的物体运送到外层空间去，就必须克服地球引力和空气阻力，而运载器技术的发展为各种航天器提供了强大的动力装置。目前使用得较多的运载器是运载火箭和航天飞机。

（2）航天器是在地球大气层以外的宇宙空间执行探索、开发或利用太空等航天任务的飞行器。

（3）航天测控技术（图4-11）。为了保证航天器在轨道上正常工作，必须使航天器不断将有关信息向地面报告，地面也必须依靠所建立的测控系统对航天器进行遥测、遥控、跟踪和通信。

图4-11　北理工航天测控技术成功应用于我国首颗新一代北斗导航卫星发射

（二）航天器的军事应用

航天器的军事应用大致可分为三大类：一是已经大量使用的支援地面军事行动的卫星系统，如侦察卫星、预警卫星、军用通信卫星、导航卫星、气象卫星、测地卫星等；二是处于研究发展中的天基或部分天基武器，主要指攻击敌方航天器用的反卫星系统，包括反卫星卫星、反卫星导弹和各种天基定向能武器（激光、粒子束武器）等；三是在理论上可行，但仅进行个别探索和试验的，主要用于执行军事任务的载人航天器，包括载人飞船、空间站、航天飞机、空天飞机等。

1. 军用卫星

军用卫星是指专门用于各种军事目的的人造地球卫星的统称，它是发射数量最多的一类卫星，现已达6000多颗，约占世界各国航天器发射总数量的2/3。军用卫星按用途可分为侦察卫星、通信卫星、导航卫星、测地卫星、气象卫星等。

（1）侦察卫星是指用于获取军事情报的人造地球卫星，其优点是侦察面积大、范围广、速度快、直观效果好，可定期或连续监视特定地区，不受国界和地理条件限制，生存能力强，能取得其他手段难以获得的情报，不仅对军事，而且对政治、经济和外交等均有重要作用。

根据任务和侦察设备的不同，侦察卫星通常分为照相侦察卫星、电子侦察卫星、导弹预警卫星、海洋监视卫星和核爆炸探测卫星等。

（2）通信卫星是指用作无线电通信中继站的人造地球卫星，是卫星通信系统的空间部分。它转发无线电信号，实现地球站之间或地球站与航天器之间的通信。与

一般通信方式相比，卫星通信具有通信距离远、传输容量大、覆盖区域广、通信质量好、经济效益高、机动性和生存能力强等优点，因而在军事通信中有举足轻重的作用。

（3）导航卫星是指从卫星上连续发射无线电信号，为地面、海洋、空中和空间用户导航定位的人造地球卫星。利用卫星来导航或定位，具有精度高、全天候、能覆盖全球和用户设备简单等优点，在军用和民用上均有极其重要的意义。

北斗卫星导航系统是中国研发的全球卫星导航系统。它与美国 GPS、俄罗斯"格罗纳斯"、欧盟"伽利略"系统并称全球四大卫星导航系统。

（4）测地卫星是指专门用于大地测量的人造地球卫星。其任务是测量地面点位坐标、地球形体和地球引力场参数。

（5）气象卫星是从外层空间对地球及其大气层进行气象观测的人造地球卫星。形象地说，它是一个无人太空气象站，是获取军事气象情况的重要手段，对全球天气监视和天气预报业务均有十分重要的作用。气象卫星主要有两种类型，即极地轨道的近地气象卫星和同步轨道上的静止气象卫星。这两类卫星大都是军用与民用相结合，但也有专门的军用气象卫星系统。

2. 空间武器类航天器

空间武器类航天器，也称天基武器系统，主要是指攻击敌方航天器用的卫星及卫星平台，如反卫星卫星、反卫星及反弹道导弹动能武器平台和定向能武器平台等。其中，反卫星卫星是对我方有威胁的敌方卫星实施摧毁、破坏或使其失效的人造卫星。在这种卫星上装设跟踪识别装置和杀伤武器，并使其具有一定的机动变轨能力，以识别、接近并摧毁敌方卫星。

3. 军用载人航天器

载人航天器包括载人飞船、空间站、航天飞机和正在研制中的单级火箭式空天飞机。

（1）载人飞船是能保证宇航员在空间轨道上生活和工作以执行航天任务并返回地面的航天器。它的运行时间有限，仅供一次性使用，可独立进行航天活动，也可以作为往返于地面和空间站之间的"渡船"，还能与空间站或其他航天器在轨道上对接后进行联合飞行。神舟飞船是中国为载人航天计划研制的载人宇宙飞船系列。其原型机"神舟一号"于 1999 年 11 月 20 日成功发射，而其发展型号"神舟五号"于 2003 年 10 月 15 日第一次完成载人飞行。2016 年 10 月 19 日，"神舟十一号"与"天宫二号"空间实验室成功实现自动交会对接（图 4-12）。

图 4-12 "神舟十一号"与"天宫二号"对接成功

（2）空间站是大型、绕地球轨道做较长时间航行的载人航天器，是多用途的空

间基地。空间站的建立标志着载人航天技术发展进入一个新阶段。"天宫一号"与"神舟九号"飞船的载人交会对接为中国"空间站"的搭建奠定了坚实的基础，掀开了极具突破性的一页。2016年9月15日22时04分12秒，"天宫二号"空间实验室在酒泉卫星发射中心发射，开启了中国航天领域的又一个中国时刻。

（3）航天飞机是一种往返于地面和近地轨道之间，运送有效载荷并完成特定任务的有人驾驶空间飞行器，它兼有航空和航天两种本领，具有航天器和运载器双重功能，并可多次重复使用。航天飞机与火箭、卫星和飞船相比，具有更多的优点和更多的用途，在军事上也有巨大的应用潜力。

（4）单级火箭式空天飞机是单级火箭式航空航天飞机的简称。它既能够航空亦能够航天，集飞行器、太空运载工具及航天器于一身，亦可作为载人航天器，并且可以重复使用。

（三）军事航天技术对现代战争的影响

军事航天技术的发展极大地扩展了现代战场的空域，使现代战场由陆、海、空三维一体发展为陆、海、空、天四维一体，使太空成为现代战争新的"制高点"。它对现代战争的影响主要表现在以下四个方面：

1. 极大地增强了军事侦察能力和军事指挥控制能力

在空间轨道上部署军事卫星等航天器，可以居高临下，全时域、全空域、全天候地监视和掌握地面、海上和空中战场所发生的一切变化，为军事指挥员不断实时获取并提供所需的有关敌方军事目标、军队部署与调动、军队武器装备的数量和性能等各方面的情报，保证作战方案的正确制定，实现全球范围内的统一指挥和快速反应。在高技术战争中，军事指挥员实施有效的作战指挥越来越依赖航天技术获取情报和传输信息的能力。太空已成为现代战场新的重要组成部分。

2. 有效地提高了武器装备的作战效能

利用军事空间系统可以为火炮、导弹、飞机、舰艇提供敌方目标的精确坐标，并为它们导航，引导它们准确攻击和摧毁目标，甚至还可通过空间系统的侦察对作战效果进行评估，便于决定是否需要再次发起攻击。所有这些作用是地面系统或空中系统难以起到的。

3. 对建立以信息技术为基础的数字化部队和数字化战场发挥关键作用

信息技术的军事应用、数字化部队的建立和数字化战场的出现，一刻也离不开军事航天技术。数字化部队和数字化战场，其物质基础从单兵武器到弹药、火炮、坦克、直升机、作战飞机、军舰及指挥技术器材等，都要装备数字化的处理与传输设备或装置，它们都需要各种军事侦察卫星和通信卫星提供与传输数字化的战场信息，即使是一个小分队，甚至是单兵，都必须携带并使用卫星终端。可见，军事航天技术对于未来的军队建设、作战指挥、武器装备及战场的信息化、数字化、自动化都起着关键的作用，它在很大程度上将决定未来军事革命的特点和历程。

4. 促使战场进一步向空间延伸

随着军事航天技术的发展,"天军"和"天战"已经不再仅仅是人们口头议论的话题,而是已经实实在在地走进了战略指挥员的指挥台面。目前,"天军"已经担负着侦察、预警、指挥、导航、通信、控制以及收集军事气象资料等任务。随着航天技术的发展,可以预见,在未来,太空中的空间站不但可以是住人的军营和天军的军事基地,还可以作为太空指挥所、太空武器的试验基地、太空航天器和太空武器的修理所,以及用来装备定向能武器、摧毁敌方的军用卫星和导弹。建立了"天军",就必然有"天战"。目前,美国和欧洲已初步建立起了弹道导弹防御系统。可以预见,随着太空争夺的日趋激烈和航天技术的发展,战场也将进一步向空间延伸。

相关链接:
兵戎要志:2016 年中外航天发射全纪录

五、电子对抗技术

现代战争中,敌我双方在一定时间和空间范围内及一定电磁环境中,为争夺作战行动的控制权而进行大量电子技术的较量,这就是电子战。它已与地面、海上、空中和空间作战并列,称为"第五维战争"。电子对抗是实施电子战的主要手段。

(一)电子对抗技术的基本概念

电子对抗技术是指为削弱和破坏敌方电子设备的使用效能,保护己方电子设备正常发挥效能所采用的技术。电子对抗是现代战争中一种重要的作战手段。

实施电子对抗的目的,是通过对抗设法使敌方的电子设备性能降低或完全丧失工作能力,造成通信中断、雷达迷盲、兵器失控,使敌人变成"聋子"和"瞎子",同时保障己方的电子设备充分发挥"千里眼""顺风耳"的作用,有效地控制各类兵器,为夺取战争的胜利创造有利条件(图 4-13)。

图 4-13　空军某部电子对抗兵实施反侦察反干扰反摧毁实兵演习

(二)电子对抗技术的分类

现代战争中的电子对抗手段主要包括:通信对抗、雷达对抗、光电对抗、反辐射对抗和网络对抗。

1. 通信对抗

通信对抗是敌对双方利用普通的无线电通信设备及专门的通信对抗设备,在无线电通信领域内进行的电磁斗争。其目的在于截获敌方无线电通信情报,阻碍或削

弱敌方无线电通信，保障己方无线电通信设备正常工作。通信对抗手段包括无线电通信侦察和无线电通信干扰。

（1）无线电通信侦察。无线电通信侦察是运用专门的无线电侦察设备或普通的通信设备，对敌方各种无线电通信信号进行搜索、截获、识别、定位和分析，以获取有关情报的一种电子侦察。

（2）无线电通信干扰。无线电通信干扰是指利用无线电干扰设备或普通的电台等发射强大的干扰信号，使敌方的无线电通信设备不能正常工作的作战行动。其基本原理是：将功率强大的干扰信号插入对方通信信道，当其频率与对方通信信号相同或相近时，接收设备就会同时接收到干扰信号和通信信号，或只能接收到功率强大的干扰信号，从而扰乱对方的正常通信。

经典战例 ▶▶ ▶

击毙杜达耶夫

击毙杜达耶夫是现代战场上捕捉电磁信号进行无线电通信侦察最著名的战例。1996年，俄罗斯的车臣硝烟正浓，俄军电子战部队与叛军首领杜达耶夫在电子战领域斗智斗勇，展开了一场生死搏斗。杜达耶夫常使用卫星电话与部下联络，因此，俄军决定用软硬兼施的电子战手段消灭他。俄军首先通过秘密渠道获取了杜达耶夫无线电话的频率，然后动用"伊尔-76"电子战飞机在车臣上空不停地飞行。只要杜达耶夫打电话，电子战飞机上的侦察设备就会引导空地导弹进行攻击。杜达耶夫是空军出身，对俄军电子战飞机的能力是有所了解的。因此，他每次通话时间都很短，而且关机后就迅速转移，使俄军的4次攻击都没有成功。但在1996年4月21日夜晚，杜达耶夫因为一个十分重要的通话而忘记了来自空中的威胁，这一次通话时间稍长。就在他疏忽的这一刻，两枚空地导弹追踪着他的手机信号从天而降，杜达耶夫当场毙命。

2. 雷达对抗

雷达对抗是指交战双方为保障己方雷达有效工作，并极力破坏对方雷达正常效能的发挥而进行的雷达侦察与反侦察、干扰与反干扰、摧毁与反摧毁的斗争。雷达对抗手段包括雷达侦察、雷达干扰和反辐射摧毁。

（1）雷达侦察。雷达侦察是指为获取敌方雷达的战术技术参数而实施的电子侦察，其目的是实施告警和引导干扰或为摧毁提供坐标。雷达侦察设备有以下三类：一是雷达情报侦察设备，情报侦察设备安装在飞机、舰船、车辆和卫星上，用来侦察敌方雷达的技术情报和敌方的军事情报；二是雷达告警设备，是一种安装在作战飞机、舰艇、装甲车辆上，用于截获、识别雷达信号并判断威胁程度，为己方提供实时告警的设备，它可及时发现敌雷达控制的武器系统的攻击，以便采取干扰、规避等技术或战术对抗措施；三是侦察引导设备，用于获取敌雷达所在方位、工作频

率等技术参数，然后指引干扰机在方向上和频率上对准敌方雷达实施干扰。

（2）雷达干扰。雷达干扰是利用雷达干扰设备和器材发射、反射、散射或吸收敌方雷达波，扰乱或欺骗敌方雷达系统，使其效能降低或完全失效。雷达干扰分为有源干扰和无源干扰两大类：①雷达有源干扰是利用专门的干扰机发射干扰信号，以扰乱敌雷达的正常工作。由于这类干扰具有主动性，因而又称"积极干扰"；②雷达无源干扰是利用无源器材来改变目标对电磁波的反射，改变电磁波的传播特性以破坏雷达对目标的发现和跟踪。无源干扰包括箔条干扰、角反射器干扰、吸收层干扰、假目标干扰。

（3）反辐射摧毁。反辐射摧毁是用反辐射武器对敌方的雷达等电子设备实施火力摧毁，使其无法工作的一种最彻底的电子攻击措施。其基本原理是利用敌方雷达等电子设备的电磁辐射作为反辐射武器的制导信号，对雷达进行寻的、跟踪直至摧毁；或是利用高能电磁脉冲，使敌方雷达等电子设备元器件过载而烧毁。反辐射武器主要有反辐射导弹、反辐射无人机和高功率微波定向能武器等。

3. 光电对抗

光电对抗（图 4 - 14）是指敌对双方从紫外线、可见光到红外线的宽广波段上，利用各种设备和措施进行光电侦察与反侦察、干扰与反干扰的综合光电子斗争。光电对抗技术，可区分为光电侦察告警技术、光电干扰技术和光电防御技术。其中，光电侦察告警是指利用光电技术手段对敌方光电武器和侦测器材辐射或散射的光信号进行探测、截获、识别，并及时提供情报和发出告警。光电干扰是采取某些技术措施破坏或削弱敌方光电设备的正常工作，以达到保护己方目标

图 4 - 14　东海舰队某电子对抗团在外训阵地组织某型光电对抗装备进行实弹射击演练

的一种干扰手段。光电干扰技术的发展集中在红外诱饵、红外烟幕、光电干扰机及光电摧毁四个领域。光电防御是指在有光电对抗的条件下，为提高光电武器装备的作战能力而采取的一切措施，包括光电反侦察告警和光电反干扰。光电反侦察告警是为防止和破坏敌方光电侦察告警设备实施有效侦察告警而采取的一切措施。光电反干扰是指为排除或破坏敌方光电干扰效果而采取的一切措施，是提高武器装备突防能力、命中精度的重要手段。

4. 反辐射对抗

反辐射对抗就是以敌方的电磁辐射信号为引导，利用反辐射武器摧毁敌方雷达、通信、无线电制导、无线电干扰、红外辐射等发出电磁辐射信号的电子设备。在现代战争中，被人们誉为"国防千里眼"的雷达，已广泛用于预警、侦察、防空、指挥、控制、制导、火控等系统中。进攻性武器性能的改善，尤其是隐身技术的采用，

促使雷达加速发展和更新。在电磁环境日趋复杂的背景下，进攻性武器单靠电子干扰的软杀伤手段，已难以有效地摆脱雷达的"跟踪盯梢"。因此，很多国家开始加紧发展摧毁雷达的硬杀伤武器——反辐射武器。利用雷达的电磁辐射，反辐射武器可对雷达进行寻的、跟踪直至摧毁。除了可摧毁敌方雷达阵地外，它还能杀伤雷达操作人员，迫使敌方重新装备或进行长时间维修，使雷达在作战中不能有效地发挥作用，从而使防空武器和其他有关武器失效。目前的反辐射武器包括反辐射导弹和反辐射无人机等。

5. 网络对抗

随着社会信息化程度的提高、军队网络化的发展、战场网络化的形成，现代作战指挥系统把各指挥、预警、作战以及情报等有机联系起来，通过战略通信网、战役通信网、野战通信网、卫星通信网等构成一个四通八达、纵横交错的战场中枢系统。同时，战场中枢系统也成为最为敏感的网络神经。计算机硬件和软件、网络协议和结构以及网络管理等方面不可避免地存在安全漏洞，使得网络攻击成为可能。在未来的信息化战争中，电子计算机网络面临电磁泄漏、病毒攻击、黑客侵扰、电磁干扰、实体摧毁等多方面的威胁，网络对抗已成为电子对抗的一个重要分支。网络对抗手段的使用，能够达到"兵不血刃"的目的。近年来，一些军事强国竞相把制网络权作为夺取制信息权的重要内容。

（三）电子对抗技术对现代战争的影响

现代战争中夺取制电磁权已经成为敌我双方争夺的一个新的"制高点"，电子对抗技术具有其他技术所不具备的独特之处，对现代战争产生了重大影响。

1. 获取军事情报

通过电子侦察，可以获取敌方无线电通信的内容，查明敌方电子设备的有关技术参数以及兵器属性、类别、数量和配置位置等情报，从而可以判断敌军兵力部署和行动企图。

2. 破坏敌方作战指挥

无线电通信是军队作战指挥的主要手段。在陆海空军协同作战、坦克集群突防、飞机或舰艇编队行动、空降作战、海上登陆作战以及军队被围时，无线电通信是唯一的通信手段。有效地干扰、欺骗或摧毁敌人的无线电通信设备，可使其联络、指挥瘫痪，严重削弱敌军战斗力。

3. 保卫重要目标

在机场、桥梁、指挥所等重要目标附近部署雷达干扰设备，干扰敌轰炸机轰炸瞄准雷达，可以使其炸弹投不准；干扰导弹的雷达制导系统，可以使其导弹失控。在地面炮兵阵地的位置，使用伪装器材对机场、桥梁、炮阵地、坦克集群等目标进行反可见光、反红外、反雷达的伪装，可以隐真示假，减少被敌人打击摧毁的机会。

4. 保护己方电子设备正常工作

战时，对己方电子设备和系统，采取多种行之有效的反侦察、反干扰、反摧毁等防御措施，使无线电通信迅速、准确、保密、不间断，使雷达探测及时准确，制导兵器控制自如，对于保障作战任务的顺利完成具有重要意义。

相关链接：
被美军点赞的中国电子战

六、指挥信息系统

战争离不开指挥，战争史从某种意义上来说就是指挥手段不断改进的历史。农业时代，军队作战指挥靠的是令旗、号角、锣鼓、烟火等。工业时代的战争，特别是两次世界大战广泛使用了无线、有线电报、电话等工具以及雷达、无线电侦听器、光学观测器等设备。随着科学技术的飞速发展，人类开始跨入信息社会，军队由机械化迈向信息化，指挥信息系统便应运而生（图4-15）。

图 4-15　指挥信息系统

（一）指挥信息系统的基本概念

指挥信息系统，是以计算机网络为核心，由指挥、情报、信息对抗、综合保障等分系统组成，可对作战信息进行实时的获取、传输、处理，用于保障各级指挥机构对所属部队和武器实施科学高效指挥控制的军事信息系统。指挥信息系统是在军队指挥自动化系统发展到一定阶段后建立起来的，西方发达国家称之为 C^4KISR 系统，即指挥（command）、控制（control）、通信（communication）、计算机（computer）和杀伤（killing）、情报（intelligence）、监视（surveillance）、侦察（reconnaissance）系统的简称。

（二）指挥信息系统的组成

一个完整的指挥信息系统应包括以下五个分系统：

指挥系统——"神经中枢"。指挥系统综合运用现代科学和军事理论，实现作战信息收集、传递、处理的自动化和决策方法的科学化，以保障对部队的高效指挥，其技术设备主要有处理平台、通信设备、应用软件和数据库等。

控制系统——"手脚"。控制系统是用来搜集与显示情报、资料，发出命令、指示的工具，主要有提供作战指挥用的直观图形、图像的显示设备，控制键钮，通信器材及其他附属设备等。

通信系统——"神经脉络"。通信系统通常包括由专用电子计算机控制的若干自动化交换中心以及若干固定或机动的野战通信枢纽。

电子计算机系统——"大脑"。电子计算机是构成指挥信息系统的技术基础，是指挥信息系统中各种设备的核心。指挥信息系统要求计算机存储容量大、功能多、速度快，特别要有好的软件，并形成计算机网络。

情报、监视与侦察系统——"耳目"。情报系统包括情报搜集、处理、传递和显示。它的主要设备有光学、电子、红外侦察器材、侦察飞机、侦察卫星以及雷达等。监视与侦察系统的作用是全面了解战区的地理环境、地形特点、气象情况，实时掌握敌友兵力部署及武器装备配置及其动向。

军海泛舟

中俄夺岛演练顺利举行　新型指挥信息系统建功

中俄"海上联合—2016"军事演习联合立体夺控岛礁科目在湛江以东某海域某小岛上拉开战幕。扫残破障队和两栖装甲车泛水编波对岸上目标实施打击、特种破袭队水下隐蔽渗透、直升机搭乘垂直突击队向目标地域接近……

演习中，中俄双方兵力混合编组，围绕登陆兵力海上联合投送、对岸上目标进行空中火力打击、水面舰艇及装甲装备对岸火力支援、对岛礁防御之敌联合突击等内容展开，全程突出信息化条件下的"背靠背"对抗。演练中，红蓝双方只预设了时间范围，双方的攻守方式、兵力部署等均为自主决策。

运用专用的指挥信息系统，破解联合"瓶颈"是这次演习的重点和亮点。不仅红蓝指挥所与各作战单元实现了数据链沟通，各作战单元间也实现了资源共享无缝对接。在统一的信息指挥下，率先出击的是由中俄双方陆战队员组成的特种破袭队，他们隐蔽向预定地域接近，破障抵滩开辟岸滩通道。面对蓝方战机和岸上火力阻击，红方两栖装甲车从坞舱鱼贯而出，双方装甲车密切协同，运用强大的火力支援陆战步兵行动。随后，搭载双方陆战队员的直升机快速起飞，深入敌后破袭，对蓝方占领岛礁实施立体夺控。精准、高效、迅速，整个过程实现高度融合。通过此次演练，检验了中俄双方指挥控制、情报侦察、通信协同、火力运用、信息资源共享等能力。

（三）指挥信息系统在现代战争中的运用

指挥信息系统在现代战争中的运用，主要体现在作战指挥的各个阶段，包括收集情报、传递情报、处理情报、显示情报、辅助决策和实施指挥。

1. 收集情报

情报获取是系统工作的首要步骤，及时可靠的情报是指挥员定下决心的依据。由于指挥信息系统便于和各种信息化的探测、侦察设备相连结，或者使其作为一个终端，故能使无论采用何种途径、何种手段获取的情报都能够直接、及时地汇集。

如将声呐和计算机连在一起，不仅能测出目标的方位、距离，而且能测出目标的类型，甚至能立即指出是敌人的哪一艘舰艇。因为计算机的数据库里可存储敌人所有舰船的噪声资料以供鉴别使用。

2. 传递情报

迅速、准确、保密和不间断地传递情报，是保证适时、连续和隐蔽指挥的前提。军队指挥信息系统除了拥有高质量的通信网和各种功能的终端设备，为迅速、准确传递信息创造有利条件外，更重要的是它采用数字通信方式，运用计算机等自动化设备，使多种通信业务高速自动完成。通信交换中心的电子计算机，不仅能记住各用户的直达线路和迂回线路，而且能对所有线路不间断地进行监测，掌握每条线路的性能及其工作状况。当某条直达线路发生故障或者占线时，它能按最好、次好的顺序自动选择和接通迂回线路，保证信息不间断地传递。由于交换中心的计算机具有存储信息的功能，所以可对信息进行分组交换，即先将信息存储起来，然后自动分成若干组，通过多手段、多渠道传给对方，再按原来顺序予以还原，因而大大提高了通信的保密性。

3. 处理情报

处理情报是指对原始情报进行分类、研究、分析和综合。为了全面及时地了解战场情况，指挥员及司令部总是希望增加收集情报的手段，加快情报处理的速度。当大量情报涌来，如果处理不及时，势必造成积压，不能发挥应有的作用。据美军统计，美集团军司令部用常规手段只能处理所获情报的30％。利用电子计算机处理情报，不但自动化，而且简单化。对于数字情报，如雷达、声呐、传感器以及其他数据获取设备传来的数字信号，无须任何交换，直接输入计算机即可进行处理或存储。对于已经格式化或较易格式化的情报，如电报、图表、报告等，通过预先规范化并予以编码，变成数字信号，尔后利用计算机进行处理。

4. 显示情报

情报信息只有显示出来才便于了解和使用。军队指挥信息系统的情报显示系统可以采用多种形式，可在大屏幕或显示器上显示出文字、图形、图像，可以用快速打印设备打印出文字、图表、符号。除了对情报实时显示外，当指挥员判断情况，定下决心需要从积累的大量情报资料中寻找有关情报并加以显示时，借助计算机检索，可以很快从大量资料中找出所需要的情报。如存有数十万条情报资料的信息系统，指挥人员利用身边的信息指令设备，便可以通过数据库或缩微系统检索情报。

5. 辅助决策

通过上述各个环节，指挥员获得了大量的情报，为及时定下决心创造了有利条件。在定下决心时，仍然要靠指挥员精心运筹施谋定计，对此指挥信息系统不能代替。但是系统可以帮助指挥员选择方案，通过计算机对各个方案进行逼真的推演，进行优劣对比，从而权衡各个方案的利与弊，从中选出最佳方案。

6. 实施指挥

实施指挥是指挥员的决心付诸实施的过程，是指挥周期中最后一个环节。在过去的战争中，指挥员的谋略虽然很高明，但由于指挥渠道不畅，常常不能得到很好的贯彻执行。而以电子计算机为核心的指挥信息系统，可以使指挥员的决心及时准确地下达，而且十分保密。这对下级及时了解上级意图，更好地遂行作战任务，具有非常重要的意义。同时，指挥信息系统及时监督决心的执行情况，并准确、及时地反馈给指挥员，确保指挥员决心的落实，以实施不间断的作战指挥。

军队指挥信息系统以其突出的情报获取能力、信息传输能力、分析判断能力、决策处置能力和组织协调能力，在军队现代化建设和信息化战争中的地位和作用日益突出。可以预见，随着科学技术的发展，军队指挥信息系统也将越来越完善。

相关链接：
信息时代武装力量的神经中枢 C^4ISR

第三节　新概念武器

新概念武器是指在工作原理和杀伤机理上有别于传统武器、能大幅度提高作战效能的一类新型武器。这种新型武器在设计思想、系统结构、总体优化、材料应用、工艺制造、部署方式、作战样式、毁伤效果等方面都不同于传统武器。新概念武器的研究和应用将为未来高科技战争带来革命性的影响和变化。目前，正处于探索和发展中的典型新概念武器，主要有定向能武器、动能武器、声波武器、气象武器、基因武器和计算机病毒武器等。这些新概念武器为武器装备的发展开辟了崭新的领域，在一定程度上代表了未来武器装备的发展方向。

一、定向能武器

定向能武器是定向传输能量来打击目标的武器。它发出的能束，可对目标的结构或材料以及电子设备进行硬杀伤，也可以通过调节功率的大小，对目标进行软杀伤。目前，定向能武器主要包括激光武器、高功率微波武器和粒子束武器等。

（一）激光武器

激光武器又称辐射武器或死光武器，是直接利用激光的巨大能量，在瞬间危害和摧毁目标的一种武器（图4-16）。激光武器分为三类：一是致盲型，利用低能激光束干扰和破坏人眼与武器中的光电传感器。二是近距离战术型，可用来击落导弹和飞机。1978年美国进行的用激光打"陶"式反坦克导弹的试验，就是用的这类武器。三是远距离战略型，这类武器的研制困难最大，但一旦成功，作用也最大，它可以反卫星、反洲际弹道导弹，是最先进的防御武器。

激光作为武器，有很多独特的优点。首先，它可以用光速飞行，每秒 30 万千米，任何武器都没有这样高的速度。其次，它一旦瞄准，就立刻击中目标，用不着考虑提前量。最后，它可以在极小的面积上、在极短的时间里集中超过核武器 100 万倍的能量，还能很灵活地改变方向，没有任何发射性污染。

图 4 - 16　激光武器作战示意图

鉴于激光武器的重要作用和地位，美、俄、以色列和其他一些发达国家都投入了巨额资金，制订了宏伟计划，组织了庞大的科技队伍，开发激光武器。20 世纪 80 年代中后期，苏联和英国的军舰或陆上已有实验性战术激光武器装备，美、法、德等国也做了大量试验。至 20 世纪 90 年代初，仅美国政府对激光武器的研究投资就达 90 亿美元。战略激光武器研究费用高，技术难度大，其前景还有待观察。

激光武器的效费比是比较高的。在防空武器方面，当前主体是导弹，激光武器与之相比，消耗费用要便宜得多。例如，一枚"爱国者"导弹要 60 万～70 万美元，一枚短程"毒刺"式导弹要 2 万美元，而激光发射一次仅需数千美元，今后随着技术的发展，发射一次激光的费用可降至数百美元。

（二）高功率微波武器

高功率微波武器即利用高功率微波摧毁敌方电子装备或使其暂时失效的武器，同时也可以杀伤人员。它通常由初级能源、能量转换装置、脉冲调制装置、高功率微波源和发射天线等部分组成，主要分为单脉冲式微波弹和多脉冲重复发射装置两种类型。这种武器的辐射频率一般在 1～30 吉赫，功率在 1 吉赫以上，通过毁坏敌方的电子元件、干扰敌方的电子设备来瓦解敌方武器的作战能力，破坏敌方的通信、指挥与控制系统，并造成人员的伤亡。

目前，美国发展高功率微波武器主要用于飞机自卫、反舰导弹防御、反弹药、压制敌防空武器以及指挥控制战和信息战。在微波源器件方面，已研制出了频率 1.17 吉赫、功率 7.5 吉瓦的虚阴极振荡器和 40 吉赫、功率超过 1 吉瓦、效率为 30％的自由电子激光器等。高功率微波反传感器武器目前已进入实用开发阶段。

相关链接：

微波武器：全天候应用　可同时杀伤多目标

（三）粒子束武器

所谓粒子束武器，是将电子、质子或离子等粒子，利用粒子加速器加速到光速的 60％～70％，然后发射出去。当粒子在前进方向上遇到障碍物时，粒子所带有的巨大的动能就传输到障碍物上，使其毁坏。它能够穿过云雾，又不怕反射，比激光

武器还略胜一筹。人们估计，用它对付带有核弹的洲际导弹是很有效的。

粒子束武器的原理并不复杂，但要进入实战难度非常大。首先是能源问题。粒子束武器必须有强大的脉冲电源。要在导弹壳体上烧个小孔，粒子束到达目标的脉冲功率须达到 10^{13} 瓦，能量为 10^7 焦耳。假设粒子加速器的效率为 30%，即使不考虑粒子束在传输中的能量损失，加速器脉冲电源功率也至少要达到 3×10^{13} 瓦，而目前在研究的最先进的脉冲电源的功率也只有 10^7 瓦。

正因为存在上述一系列技术难题，尽管俄、美都在积极研究粒子束武器，但地基和天基粒子束武器目前尚处于实验室的可行性验证阶段，估计 2020 年以后有可能进入实战部署。美国已做的基础工作包括：进行粒子束产生、控制、定向和传播技术理论验证以及实验室的试验，用加速试验台进行试验，验证中性粒子束方案的可行性，同时探讨带电粒子束方案。

二、动能武器

动能武器，又称超高速射弹武器或超高速动能导弹。动能武器是能发射超高速飞行的具有较高动能的弹头，利用弹头的动能直接撞毁目标，可用于战略反导、反卫星和反航天器，也可用于战术防空、反坦克和战术反导作战。动能武器代表了反战术弹道导弹的一个重要发展方向，并将很快成为弹道导弹、卫星、飞机等高速飞行目标的有力杀手。动能武器主要由超高速发射装置、探测系统、制导系统和射弹等几个部分组成。超高速发射装置提供射弹达到高速所需的动力，它可以是火炮、火箭、电场或磁场加速装置；探测系统用于探测、识别和跟踪目标，是动能武器的"眼睛"，传感器是探测系统的灵魂；制导系统是动能武器的"大脑"。

根据推进系统的推进原理不同，动能武器可以分为火箭型、电磁型和电热型三类。目前，火箭型超高速动能弹已率先达到了工程实用阶段。而电磁型动能武器，尤其是电磁炮（图 4-17）的产生，将给常规火炮带来一场革命。它既可以用作反装甲武器、舰艇防空和反导武器、机载武器等战术武器，也可用于发射航天飞行器。电热型动能武器，又称电热化学炮，性能也十分卓越，目前正在紧锣密鼓的发展中。

图 4-17　动能武器的极致——电磁炮横空出世

根据作战范围的不同，动能武器可以分为战略、战区和战术应用三类。而根据攻击对象的不同，又可以分为反装甲动能武器、反飞机动能武器、反导弹动能武器、反卫星动能武器等。根据武器平台的不同，还可分为天基、空基（机载）、地基（固定或移动）和舰载动能武器等。

目前，世界上正在进行研制或已在部署的战区动能武器，主要为火箭型。按反

导防御的区域分为短程、末段大气层内低空防御的点防御，远程、中段高空拦截的面防御和助推段拦截等几种。在美国，电发射技术初始时考虑的主要方向是战术应用研究，1983年才根据"星球大战"计划的需要，转向了战略应用的研究。目前，美国军方适应国家战略的调整，已将战术应用研究作为重点。

三、声波武器

根据共振原理，人类正在开发与试验声波武器。这种武器不是虚拟的神经性武器，而是作用于人体的武器。目前，声波武器主要有以下四种：

（一）次声波武器

次声波武器就是一种能发射频率低于20赫兹的次声波，使其与人体发生共振，致使共振的器官或部位发生位移、变形甚至破裂，从而造成损伤以至死亡的高技术武器。它可分为两类：一类是神经型次声波武器，其振荡频率同人类大脑的节律极为近似，产生共振时，会强烈刺激人的大脑，使人神经错乱、癫狂不止。另一类是内脏器官型次声波武器，其振荡频率与人体内脏器官的固有振荡频率相近，当产生共振时，会使人的五脏六腑剧痛无比，甚至导致人体器官运行异常，直至死亡。

（二）强声波武器

强声波武器能发出足以威慑来犯者或使来犯者失去行动能力的强声波，而不会对人体造成长期的危害。它主要用于保护军事基地等重要设施。当有人靠近时，这种声学武器首先发出声音警告来人。如果来人继续靠近，声音就会变得令人胆战心惊。假如来人置之不理还继续逼近，这种声学武器就会使他们丧失行动能力。

（三）超声波武器

超声波武器能利用高能超声波发生器产生高频声波，造成强大的空气压力，使人产生视觉模糊、恶心等生理反应，从而使人员战斗力减弱或完全丧失作战能力。这种武器甚至能使门窗玻璃破碎。

（四）噪声波武器

噪声波武器可以分为两种：一种是专门用来对准敌方指挥部的定向噪声波武器，它利用小型爆炸产生的噪声波来麻痹敌指挥人员的听觉和中枢神经，必要时可使人员在两分钟内昏迷；另一种是噪声波炸弹，它同样可以麻痹人的听觉和中枢神经，使人昏迷，主要用于对付劫机等恐怖分子活动。

四、气象武器

所谓气象武器，是指运用现代科技手段，人为地制造地震、海啸、暴雨、山洪、雪崩、热高温、气雾等自然灾害，改造战场环境，以实现军事目的的一系列武器的

总称。随着科学和气象科学的飞速发展，利用人造自然灾害的"地球物理环境"武器技术已经得到很大提高，必将在未来战争中发挥巨大的作用。下面主要介绍四种具有代表性的气象武器：

（一）温压炸弹

温压炸弹由美国国防部国防威胁降低局在 2002 年 10 月组织海军、空军、能源部和工业界专家，利用两个月时间突击研制而成，并成功应用于阿富汗战场。温压炸弹爆炸时能产生持续的高温、高压，并大量消耗目标周围空气中的氧，打击洞穴和坑道目标效果显著。除用温压炸弹打击洞穴、坑道和掩体等狭窄空间目标外，美国海军陆战队还计划利用便携式温压炸弹打击城市设施，包括建筑物和沟道等。

（二）人工消云、消雾武器

人工消云、消雾是指采用加热和播撒催化剂等方法，消除作战空域中的浓雾，以提高和改善空气中的能见度，保证己方目视观察、飞机起飞、着陆和舰艇航行等作战行动的安全。在第二次世界大战中，英军曾使用一种名为"斐多"的加热消雾装置，成功地保障了 2500 架次飞机在大雾中安全着陆。1968 年，美军为保障空军飞机安全着陆，曾使用过人工消雾武器。

（三）化学雨武器

化学雨武器是从早先的气象武器演变过来的一种新型武器，在海战中的作战效能尤为明显。它主要由碘化银、干冰、食盐等使云层形成水滴，造成连续降雨的化学物质和能够造成人员伤亡或使武器装备加速老化的化学物质组成。该武器分为两大类：一类是永久性的，一类是暂时性的。永久性的化学雨武器主要由隐形飞机或其他无人飞行器运载，隐蔽地飞临敌国上空撒布，使敌军武器加速腐蚀，进而丧失作战能力；而暂时性的化学雨武器主要是使敌部队瞬间丧失抗击能力，它由高腐蚀性、高毒性、高酸性的物质组成。

（四）人工控制雷电

人工控制雷电，是指通过人工引雷、消雷的方法，使云中电荷中和、转移或提前释放，控制雷电的产生，以确保空中和地面军事行动的安全。人工控制雷电的方法有：利用对带电云团播撒冻结核，改变云体的动力学和微物理学过程，以影响雷电放电；采用播撒金属箔以增加云中电导率，使云中电场维持在雷电所需临界强度以下来抑制雷电；人为触发雷电放电，使云体一小部分区域在限定的时间内放电。

相关链接：
气象武器

五、基因武器

基因武器（图 4-18）是一种新型的生物武器，也叫遗传工程武器、DNA 武器，它是通过基因重组而制造出来的新型生物武器。根据其原理、作用的不同，可分为以下三类：

（一）致病或抗药的微生物

这类基因武器是指通过基因重组，在一些不致病的微生物体内"插入"致病基因，或者在一些致病的细菌或病毒中接入能对抗普通疫苗或药物的基因，从而培育出新的致病微生物或新的抗药性很强的病菌。

图 4-18　恐怖的末日武器——基因武器概念图

（二）攻击人类的动物兵

据称，只要研究和破译出一种攻击人类的物种基因，便可以将这种基因转接到同类的其他物种上，其繁育的后代也将具有攻击性而成为动物兵。据外刊报道，如将南美杀人蜂、食人蚁的基因进行破译，然后把它们的残忍基因转接到普通的蜜蜂和蚂蚁身上，再不断把这些带有新基因的蜜蜂、蚂蚁进行克隆，这些克隆后的蜜蜂、蚂蚁，便可以成为大批量的动物兵。据称，某国科学家已经培育出了一种老鼠，这些经基因改造的老鼠具备了很强的进攻性。

（三）种族基因武器

众所周知，基因决定了人类及民族的特征，如肤色、头发、眼睛、身高等。国外专家认为，随着人类基因组图谱完成测序，人类将掌握不同种族、不同人群的特异性基因，这就有可能被用来研制攻击特定基因组成的种族或人群的基因武器，即种族基因武器。如诱发艾滋病的 HIV，不同人种的易感性就有很大区别，而理论上基因武器的特异识别能力要比 HIV 还高。

六、计算机病毒武器

计算机病毒武器（图 4-19）借助通信线路扩散计算机病毒，也可预先把病毒植入相应智能机构，再按给定信号或预定时间使其发作，破坏计算机资源，使计算机网络系统出现故障。计算机病毒是一颗长在计算机网络上的毒瘤，它能够自我繁殖，具有很强的传染性和破坏力。计算机一旦染上毒，轻则工作效率降低，重则整个系统瘫痪。如何将病毒投放到电子计算机及其网络中，

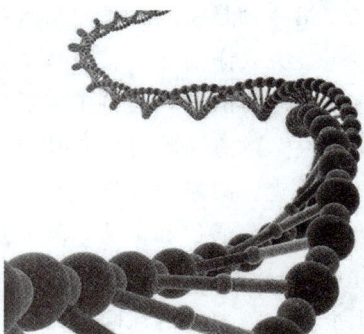

图 4-19　计算机病毒武器概念图

是世界各军事强国致力研究的热门课题。

计算机病毒武器主要有以下五种攻击方式：

第一种是将病毒预先植入计算机芯片，潜伏在电子设备中，一旦需要，通过无线遥控方式激活，使其发作。这种方法美军在海湾战争中曾经试用并尝到了甜头。海湾战争开战前，美特工人员探知伊拉克将从法国进口一批电脑打印机，通过"偷梁换柱"的方法将有毒芯片悄悄装入，为了掩人耳目，电脑打印机途经约旦安曼运往伊拉克。战略空袭发起前，美利用无线遥控方式激活病毒，致使伊的预警系统、火控系统、通信和雷达系统瘫痪，战事未起，伊军就挨了一记闷棍。战后，美军宣称，"用计算机病毒进行战争，比用核武器进行战争更为有效，也更为现实，且不承担世界政治舆论的风险"。美军如果使用核武器，众目睽睽，众人讨伐，用计算机病毒进行战争，无声无息，可掩人耳目。

第二种是利用无线电波从空间注入。例如，人们使用的手机是利用无线电波沿空间传播实现通信的，而且机内安装有计算机芯片。手机中"毒"后通常会出现以下三种症状：手机持续发出刺耳的尖叫声；无法操作手机上的键盘；篡改、清洗掉机内数据，使手机成为"高级废铁"。已经有的案例是：铃声响，手机显示屏上出现"Unavailable"（不能使用），用户若不知情接了电话，机内所有数据将被清洗，电话卡烧坏，手机无法再使用。手机功能越强，档次越高，染毒的可能性就越大。这种病毒最早在越南被发现，被称作"越南病毒"。有的手机上出现的"乱码电话"，就是这种病毒的变种。

第三种是将病毒制成弹头（子弹、炮弹、炸弹等），利用发射工具投掷到敌电子计算机系统中。美军扬言用病毒手枪袭击俄米格战机，只需10秒钟，就可使它变成空中的废铜烂铁。

第四种是通过有线信道"送毒上门"，打电话就将病毒打进来，倘若电话机与计算机联网，计算机就会染毒。

第五种是从网络中的计算机接口输入，而殃及全网。

第四节　高技术与新军事变革

当代军事高技术的发展，使军事领域正发生一场巨大的变革，即新的军事革命，使武器装备、军队结构、作战方式和指挥方式以及军事理论等各方面都出现了与以往战争完全不同的新的革命性变化。而这场新军事革命也日益催生军事技术发生着重大的革新。新军事革命与军事高技术呈现互动发展的趋势。

一、新军事变革的概念

"军事变革"的概念是由英文"Revolution in Military Affairs"（RMA）翻译而来的。美国官方于1991年海湾战争结束后首先使用。"RMA"一段时间内曾被翻译

为"军事革命",但随着我军对世界新军事变革问题认识的深入,特别是结合推进中国特色军事变革的实践,对这一概念的理解更趋科学,现在"新军事变革"的表述已为我军所普遍使用。

新军事变革的含义可表述为:以信息技术为核心的军事高技术的发展,引起机械化战争的军事理论、军队体制编制和军事管理等各个方面发生重大变革,进而导致军事效能,特别是作战效能呈数量级的提高,其发展将促使军事领域的各个方面都产生全面而深刻的变革,使人类社会从机械化战争时代进入信息化战争时代。新军事变革的核心就是要把工业时代适于打机械化战争的机械化军队,建设成信息时代适于打信息化战争的信息化军队。

新军事变革包括军事技术、军事理论、军事组织和军事管理四个方面的重大创新,它们共同构成了新军事变革的四大要素或四大基本问题,即新军事变革的理论构架或主要内容。其中,创新的军事技术是军事变革的物质技术基础和前提条件;创新的军事理论是军事变革的主导要素和灵魂(图4-20);创新的军事组织是军事变革的组织保证,是将创新的军事技术与创新的军事理论结合起来并付诸行动的纽带或桥梁;而军事管理的变革则贯穿在上述三个方面的变革之中,被认为是军事变革的重要手段。

图4-20　新世纪美军提出了"空海一体战"的全新作战理论

拓展阅读 ▶▶　▶

新军事变革的由来及阶段划分

1993年,五角大楼借助克林顿政府提出"信息高速公路"建设,首次出台《四年防务评估报告》,报告重新设计美军未来任务,规划军力建设。与此同时,五角大楼的将军们,踌躇满志地提出实施新军事变革,创造新的军事优势。随后,世界主要大国相继响应。到今天,这场变革已经进行20多年了。如果我们把20多年来新军事变革的过程作个阶段划分,可以概括为前10年,即1993—2003年,为思想激荡的10年,舆论准备和理论准备的10年。2003—2013年,是思想沉寂的10年,是着眼军队转型、加快技术创新和战略调整的10年。2013年之后,我们感到另一个新的变革潮头开始兴起。其主要标志是美国重返亚太,推进"亚太再平衡战略",提出第三次"抵消战略"。在此战略指导下,美国开始寻求可改变"游戏规则"的"颠覆性技术"。

二、新军事变革的主要特征

新军事变革的主要特征集中体现为深刻性、广泛性、不平衡性和快速性四个方面。

(一)深刻性

这次变革不是表层性的革新,而是对旧的军事形态的全面彻底的改革。它涉及军事领域的深层次问题,如战争观、安全观、军事问题的方法论等,引发人们对战争、军队和国防建设问题进行适应时代的深层次思考。在信息时代,传统的战争观落后于时代,传统战略思想已难以指导军队建设,传统战役战术原则不再适用,传统军队建设方针已经落伍。几十年来,先后出现信息战(图4-21)、网络中心战、非对称作战、联合作战、精确战等新理论。在新军事理论的指导下,军队建设模式、作战方式和军队体制编制开始变革。如军队结构走向质

图 4-21　信息战

量建设道路,陆军比例缩小,高技术兵种如数字化部队、天军、网络战部队相继出现。相对于机械化战争,这些变革都是革命性的。

(二)广泛性

这次变革不仅仅局限于几个发达国家,许多发展中国家也在积极推进。变革也不仅仅局限于某些方面或主要方面,而是触及军事领域的方方面面,如安全战略、军事战略、武器装备、编制体制、教育训练、后勤保障、兵役制度、民防与战争动员、人才培养等。正因为如此,这场变革表现出整体联动、系统推进的特性,如武器装备向信息化方向发展,指挥控制体系向网络化方向发展,军事训练向一体化方向发展,编制体制向精干化方向发展,军事理论向创新化方向发展。

(三)不平衡性

这次变革的发展不平衡性表现在:一是各军事要素的变革不平衡,军事技术、武器装备及其教育训练的变革领先,作战思想和军队建设理论的创新随之进行,编制体制和军事制度的变迁进展较慢;二是变革的进程不平衡,发达国家变革最早,进展最迅速,发展中国家进展迟缓,有的刚刚开始,有的甚至尚未起步,这也进一步加大了世界军事力量的失衡。

(四)快速性

信息技术的突飞猛进使得新军事变革较以往历次军事变革都更为迅速。这次世界新军事变革从酝酿到现在不过30年左右,目前已取得显著进展。据预测,大约到21世纪中期就能基本完成变革,持续时间仅半个多世纪,这种速度和周期是以往军

事变革所无法比拟的。

三、积极推进中国特色军事变革

加快中国特色新军事变革、增强国防实力，是维护世界和平、确保中国和平发展的必然要求，也是应对国际战略格局变化、迎接世界新军事变革挑战的必然选择。

（一）中国特色军事变革的主要特征

积极推进中国特色的军事变革，根基在"特色"。如果忘记了中国特色就会使中国军事变革走向歧途。与西方军事变革相比，中国军事变革在启动原因、变革环境、变革特点、推进方式、领导力量等诸多方面有着许多不同。

第一，中国特色军事变革的启动具有应对性和后发性。中国是为了应对现代战争的深刻变化，应对世界新军事变革的严峻挑战，应对大国霸权主义的膨胀和扩张而进行军事变革的。只有抓住人类社会技术形态的时代转型机遇，实现中国特色的军事变革，才能确保中国的国家安全和发展利益。不仅如此，我们是在半机械化的基础上向信息化战争时代变革的，无论从时间上还是状态上，我们都处于严重的落后状态；因此，我们进行的军事变革具有后发性。

第二，中国特色军事变革的目的具有有限性和坚定性。中国进行军事变革的目的仅限于维护国家的根本利益，而不是争霸世界。我们的变革是在全党全军全国人民的支持下，在中国共产党集中统一领导下逐步推进的。为了捍卫国家根本利益，抓住机遇，推进中国特色军事变革的信心也是不可动摇的。

第三，中国特色军事变革的过程具有艰巨性和跨越性。我国经济还不够发达，科学技术、文化教育水平不高，这些国情决定了中国特色的军事变革不可能一蹴而就，而是一项艰巨的系统工程。又由于中国军事变革处于后发状态，受国家综合国力和社会发展条件的制约，面对西方军事变革的严峻挑战并与西方大国的相当大的差距，我们就不能跟在人家后面亦步亦趋，而应该努力跨越其中某一两个发展阶段或发展步骤，走跨越式发展道路，这才是正确的选择。

（二）中国特色军事变革的方向和道路

习近平明确提出："把努力构建能够打赢信息化战争、有效履行使命任务的中国特色现代军事力量体系作为 2020 年深化国防和军队改革目标。"标志着我们党对建设什么样的军事力量体系、怎样建设和运用军事力量体系的认识更加清晰，同时也明确了中国特色的军事变革的方向。积极推进中国特色的军事变革的进程中，我们必须始终坚持做好以下三点：

第一，始终坚持以正确的理论指导军事变革。这就要求把习近平关于深化国防和军队改革的一系列重大战略思想，作为全面推进中国特色军事变革的强大思想武器和行动指南。把国防和军队改革作为实现中国梦、强军梦的时代要求，作为强军兴军的必由之路。

第二，始终坚持以开拓精神推动军事变革。习近平指出："在这场新军事革命的大潮中，谁思想保守、固步自封，谁就会错失宝贵机遇，陷于战略被动。"我们只有把握机会、乘势而上，才能在激烈的军事竞争中赢得战略主动和未来。在推进有中国特色的军事变革中，针对涌现出来的大量新矛盾、新问题，要求我们不断加大开拓创新的力度、广度和深度，在军事理论的创新上，在军队整体结构的转型上，在军队政策制度的完善上，在军队发展道路的探索上，在军队建设效益的追求上等各个方面，提出新理论，拿出新思路，走出新路子，创立新成果。

第三，始终坚持走中国特色强军之路。中国特色军事变革是世界军事革命滚滚潮流中的一部分。目前，我军在武器装备上与世界军事强国相比处于劣势，军队组织形态、作战指挥体制等与信息化战争不相适应，要改变这一现状，就要向世界军事强国学习其先进经验。但是，每个国家都有自己的特殊国情，每支军队都有自己的特殊军情，但凡改革成功的军队，都是善于学习他人而又保持自己的特长。为此，我们既要借鉴军事强国的经验，同时又要坚持自身特色，走出一条有中国特色的强军之路。

❓ 思考题

1. 军事高技术的分类有哪些？
2. 简述军事高技术在现代战争中的运用。
3. 高技术武器装备对现代战争有什么影响？
4. 如何理解新军事变革？
5. 新军事变革的主要特征是什么？

第五章　信息化战争

信息化战争取代机械化战争，成为未来战争的基本形态，这是大势所趋。信息化战争是信息时代以信息为基础、以信息化武器装备为战争工具的战争。信息化战争的本质依然没有改变。信息化战争是在全球核威胁笼罩下的战争。正确认识信息化战争，推进中国特色的军事变革，加强我国的国防和军队建设，对打赢未来信息化战争具有十分重要的意义。

第一节　信息化战争概述

信息化战争是信息时代的产物，是信息时代经济、技术、生产力水平和生产方式在战争领域的客观反映。目前学术界对信息化战争这种全新的战争形态尚缺乏公认、权威的定义和较为规范的解释。

一、信息化战争的定义

要了解何为信息化战争，首先需要厘清信息的概念。从狭义上，信息是"用来消除不确定性的东西"；从广义上讲，信息是客观事物存在、联系、作用和发展变化的反映，是自然界和人类社会活动中所产生的各种状态、消息和知识的总称。信息和物质、能量并称为当今人类社会生存发展的三大基本要素。物质为人类提供材料，能量为人类提供动力，而信息奉献于人类的则是知识和智慧（图5-1）。在社会生活中，信息与物质、能量互依互动。

图5-1　信息时代

信息是现代战争成败的主导因素，准确获得战场信息并把信息及时用于决策和控制，就能主导战争。信息时代的战争，战争体系中各单元、各系统都依赖信息和信息系统的支持。没有及时充足的敌情、我情、战场环境信息，在战场上就会变成"瞎子"和"聋子"，注定挨打和失败。

目前学术界一般认为，信息化战争是指发生在信息时代，以信息为基础并以信息化武器装备为主要战争工具和作战手段，以系统集成和信息控制为主导，在全维

空间内通过精确打击、实时控制、信息攻防等方式进行的瘫痪和震慑作战。简要地说，信息化战争广泛使用信息技术及其物化的武器装备，通过夺取信息优势和制信息权取得胜利而进行的战争（图5-2）。

在信息化战争时代，信息能力已成为衡量军队作战能力高低的首要标志。信息能力表现在信息获取、处理、传输、利用和对抗等方面，通过信息优势的争夺和控制加以体现。信息优势的实质就是在了解

图5-2　非线式非接触联合一体精确作战要素示意图

敌方的同时阻止敌方了解己方情况，是一种动态对抗过程。它已成为争夺制空权、制海权、陆地控制权的前提，直接影响着整个战争的进程和结局。当然，人永远是信息化战争的主宰者。战争的筹划和组织指挥已从完全以人为主，发展到日益依赖技术手段的人机结合，对军人素质的要求也更高。从信息优势的争夺到最终转化为决策优势，更多的是知识和智慧的竞争。

二、信息化战争的演进历程

信息化战争形态经历了从低级到高级、从不成熟到走向成熟的过程。这些信息化武器装备在1991年的海湾战争中发挥了非常重要的作用，促进了战争形态的快速转型。

（一）20世纪80年代是信息化战争的萌芽期

1981年6月，以色列以14架当时堪称高技术兵器的F15、F16战斗轰炸机组成编队，从西奈岛空军基地起飞，沿沙特阿拉伯和约旦边境上空，超低空飞入伊拉克境内，只用了短短的2分钟，就将伊拉克的一座生产能力达数十兆瓦、价值4亿美元的原子核反应堆彻底毁坏。此次代号为"巴比伦行动"的军事行动，第一次让人们真切地感受到了带有信息处理功能的智能化武器在作战中所发挥出的巨大作用。

1982年4月爆发的英阿马岛战争是一次高技术条件下的海空联合作战，在战争中第一次大规模地集中使用制导武器。交战双方共投入17种类型的战术导弹、制导鱼雷和制导炸弹进行对抗，由此改变了传统的"巨舰大炮"对抗的海战方式。制导武器在作战中发挥了重要作用，阿根廷有73架飞机被英军导弹摧毁在空中，占空中击毁总数的84%，英军先进的"谢菲尔德号"驱逐舰（图5-3）和"大西洋运送者号"大型货船以及其他十几艘舰船都毁于阿根廷"飞鱼"导弹之手。这场战争标志着精确制导武器和

图5-3　"谢菲尔德号"驱逐舰被阿军战机发射的"飞鱼"导弹击沉

电子信息装备已经成为现代战场的主宰。

1983 年美军对格林纳达发动了代号为"暴怒行动"的侵略战争。1986 年美军又对利比亚发动了代号为"草原烈火"和"黄金峡谷"的两次军事打击行动。这种高技术、低强度、快速进入、快速交战、快速撤离的"外科手术式打击"样式，以及"点穴式攻击"的作战样式，对推动信息化战争的发展产生了重要而深远的影响。

（二）20 世纪 90 年代初的海湾战争是信息化战争的雏形

海湾战争是由伊拉克入侵科威特而引发的。1991 年 1 月，以美国为首的 30 多个国家的军队组成多国部队，对伊拉克发动了陆海空联合作战。作战中，多国部队全面、综合地使用了高技术兵器，其范围遍及陆、海、空各个战场，而且在作战方法上也有许多新的突破。

其特点包括：一是以精确制导武器为主实施了高强度的空中打击。这次战争一改过去以地面作战为主的方式，以空中打击为主，空战中使用精确制导弹药虽然仅占总投弹量的 9%，却炸毁了 70%～80% 的目标，起到了战争的主角作用。空战中还有一个创举，那就是巡航导弹进入空中打击的行列，多国部队共发射了 200 多枚"战斧"式巡航导弹实施远程打击。二是进行大规模的电子战。多国部队投入电子战部队人数达 5000 多人，电子战飞机和预警机 200 多架，从战前到结束进行了全方位的电子干扰。三是使用了先进的 C^3I 作战指挥系统。多国部队投入战场的计算机就达 3000 多台，确保了快速、准确的信息传递。四是使用了大规模的高性能侦察器材。共动用了 30 多颗卫星、130 多架侦察机以及大量的侦察器材，进行了地、空、天覆盖性侦察，保证了及时可靠的情报来源。五是使用了多种新型的夜视器材，使夜战的地位、作用有了显著的提高，提高了持续作战的能力。

海湾战争以机械化战争形态为主导，使大规模机械化作战发展到极致，而信息化作战初露端倪，信息化武器装备在战争中发挥了重大作用。海湾战争是机械化战争向信息化战争过渡的一个重要转折点，在信息化战争进程中发挥了里程碑式的重要作用。

（三）21 世纪信息化战争走向成熟

2000 年 7 月，美国、日本、德国、英国、法国、意大利、加拿大和俄罗斯等国家元首在日本冲绳召开信息化首脑会议，颁布了《全球信息社会冲绳宪章》，宪章提及将人类社会正式称为"信息社会"。

1999 年 3 月 24 日，北约发动了对南联盟的空中打击，科索沃战争爆发。科索沃战争是在全球信息社会已经到来的情况下爆发的一场战争。在这场战争中，信息作战和信息化武器装备发挥了主导作用，依托信息优势实施的远程、中程和近程精确打击成为其基本手段，并成功地使用了 C^4ISR 系统实施战区外战役指挥与战区内战术控制相结合的作战指挥。交战双方广泛实施信息对抗。在此次战争中，信息化武器运用普遍，作用突出，方法灵活，效果显著，这些都是海湾战争无法比拟的。

信息主导在战争全过程中得到了真正体现。

从科索沃战争开始，战争在形态上开始产生了本质性变化，信息化战争形态首次出现，夺取信息优势、控制机动、精确打击成为战争的主导。战争中，美军对1993年之后军队信息化建设的成果首次进行了综合展示和实战运用：在全球指挥自动化系统运用方面，实现了全球网络化、信息化、一体化，具备了跨军兵种、跨地域无缝链接和实时指挥控制能力；首次使用了电磁脉冲炸弹、计算机病毒攻击武器、石墨炸弹、心理战、网络战、控制战、信息战武器，验证了大规模信息化作战及信息化战争条件下盟军联合作战理论；综合验证了联合作战理论和联合作战体制，创新了全纵深精确打击作战、非对称作战、非接触作战、战略信息战、战场信息战，以及盟军联合作战理论。首次使用了"杰达姆"卫星制导炸弹（图5-4）、联合远程攻击武器，首次大批量使用GPS制导的巡航导弹。战争初期，精确制导炸弹和导弹的使用量占90％以上，其中巡航导弹329枚。在78天的空袭中，大约投放了2.3万枚炸弹和导弹，其中精确制导武器占35％～70％。从科索沃战争开始，美国就甩开联合国，甩开国际社会，一意孤行，进行信息化战争的尝试。

图5-4 美空军地勤人员正在为B-52H加装"杰达姆"制导炸弹

科索沃战争及后来爆发的阿富汗战争和伊拉克战争，被认为是继海湾战争之后的真正的信息化战争。虽然这三场战争的信息化味道还不是那么浓烈，但任何事物的发展都是从低级向高级逐渐进行的，按照这种渐进式发展的规律，三场战争都应该是信息化战争的敲门砖。

2001年"9·11"事件之后，美国迅速调整了国家战略和军事战略，并于10月份发动了阿富汗战争。这场战争充分体现了美国的实用主义立场，与海湾战争之后的骄横跋扈的单边主义倾向不同，美国主动与包括中国、俄罗斯在内的世界大国进行合作，主动寻求联合国的帮助。

阿富汗战争以后，美国于2002年提出了"先发制人"战略，决定以国际恐怖势力和邪恶轴心国家为主要作战对象，以信息化战争的方式，主动出击，进行预防性干预作战，将可能的威胁消灭在萌芽之中。伊拉克战争是美国实践"先发制人"战略的第一场战争。美国以包括"空、地、海、天、电、特"的多维信息系统为支撑，以装甲化的地面机动平台和空中直升机平台为主要的兵力推进手段（图5-5），以远程精确化的联合火力为打击手段，全面检验了美国的信息化战争力量，对今后军队建设和战争

图5-5 伊拉克战争中美国的装甲部队和直升机部队相互配合

发展趋势产生了重大影响。

2011 年，美国、法国、英国等国组成的多国部队空袭利比亚境内目标，北约在对利比亚历时 7 个月的作战中未折一兵一卒，如愿扶植利比亚反对派推翻卡扎菲政权。这场军事行动同样可以被认为是一场信息化战争。

需要特别强调的一点是，2003 年伊拉克战争、2011 年北约空袭利比亚的军事行动等信息化战争实践的出现并不意味着当前机械化战争已彻底消失，放眼世界，目前真正有能力和条件打信息化战争的只有少数几个西方发达国家。未来随着时代的发展和新军事变革的不断深入，机械化战争必将彻底被信息化战争所取代。

相关链接：
信息时代没有"硝烟"的战争——网络战

三、信息化战争的基本作战样式

作战样式是战争形态的具体表现，有什么样的战争形态就必然会出现与之相适应的作战样式。信息化战争的基本作战样式和过去传统战争的作战样式不同。传统战争的作战样式可以表现为阵地战、运动战、游击战、闪击战等各种作战样式，但集中到一点，它们都是侧重于以物质力量为中心展开的作战行动。而信息化战争则是以信息的获取权、控制权和使用权为核心进行的争夺，由此使信息化战争的作战样式更加异彩纷呈。

（一）制信息权争夺战

制信息权争夺战是运用多种手段以夺取一定时空范围内战场信息控制权为目的的作战。在信息化战争中，及时掌握制信息权成为作战行动的前提，是战斗力的倍增器。作战中要掌握战场的主动权进而实现行动的自由，首先必须夺取战场的制信息权。因此，制信息权争夺战是信息化战争中的基本作战样式之一。

（二）指挥中枢瘫痪战

指挥中枢瘫痪战是在信息化战争的战场环境中，以指挥决策者为主体，以破坏和瘫痪敌战场认识系统、信息处理系统和指挥控制系统为主要作战目标，综合运用以信息技术为核心的武器装备、作战系统和作战手段，剥夺敌战场信息获取权、控制权和使用权，使敌决策者和指挥机关难以下定正确的决心和进行有效的作战指挥。

（三）战争结构破坏战

战争结构破坏战是着眼战争全局，综合运用各种作战方法和手段，从破坏敌维系整体作战能力的系统与联系入手，通过设谋用巧、避实就虚，打击敌方作战协调行动的关节，造成敌方作战力量结构紊乱和作战行动程序结构脱节，致使敌方整体作战能力迅速降低，进而集中力量各个击破，达到瓦解、歼灭敌军的目的。

（四）心理系统瓦解战

心理系统瓦解战是信息化战争中的重要作战样式之一。它是以改变个体和群体心理状态为目标，运用各种形态的信息媒介，从认识、情绪和意志上打击瓦解敌人的一种作战样式。它着眼于对人的精神上、心理上的征服，利用人在对抗环境中的心理变化规律，通过大量的信息传递（图 5-6），干扰破坏敌方的决策过程和决策结果，瓦解敌方士气，削弱其抵抗意志，使其作出错误的决定，放弃抵抗、逃避战斗乃至缴械投降，从而实现不战而胜。

图 5-6　美军心理战飞机在阿富汗空投传单

军海泛舟

美军心理战部队强化装备

现役美军心理战部队各分队均装备有印刷、复印设备，固定、机动电台、电视、电影器械，无线电侦听和可自动进行信息处理的设备，独立作战能力较强。空军心理战部队还配备有可执行播放调频、调幅广播节目以及电视节目任务的 EC-130 心理战飞机和用来散发传单的 MC-130 飞机。此外，美军还建立了心理战自动化情报指挥系统以评定心理战的效果。随着信息技术的发展，电子计算机网络也被美军心理战部队用来作为实施心理战的武器。早在美国干涉海地时，美军心理战部队就通过国际互联网络向海地政权要人发去了 30 多封电子邮件，鼓动他们起来推翻政变头目塞得拉斯。科索沃战争期间，互联网又成为美军实施心理战的重要手段。现代科学技术的发展使美军心理战装备不断更新，包括 EA-6B 电子战飞机在内的一批先进设备相继进入美军心理战部队。为了适应未来战场的需要，美军正在抓紧时间为心理战部队研制一批包括无人驾驶心理战宣传飞机在内的智能化设备，此外还准备逐步将语言模拟技术、虚拟现实技术、激光技术、现代仿声、仿形技术和隐形技术引入心理战实战，以提高心理战作战效果。

（五）战争潜力削弱战

战争潜力是指在一定时期内，国家或政治集团通过动员能够用于扩充武装力量，满足战争需要的一切物质力量和精神力量的总称。具体地讲，就是经过战时动员能为战争服务或使用的人力、物力、精神和科学技术等诸多因素构成的潜在的军事实力，它寓于国家综合国力之中。战争潜力削弱战就是综合运用硬摧毁与软杀伤手段，削弱对方为战争服务或使用的人力、物力、精神和科学技术等诸多因素构成的潜在的战争力量，破坏对方将战争潜力转化为战争实力的转换机制，动摇对方的战争基

础，使对方无法继续进行战争，从而达到迅速战胜对方的目的。

第二节 信息化战争的基本特征和发展趋势

与冷兵器战争、热兵器战争、机械化战争等战争形态相比，信息化战争具有自身非常鲜明的特色，它是一种充分利用信息资源并依赖于信息的战争形态。

一、信息化战争的基本特征

在信息技术高度发展以及信息时代核威慑条件下，以信息为基础的信息化战争，是军事力量在陆、海、空、天、电、网一体化战场上，通过信息化指挥与控制手段，指挥控制信息化部队，借助信息化武器装备体系，实现对战略目标的精确打击和有效毁伤，以最终赢得战争胜利的战争。信息化战争作为一种新的战争形态具有以下基本特征：

（一）战争动因更趋复杂

在信息时代，经济利益之争仍然是导致战争的重要原因之一。但除此之外，由于各国之间、国际国内各派政治力量之间联系与交往增多，这势必会导致各个国家、民族、社团之间在政治、外交、精神、文化等方面发生更多冲突，使宗教、民族矛盾上升，使国际性恐怖活动、暴力行动、走私贩毒更加猖獗。这些矛盾与冲突相互交织，错综复杂，是导致战争发生的主要原因。

（二）战争概念的内涵扩大

与以往的战争相比，信息化战争的内涵有所扩大。原因有三：一是打赢战争的要求更高。在农业时代，只要打败敌国军队，就可打赢战争，使敌国就范。在工业时代，要打赢战争，不仅要打败敌国军队，还要摧毁其军事设施和工业基础。而要取得信息化战争的胜利，除了消灭其军队、摧毁其工业设施外，还要破坏其军事信息系统和民用信息基础结构。二是战争的发动者增多，不仅有民族国家，还有众多的非国家行为主体。三是战争将渗透到政治、经济、社会、文化等各个领域。

相关链接：

假如明天打仗，你会"摆兵布阵"吗

（三）战争目的更加有限

在信息时代，战争的目的有限，将不再追求攻城略地、占领敌国领土、全部歼灭敌军、使敌方彻底屈服等"终极目标"，而是适可而止，追求有限的政治目的。这主要是因为：追求"终极目标"很可能招致交战双方特别是己方遭受难以承受的重大伤亡，从而引发民众的强烈反战情绪；战场上的情况，特别是伤亡情况，将实时

通过电视报道，战争指导者不得不对战争规模和战争目的严加限制。从海湾战争、科索沃战争和阿富汗战争、伊拉克战争，我们已经看到了这种趋势。

（四）战争力量趋于信息化、智能化

信息化武器装备是在机械化装备基础上发展起来的，如 $C^4 ISR$ 系统、精确制导武器、信息战装备和各种高技术作战平台等。它们都是知识高度密集型的战争工具，因而具备传统战争工具无法比拟的性能、功能、作战能力和效果。智能化武器装备给未来信息化战争注入了新的活力，从而使军队的编成更精干，传统的作战方式也将被改变。

（五）战争模式将趋于体系化、精确化

过去，一件新式武器往往会造成比较大的影响，获得较好的作战效果。但在现代战场上，敌对双方已不再是单一或少数军兵种之间的对抗，更不会是单一武器系统的对抗，而是体系与体系的对抗。在信息化战争中，这种体系化对抗的程度更甚，将不再强调坦克、飞机、军舰等单件作战平台的作战性能，而是突出信息化武器装备体系的整体效能，注重发挥多个军种、多种武器装备的综合作战效能。武器装备的智能水平和打击精度也获得极大的提高，不仅可以做到"点穴式"摧毁，还可以进行精确的非物理性毁伤，如心理战、信息战等。另外，精确打击（图 5-7）还可以大幅度降低附带毁伤，使战争的发展与社会文明进程同步，更有利于战争手段发挥其独特作用。

图 5-7　基于天基信息系统的远程精确打击

（六）战争持续时间短

武器装备精度提高、射程增大和数字化战场的建立，将使作战行动得以实时进行，使精确打击得以实施。实时行动是指对战场敌我双方发生的情况立即作出反应。具体对策主要包括实时发现目标、实时指挥、实时机动、实时打击、实时评估毁伤、实时保障等。这样做可以把过去在战场上需要几小时乃至更长时间才能做完的事，压缩到几分钟甚至数秒钟，使下定决心与作战进程几乎同步，从而大大缩短战争进程。精确打击是指用长"眼睛、耳朵和大脑"的智能武器百发百中地攻击目标，这样就能很快使敌人就范，迅速结束战争。

（七）战争毁伤破坏小

战争毁伤分为两类：一类是有效毁伤，另一类是附带毁伤。有效毁伤是与达成战争目标直接有关的必要破坏，附带毁伤是与达成战争目标无直接关系或根本无关的不必要破坏。在工业时代的战争中，附带毁伤非常严重。在信息时代的战争中，则可将附带毁伤减少到最低限度。首先，由于战场透明度大，交战双方不仅能避免

因遭突然袭击而受重大伤亡，还可防止实施不必要的、会造成重大破坏的火力战。其次，由于双方只攻击那些为完成任务而必须攻击的目标，双方部队暴露于作战空间的时间短，受到的伤亡小。最后，未来战争在一定程度上是"精确战"，因而不会像工业时代的地毯式轰炸和面积压制那样，造成数十倍甚至数百倍于"必要破坏"的附带损伤。

二、信息化战争的发展趋势

作为一种崭新的战争形态，信息化战争尚在发展之中，但传统的战争内涵被打破，呈现扩大化的趋势，即信息化战争使传统的战争目的、战争行动、战争层次、战争主体都发生了变化。从战争形态自身发展的规律和信息化军事变革发展的趋势来看，未来信息化战争的发展趋势主要体现在以下六个方面：

（一）战场空间透明化

"战争迷雾"一直是困扰战场指挥官的一大难题，但对实施信息战的数字化部队来说，战场却是透明的。在未来信息化战争中，战场侦察手段将囊括空间感知技术、空中感知技术、地（海）面感知技术等各个领域，前线的传感器、太空的卫星将不停地把各种情报传输给计算机，并把这些情报信息图像画面实时地显示在指挥所的显示屏上。所有己方战斗人员均可同时获得这些图像，从而对敌我双方的位置、态势以及集结、运动等情况都看得一清二楚。

目前，美军等发达国家的军队，正在大力建设数字化战场，其目的就是使战场透明化。实现战场数字化后，可把情报从战区、军、师司令部等单位以数字的形式传输给旅、营、连乃至单个战斗车辆和单兵，使各级指挥官和战斗人员实现信息共享。当然，战场透明是相对的，只要是战争，战场就不可能绝对透明。但是，由于侦察技术的发展和战场伪装识别能力的提高，战场透明的天平总体上是倾向信息技术优势一方的。

（二）作战行动实时化

信息化战争作战行动的实时化，是指部队能够实时获得战场信息，实时作出决策，实时采取行动，实时完成打击。在传统战争中，作战的时效性并不突出，信息的"生命周期"相对比较长。例如，农业时代的战争，前方的信息几天后传到后方，仍然具有重要的价值，将帅据此仍然可以作出有效的作战决策。机械化战争中，信息的时效性大大缩短，几小时或几分钟后，原来的信息就可能失效。在信息化战争中，几分钟前有效的信息，转眼间就可能变成零价值的东西。因此，运用先进的信息技术，获取实时的信息，实时地进行决策，采取实时的作战行动，就成为信息化战争的重要特征。例如，在伊拉克战争中，美军强大的战场动态感知能力，大大缩短了搜索、跟踪、识别、分发、攻击这一"杀伤链"的周期，美军从发现目标到实施打击的整个周期，从海湾战争时的 24 小时，科索沃战争的 2 小时，缩短到伊拉克战争的 10 分钟以内。海湾战争中，美军把空中任务指令传送给有关作战部队要十几分钟，甚至几十分钟，现在仅需要 5 秒。在阿富汗战争中，实时召唤立体打击成为美军对"基地"组织的主要作战方式之一。可以预见，在未来信息化战争中，由于战场感知能力的提高，发现目标即意味着目标将被消灭可成为现实，信息化作战行动的实时化将更加突出。

（三）打击目标精确化

从某种程度上讲，未来信息化战争实质上就是精确化战争。其主要特点就是精确化的目标控制、精确化的火力控制、精确化的打击强度控制。精确化的目标控制是指精选敌人的重心和要害作为打击目标，把附带损伤控制在最低程度。精确化的火力控制，就是根据不同的目标性质，以及目标周围的军事与非军事目标的情况，确定各种精确打击火力的运用问题，实现巡航导弹、空地导弹、地地导弹、联合直接攻击弹药、防区外打击武器的最佳搭配比例，获得最理想的打击效果。精确化的打击强度控制，是指根据作战需要控制精确打击的规模和程度，避免打击力度的不足或打击规模失控。在近期几场信息化局部战争中，精确化打击不仅降低了战争风险，而且减少了作战消耗，大大提高了作战效费比。随着 C⁴ISRK（指挥自动化杀伤）系统和战场信息化体系的日臻完善，军队的侦察预警精确、机动定位精确、指挥协调精确、信息传递精确、毁伤评估精确等方面的能力将得到极大的提高，将导致精确作战成为未来信息化战争的基本理念。

（四）力量运用高效化

传统的武器系统有一个共同的特点，这就是它们的杀伤力来自有形的、物理的、化学的、机械的能量。而信息化武器系统则完全不同，它不仅是物质和能量的结合体，而且是以信息技术为核心的高技术群的物化反映，因此，物质、能量、信息构成了信息化武器的三大基本要素。这种构成要素的变化，决定了信息化武器杀伤机理的变化。信息化武器除了具有传统的、有形的、物理的、化学的、机械的杀伤力，还具有独特的信息力。信息力的功能主要是杀伤力、整合力、心理打击力。它不仅追求武器打击能量的增加，而且追求打击精度、打击效能的提高。信息化武器实现了由粗放式能量释放向聚能式能量释放的转变，极大地提高了武器的效能，使作战力量的运用能够实现高效化。在未来信息化战争中，大量的信息化武器和新概念武器的运用，将使未来信息化战争具有亚核战争的威力。

（五）作战手段智能化

未来信息化战争作战手段的智能化，主要体现在两个方面：一是指挥控制手段的高度自动化和智能化。未来的 C⁴ISRK 系统将真正实现侦察监视、情报搜集、通信联络、指挥控制和打击杀伤的无缝链接，成为作战指挥与控制的信息高速公路，可以高度自动化地确保指挥员近实时地感知战场，定下决心，协调和控制部队及武器平台的作战与打击行动，使作战行动实现高度的自动化和智能化。二是大量智能

化的武器系统和作战及保障平台将装备军队并投入作战（图5-8），使整个作战过程，从侦察监视、感知战场态势、获取情报并处理和传输到定下决心、发出指令、实施打击、毁伤评估等环节，都能够实现高度的自动化和智能化。另外，未来信息化战争既存在传统对抗领域里的激烈对抗，也存在智能化领域里的激烈对抗，甚至是以智能化领域里的对抗为主。例如，知识、信息和思维，

图5-8　战争进入智能化时代

这些智能化的范畴，既可能是作战所使用的手段，也可能是作战中要打击的目标，因此，在智能化领域中将会发生大量的直接对抗的作战行动，如直接打击敌方的 C^4ISRK 系统、破坏敌方的决策程序等。

相关链接：
能立体作战的智能地雷

（六）信息化作战平台将成为战场支撑

信息化作战平台是指信息化弹药所依托的作战平台（图5-9）。电子信息技术广泛渗透到武器系统的各个领域，为作战平台的信息化提供了空前的机遇。未来的作战飞机、舰艇、坦克，直至外层空间的卫星等都将装备大量先进的电子信息系统和电子战系统，使每一个信息化作战平台都成为 C^4ISR 系统的一个节点，具备电子战能力，并向隐形化、遥控化、小型化和全智能化方向发

图5-9　战略支援部队将为作战部队提供信息支持和保障

展，使作战平台的纵深突防能力、攻击能力和生存能力大大增强。特别是隐形飞行器、隐形舰船以及无人机等将成为未来信息化战场上新型的信息化作战平台，这些信息化作战平台将与有人驾驶飞机和舰船相辅相成，形成一支互为依存的强大空中、海上打击力量，从而成为信息化战场的主要支撑。

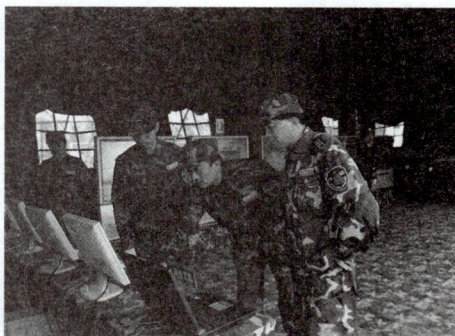

第三节　信息化战争对国防建设的要求

信息化战争的到来，对我国国防建设与发展提出了严峻挑战。因此，我们必须从我国的国情、军情出发，立足当前，着眼未来，根据信息化战争的规律和特点，

以打赢信息化战争为目标，从发展的角度搞好国防和军队的信息化建设，使我国在未来的信息化战争中立于不败之地。

一、树立信息时代国防建设的新理念

面对信息化战争这种全新的战争形态，在国防建设中我们必须提高认识、更新观念、创新思维。

（一）坚持信息主导，通盘谋划国防建设

在信息时代，信息已成为一个国家的重要资源，成为经济和社会发展中不可缺少的财富。机械化战争的制胜理念是消耗敌人、摧毁敌人，大量歼灭敌人的有生力量；而信息化战争的制胜理念是控制敌人、瘫痪敌人，通过破坏敌人作战体系，达到巧战而屈人之兵的目的。机械化战争中，万炮轰鸣的火力倾泻为主要打击手段；而在信息化战争中，实施精确打击为首要选择。国防建设是军队打赢信息化战争的重要基础。因此，我们在考虑国防建设和经济建设时，要把国防建设的中心转移到信息上来，把提高我国的信息化国防能力作为国防建设的重中之重，从宏观规划到人力、物力和财力的动员，从经济基础建设到国防工程、交通信息、防汛和医疗卫生等建设都必须结合打赢信息化战争通盘考虑、规划和建设。

（二）确立与信息时代相适应的创新意识

战争形态的发展变化，给我们带来的挑战首先是观念上的影响和冲击，强烈要求我们必须适应这种不可抗拒的变化。战争形态已进入信息化战争，因此，必须树立与打赢信息化战争相适应的观念，为国防现代化提供有效的建设理念和指导方法。认识到只有跟上时代变化才能占据主动，理念只有适应形势才能把握先机。应对信息化战争形态带来的挑战，只有确立与打赢信息化战争相适应的思维方式，强化信息制胜意识，用源于实践高于实践的先进理论指导实践，用创新的观念谋求国防和军队的建设发展，才能使国防建设适应信息化时代的要求。总之，就是要打破传统的观念，树立新型观念，即确立"综合制胜"的观念、树立"信息制胜"的思想、跳出"昨天"的思维方式等。

二、大力加强信息基础建设

国家的信息基础建设是国防和军队信息化建设的基础，是未来信息化战争的重要支撑，是国家战略力量的重要组成部分。目前，我国信息化基础设施建设已获得了长足的发展，交通、金融和通信等主要行业的信息化水平已经接近发达国家，在数字地球领域，我国和发达国家处在同一起跑线上，但与发达国家相比，在许多方面我国仍存在较大差距。因此，我们必须把加强国家的信息基础设施建设作为应对信息化战争的首要举措，固强补弱，努力提升我国的国家信息基础设施建设水平。

（一）夯实国家信息基础建设的基础

信息技术是国家信息基础建设的基础。要大力发展以微电子技术、计算机技术

和通信技术为主体的信息技术，这是一个国家信息安全的关键。夯实国家信息基础建设的基础，要坚持自力更生与引进技术相结合。对于核心芯片等关键技术，要通过自主创新、国内外合作攻关等方法，解决技术难题，拥有自主技术产权，切实改变目前我国在这些领域受制于人的局面，确保国家的信息安全。

（二）加快国家大型网络系统建设

网络系统是国家信息基础建设的重要组成部分。要在国家大型网络系统建设过程中，通盘考虑经济建设与国防建设需要，做到科学规划、合理布局，达到军地结合、军民结合、平战结合。

（三）大力开发各种软件技术

目前我国软件技术的研制、开发能力远远落后于发达国家，与一些发展中国家相比也不占优势。此外，国家信息安全的防护，在相当程度上是由先进的软件技术来保障的。因此，要加大研制和开发软件技术的资金、技术和人力的投入力度，使我国在软件技术方面跻身于世界先进行列。

三、大力培养国防信息化人才队伍

人才是强国兴军之本，决定未来信息化战争胜负的是高素质国防和军队信息化人才。

随着信息技术的飞速发展和其在社会各领域的广泛运用，信息科技人才的紧缺已经成为一个世界问题。必须加大力度，努力培养新型国防信息化人才（图 5－10），为我军打赢信息化战争提供强大的智力支撑。为此，我们必须把国防信息化人才的培养工作作为国防信息化建设的根本大计，树立超前意识，构建我军新型的国防信息化人才培养体系，抓紧培养复合型人才，尽快缩小与发

图 5－10 国防生努力提升信息技术技能

达国家军队在人员素质上的"知识差"，以适应国防信息化建设和未来信息化战争的需要。针对我国信息技术人才匮乏突出的情况，必须下大力气采取多种有效措施加强国防信息技术人才的培养、引进与保留，建设一支雄厚的信息人才队伍，确保我国的信息基础建设能够持续不断地发展。

（一）充分发挥军事院校培养国防信息化人才的主渠道作用

要继续发挥军事院校培养国防信息化人才的主渠道作用，特别是要在军事院校教学中加大高新技术知识的比重，使军事院校成为培养高素质新型军事人才特别是国防和军队信息化人才的摇篮，创新高技术和军事理论的基地。同时，要加大军事院校继续教育工作的力度，特别要深入抓好信息化人才的继续教育，形成比较完善

的继续教育体系，使院校教育逐步从以学历教育为主转变为以继续教育为主。

（二）加大依托国民教育体系培养国防信息化人才的力度

我军信息化建设和信息化作战急需大量的信息化人才，仅靠部队培养是远远不够的。因此，必须根据国情，依托国民教育培养国防信息化人才。依托国民教育培养国防信息化人才是一项利国利军的战略举措，可以实现军队人才和地方人才的兼容发展，达到寓兵于民的战略目的。

拓展阅读 ▶▶▶ ▶

高校开展军事理论课的重要性

从屈原"虽九死其犹未悔"到王昌龄"黄沙百战穿金甲，不破楼兰终不还"，从岳飞"精忠报国"到秋瑾"拼将十万头颅血，须把乾坤力挽回"，中华儿女勇于征战沙场、誓死保家卫国的爱国情怀一脉相承。

作为国防教育的重要内容，在高校开展军事理论课教学，有助于培养大学生的国防意识，提升大学生的国防观念，克服和平麻痹思想，积极履行国防义务，增强民族自豪感和自信心。新形势下，高校军事理论课在发挥积极有效作用的同时，也遇到了教师短缺、形式单一、效果不够理想等问题，如何采取有效措施，让不懂军事的学生喜欢这门课，让感兴趣的学生学到想学的知识，让军事理论课在高校真正火起来，是一个值得关注的现实问题。

（三）强化岗位练兵，提高部队信息化条件下的训练水平

岗位是提高素质的主要平台，实践是增长才干的最好课堂，要在训练实践中提高信息化人才的实际能力。书本知识只有运用到实践中才能得到检验，逐步内化为自身素质，转化为工作能力，物化为实际成效，升华为实战能力。加大人才交流任职、换岗锻炼的力度，扩大范围，加快频率，靠多种经历丰富人才的素质内涵，创造良好的信息化环境和信息化文化氛围。

四、加速推进国防和军队信息化建设的进程

我军在加强军队机械化建设的同时，必须乘国家加快经济和社会信息化发展之势，跨越式加快国防和军队信息化建设。如果按部就班地完成机械化建设后再进行信息化建设，就会坐失良机，无法赶上西方发达国家和军队建设的步伐。在推进国防和军队信息化建设的进程中，必须面对新情况、解决新问题。

（一）确立军队信息化建设新观念

观念是行动的先导。在信息时代进行军队信息化建设，就要更新观念，跳出某些过时的"机械化军事思想"定式，大胆创新，采取适用建设信息化军队的新思路、新观点。一是要树立"信息主导"的新思想。要确立信息化在军队建设中的主导地

位，全面推进国防和军队的信息化建设。二是要确立"系统集成"的新原则。要用大系统的观念来筹划军队建设。在"作战力量"建设上，强调加强作战空间预警、C^4ISR 和精确使用作战武器；在战场建设上，要求建立数字化战场；在部队建设上，要求建立数字化部队；在装备建设上，要求积极推行"横向技术一体化"（图 5 - 11）。三是要建立"虚拟实践"的新方法。虚拟现实技术的发

图 5 - 11　数字化、信息化武器投入使用

展，为人们"虚拟实践"提供了可能。人们可以面向未来，创造一种"人工合成环境"在实验室里"导演"战争，主动适应未来。为此，美、英等国军队建立了许多"战斗实验室""作战模拟实验室"和"作战仿真实验中心"等。

相关链接：
虚拟现实技术

（二）实现我军信息化建设的跨越式发展

国防和军队的信息化建设是一个十分复杂的系统工程。我军信息化建设要抓住以下四点：一是要大力发展信息化武器装备。一方面要致力于发展信息化武器装备；另一方面要在信息化弹药、信息化作战平台、专用信息战武器等方面取得突破性进展，这样才能缩小与发达国家的差距。二是要大力推进数字化部队建设（图 5 - 12）。在建设思路上要突出我军的特色，走出一条投入少、周期

图 5 - 12　中国第一支数字化炮兵部队火力突击

短、效益好的发展路子。三是要大力加强数字化战场建设。数字化部队和数字化战场是信息化战争的两大支柱，有了数字化战场，数字化部队才有可靠依托。我军数字化战场建设，应充分运用空间基础数据成果，将导航定位、天基立体测绘和时间基准、地球中心坐标系统相统一，建设成能够覆盖整体作战空间的多维信息获取系统，形成平战结合、诸军一体的战场信息系统，推进国防和军队信息化建设。四是要以信息化带动机械化。信息化建设以机械化建设为基础，没有雄厚扎实的机械化，就不可能有高水平的信息化。目前，我军正处在由机械化、半机械化向信息化发展阶段，机械化建设的任务还没有完成，机械化建设还有较长的路要走。如果放弃机械化建设把建设重点全面转向信息建设，不仅不符合我国的国情和军情，还可能欲速则不达。因此，在军队建设上要以信息化建设的需要牵引机械化发展，运用信

息技术改造、完善机械化武器装备，推动机械化建设向高层次、高水平跃升，为信息化建设创造更好的物质条件。同时，要大胆跨越机械化建设中的某些阶段和环节，尽可能地缩短机械化建设的进程。

（三）实现国防科技工业体系由"军民分离"型向"军民结合、寓军于民"型的转变

国防科技工业是国防现代化的重要物质和技术基础，是国家先进制造业的重要组成部分和国家科技创新体系的重要组成部分。国防科技工业是武器装备建设的重要力量支撑。随着信息化战争的到来，信息化战争对武器装备的要求越来越高，为适应对武器装备的新要求，不断满足国防和军队信息化建设的需要，国防科技工业体系必须由"军民分离"型向"军民结合、寓军于民"型转变。军民结合型的国防科技工业体系是强化国防科技工业能力、满足国防建设和经济建设双重需要的结合点和着力点。我国要通过重点发展具有核、航天、航空、船舶等军工特色的技术、产品和关联产业，形成军民结合的高技术产业集群，使国防军工的工业和产业基础更加牢靠，真正做到军民结合，从而保障国防科技工业的可持续发展，为国防和军队信息化建设提供重要的物质保障。

思考题

1. 如何理解信息化战争的概念？
2. 信息化战争有哪些基本作战样式？
3. 信息化战争的基本特征是什么？
4. 信息化战争对国防建设提出了哪些要求？

下 篇

技 能 训 练

第六章　中国人民解放军条令教育与训练

中国人民解放军条令是中央军委以简明条文的形式发布给全军的命令，是军队战斗、训练、工作、生活的法规和准则。中国人民解放军有很多条令、条例，有中央军委颁发的，也有各军兵种根据自己的特点颁发的。中央军委颁发的《内务条令》《纪律条令》《队列条令》是全军必须执行的条令，是全体军人必须共同遵守的法规，被称为"共同条令"或"三大条令"。本章主要介绍三大条令的有关内容，并重点展开《队列条令》的教育和训练。

第一节　共同条令概述

我军从创建之日起就十分重视条令建设。不同的时期，其种类和内容也不尽相同，并在实践中不断地充实和完善，成为我军建设的重要依据。

一、军队颁布共同条令的意义

我军的条令是随着军队建设的发展而发展的。红军时期，我军曾颁布过《内务条令》（后改为《内务条令》和《纪律条令》），并参照列宁创建苏联红军时实施的《步兵战斗条令》第一部分进行队列训练。之后，随着军队建设的发展，根据毛泽东同志关于人民军队建军原则，制定了我军的内务、纪律、队列三大条令，并在实践中不断充实完善。现行的三大条令根据 21 世纪我军建设的新情况、新要求，对 2002 年 3 月我军颁布的三大条令进行修订，经 2010 年 5 月 4 日中央军委常务会议通过，于 2010 年 6 月 15 日起施行。

我军是执行政治任务的武装集团，主要任务是打仗。军队的使命要求部队有高度的集中统一和严格的组织纪律观念。而军队成员来自五湖四海，出身、经历、生活习惯各不相同，文化教育、思想修养、觉悟程度和道德观念也不完全一样。如果没有一个从生活到工作、从训练到作战的统一准则规范部队的行动，那必然无法形成具备战斗力的部队，也就不能完成军队所担负的以作战为中心的各项任务。

努力把我军建设成为现代化、正规化的革命军队，是全军的战略目标，也是毛泽东、邓小平、江泽民、胡锦涛四代领导人和以习近平总书记为核心的新一代党中央领导集体的共同期望。

军队的现代化和正规化，是不可分割的整体。为了建设一支在 21 世纪能够打赢

信息化战争的革命军队，必须进行正规化建设。正规化是现代化不可缺少的条件，没有正规化就不能实现现代化；越是现代化越需要正规化。军队现代化是指现代先进科学技术普遍应用于军事领域，使军队的武器装备等与社会生产力所达到的水平相适应。军队的正规化就是用与现代化相适应的统一规格或标准来规范军队的各项工作和军人的一切行动。这个统一的规格和标准就是条令。从这种意义上讲，正规化就是按条令办事，就是条令化。一切生活、训练、工作、战斗都照条令进行，并达到条令所规定的标准，这就是正规化的具体表现。因此，军队现代化越高，正规化要求就越高，条令的要求也就越严。没有条令的贯彻执行，正规化建设无从谈起，军队现代化就没有保障。

二、中国人民解放军共同条令简介

(一)《内务条令》

《内务条令》是规定军队内部关系、生活制度和军人职责的条令，是全军进行行政管理教育的依据（图6-1）。该条令包括总则、军人宣誓、军人职责、内部关系、礼节、军人着装、军容风纪、与军外人员的交往、作息、日常制度、值班、警卫、零散人员管理、日常战备和紧急集合、后勤日常管理、装备日常管理、营区管理、野营管理、常见事故防范，国旗、军旗、军徽的使用和国歌、军歌的奏唱以及附则，共21章420条；并有中国人民解放军军旗式样、中国人

图6-1　边防战士严格执行内务标准

民解放军军徽式样、中国人民解放军军歌、报告词示例、着装序号、军服的配套穿着和标志服饰的佩带、标志服饰的缀钉方法、连队宿舍物品放置方法、连队要事日记式样、外出证式样、军人发型示例11项附录。

该条令在总则中增写了把科学发展观作为国防和军队建设的重要指导方针、全面履行新世纪新阶段我军历史使命、发扬"听党指挥、服务人民、英勇善战"的优良传统、大力培育当代革命军人核心价值观、实施科学管理、坚持安全发展理念等重要内容。针对我军内务建设和管理教育工作面临的新情况、新问题，对相关内容作了修改与完善，同时增加了心理疏导、士官留营住宿、军人居民身份证使用、移动电话和国际互联网使用管理、军事交通运输管理等新内容。它是我军在新的历史条件下，建立与维护良好的内外关系和正规内务制度、履行职责、进行管理教育、培养优良作风的依据，是军队生活的准则。

(二)《纪律条令》

《纪律条令》（图6-2）是规定军队纪律的条令，是全军维护和巩固纪律的依

据。该条令包括总则、奖励、处分、特殊措施、控告和申诉、首长责任和纪律监察及附则，共7章179条；并有三大纪律八项注意、个人奖励登记（报告）表、单位奖励登记（报告）表、处分登记（报告）表、行政看管审批表、行政看管登记表、士官留用察看审批表及控告、申诉登记表8项附录。

该条令继承了我军维护和巩固纪律的优良传统，指出"中国人民解放军的纪律是建立在政治自觉基础上的严格的纪律，是军队战斗力的重要因素，是坚持人民军队的性质、宗旨，团结自己、战胜敌人和完成一切任务的保证"，"军人在任何情况下，都必须严格遵守和自觉

图 6-2　《纪律条令》

维护纪律"。条令贯彻了严格治军、依法治军的思想，规定了中国人民解放军纪律的基本内容和要求，体现了党的十一届三中全会以来的路线、方针、政策和国家宪法、法律有关精神，反映了我军新时期的特点和广大指战员的要求。

（三）《队列条令》

《队列条令》是规定部队和单个军人队列动作的条令，是全军队列训练和队列生活的依据（图6-3）。该条令共包括总则、队列指挥、队列队形、单个军人的队列动作，班、排、连、营、团的队列动作，分队乘坐汽车、火车、舰（船）艇和飞机，敬礼，国旗的掌持、升降和军旗的掌持、授予与迎送，阅兵，晋升（授予）军衔、授枪和纪念仪式，附则，共11章71条；并有队列口令

图 6-3　边防警官纠正队列动作

的分类、下达的基本要领和呼号的节奏，队列指挥位置示例，标兵旗的规格，符号4项附录。

该条令从适应我军优良作风的培养和技术、战术训练的需要出发，对军队的队列训练和队列生活作了具体规范，指出"本条令是中国人民解放军队列生活的准则和队列训练的基本依据。全体军人必须严格执行本条令，加强队列训练，培养良好的军姿、严整的军容、过硬的作风、严格的纪律和协调一致的动作，促进军队正规化建设，巩固和提高战斗力"。要求全体军人必须参加队列训练，并在日常生活中，自觉地严格执行条令的规定，做到教养一致。

三、贯彻共同条令应注意的问题

（1）坚持以思想教育为主的方针。要着重讲清贯彻执行条令的目的、意义和要求，使大家既知道应该怎样做，又知道为什么要这样做，切实从思想上提高贯彻执

行条令的自觉性。

（2）贯彻条令要注意培养典型，抓好示范。要以表扬为主，积极开展检查评比活动，充分调动大家贯彻执行条令的积极性。

（3）贯彻"教养一致"的原则。把教育与养成、训练与管理结合起来，把纪律和作风的培养渗透到日常工作、生活中去，把教育训练贯穿到训练和执勤战斗中去，从点滴入手，严格要求，持之以恒，使官兵养成自觉按条令办事，自觉遵守纪律的习惯，养成令行禁止、雷厉风行、英勇顽强的战斗作风。

（4）干部要做执行条令、遵守纪律的模范。在贯彻执行条令中，各级干部必须以身作则，做好表率。要身教重于言教，以自己的模范行动去影响部属，带动部队。

（5）理论联系实际，培养军地两用人才。高校大学生要通过条令的教育，学习解放军的优良传统和作风，加强组织纪律性，促进文明居室建设，遵守学校各项规章制度，创造良好的学习、生活环境，使自己成为有理想、有道德、有文化、有纪律的一代新人。

拓展阅读 ▶▶ ▶

我军新一代共同条令修订工作全面展开

根据中央军委立法计划，《内务条令》《纪律条令》《队列条令》和《警备条令》《安全条例》5部全军性法规修订工作已于2016年年初全面展开。据中央军委训练管理部领导介绍，此次条令条例修订，将坚决贯彻习主席国防和军队建设重要论述，以党在新形势下的强军目标为引领，坚持政治建军、改革强军、依法治军，落实备战打仗要求，充分体现"军委管总、战区主战、军种主建"总原则，充分反映新形势下建军治军新情况新特点新规律，充分吸纳近年来新的法规制度成果和部队成功经验，着力解决中央军委关注、部队建设急需、官兵反映突出的问题，努力提高条令条例的针对性、系统性、可操作性，为部队正规化建设和管理提供法规依据。

《内务条令》《纪律条令》《队列条令》统称为共同条令，是军队管理工作的骨干法规，是全体军人必须遵照执行的基本准则。《警备条令》《安全条例》对于维护军队纪律形象、确保部队安全稳定具有不可替代的作用。条令条例修订工作要把准政治方向，契合改革需求，聚焦打仗标准，回应部队关切，注重继承创新，严格按时间节点高质量完成，确保新一代条令条例经得起实践和历史的检验。

第二节　单个军人的队列动作

队列动作是对单个军人和部队所规定的队列训练、队列生活和日常生活的制式动作。队列动作训练是加强组织纪律性、培养战斗力的一种必要形式。

一、立正、跨立、稍息

（一）立正

立正（图6-4）是军人的基本姿势，是队列动作的基础。军人在宣誓、接受命令、进见首长和向首长报告、回答首长问话、升降国旗和军旗、奏国歌和军歌等严肃庄重的时机和场合，均应当自行立正。

口令：立正。

要领：两脚跟靠拢并齐，两脚尖向外分开约60°；两腿挺直，小腹微收，自然挺胸；上体正直，微向前倾；两肩要平，稍向后张；两臂下垂自然伸直，手指并拢自然微曲，拇指尖贴于食指第二节，中指贴于裤缝；头要正，颈要直，口要闭，下颌微收，两眼向前平视。

图6-4　立正

（二）跨立（即跨步站立）

跨立（图6-5）主要用于军体操、执勤和舰艇上分区列队等场合。跨立可以与立正互换。

口令：跨立。

要领：左脚向左跨出约一脚之长，两腿挺直，上体保持立正姿势，身体重心落于两脚之间；两手后背，左手握右手腕，拇指根部与外腰带下沿（内腰带上沿）同高；右手手指并拢自然弯曲，手心向后。携枪时不背手。

图6-5　跨立

（三）稍息

口令：稍息。

要领：左脚顺脚尖方向伸出约全脚的三分之二，两腿自然伸直，上体保持立正姿势，身体重心大部分落于右脚。携枪（筒）时，携带的方法不变，其余动作同徒手。稍息过久，可以自行换脚。

二、停止间转法

（一）向右（左）转

口令：向右（左）——转；半面向右（左）——转。

要领：以右（左）脚跟为轴，右（左）脚跟和左（右）脚掌前部同时用力，使身体协调一致向右（左）转90°，体重落在右（左）脚，左（右）脚取捷径迅速靠

拢右（左）脚，成立正姿势。转动和靠脚时，两腿挺直，上体保持立正姿势。

半面向右（左）转，按照向右（左）转的要领转45°。

（二）向后转

口令：向后——转。

要领：按向右转的要领向后转180°。

三、坐下、蹲下、起立

（一）坐下

口令：坐下。

要领：左小腿在右小腿后交叉，迅速坐下（坐凳子时，听到口令，左脚向左分开约一脚之长；女军人着裙服坐凳子时，两腿自然并拢），手指自然并拢放在两膝上，上体保持正直。

（二）蹲下

口令：蹲下（图6-6）。

要领：右脚后退半步，前脚掌着地，臀部坐在右脚跟上（膝盖不着地），两腿分开约60°（女军人两腿自然并拢），手指自然并拢放在两膝上，上体保持正直。蹲下过久，可以自行换脚。

（三）起立

口令：起立。

要领：全身协力迅速起立，成立正姿势。

图6-6　蹲下

四、行进间队列动作

（一）行进

行进的基本步法分为齐步、正步和跑步，辅助步法分为便步、踏步、移步和礼步。

1. 齐步

齐步（图6-7）是军人行进的常用步法。

口令：齐步——走。

要领：左脚向正前方迈出约75厘米，按照先脚跟后脚掌的顺序着地，同时身体重心前移，右脚照此法动作；上体正直，微向前倾；手指轻轻握拢，拇指贴于食指第二

图6-7　齐步

节；两臂前后自然摆动，向前摆臂时，肘部弯曲，小臂自然向里合，手心向内稍向下，拇指根部对正衣扣线，并高于春秋常服最下方衣扣约 5 厘米（着夏常服、水兵服时，高于内腰带扣中央约 5 厘米；着作训服时，与外腰带扣中央同高），离身体约 30 厘米；向后摆臂时，手臂自然伸直，手腕前侧距裤缝线约 30 厘米。行进速度为每分钟 116～122 步。

2. 正步

正步（图 6-8）主要用于分列式和其他礼节性场合。

口令：正步——走。

要领：左脚向正前方踢出约 75 厘米（腿要绷直，脚尖下压，脚掌与地面平行，离地面约 25 厘米），适当用力使全脚掌着地，同时身体重心前移，右脚照此法动作；上体正直，微向前倾；手指轻轻握拢，拇指伸直贴于食指第二节；向前摆臂时，肘部弯

图 6-8　正步

曲，小臂略成水平，手心向内稍向下，手腕下沿摆到高于春秋常服最下方衣扣约 15 厘米处（着夏常服、水兵服时，高于内腰带扣中央约 15 厘米处；着作训服时，高于外腰带扣中央约 10 厘米处），离身体约 10 厘米；向后摆臂时（左手心向右，右手心向左），手腕前侧距裤缝线约 30 厘米。行进速度为每分钟 110～116 步。

3. 跑步

跑步（图 6-9）主要用于快速行进。

口令：跑步——走。

要领：听到预令，两手迅速握拳（四指蜷握，拇指贴于食指第一关节和中指第二节），提到腰际，约与腰带同高，拳心向内，肘部稍向里合。听到动令，上体微向前倾，两腿微弯，同时左脚利用右脚掌的蹬力跃出约 85 厘米，前脚掌先着地，身体重心前移，右脚照此法动作；两臂前后自然摆动，向前

图 6-9　跑步

摆臂时，大臂略垂直，肘部贴于腰际，小臂略平，稍向里合，两拳内侧各距衣扣线约 5 厘米；向后摆臂时，拳贴于腰际。行进速度为每分钟 170～180 步。

4. 便步

便步用于行军、操练后恢复体力及其他场合。

口令：便步——走。

要领：用适当的步速、步幅行进，两臂自然摆动，上体保持良好姿态。

5. 踏步

踏步用于调整步伐和整齐。

停止间口令：踏步——走。

行进间口令：踏步。

要领：两脚在原地上下起落（抬起时，脚尖自然下垂，离地面约 15 厘米；落下时，前脚掌先着地），上体保持正直，两臂按齐步或跑步摆臂的要领摆动。

6. 移步（5 步以内）

移步用于调整队列位置。

（1）右（左）跨步

口令：右（左）跨×步——走。

要领：上体保持正直，每跨 1 步并脚一次，其步幅约与肩同宽，跨到指定步数停止。

（2）向前或后退

口令：向前×步——走；后退×步——走。

要领：向前移步时，应当按照单数步要领进行（双数步变为单数步）。向前 1 步时，用正步，不摆臂；向前 3 步或 5 步时，按照齐步走的要领进行。向后退步时，从左脚开始，每退 1 步靠脚一次，不摆臂，退到指定步数停止。

7. 礼步

礼步（图 6 - 10）用于纪念仪式中礼兵的行进。

口令：礼步——走。

要领：左脚向正前方缓慢抬起（腿要绷直，脚尖上翘，与腿约成 90°，脚后跟离地面约 30 厘米），按照脚跟、脚掌顺序缓慢着地，步幅约 55 厘米，右脚照此法动作；上体正直，两臂下垂自然伸直、轻贴身体（抬祭奠物除外）；手指并拢自然微曲，拇指尖

图 6 - 10　礼步

贴于食指第二节，中指贴于裤缝。行进速度为每分钟 24～30 步。

（二）立定

口令：立——定。

要领：齐步、正步和礼步时，听到口令，左脚再向前大半步着地（脚尖向外约 30°），两腿挺直，右脚取捷径迅速靠拢左脚，成立正姿势。跑步时，听到口令，再跑 2 步，然后左脚向前大半步（两拳收于腰际，停止摆动）着地，右脚取捷径靠拢左脚，同时将手放下，成立正姿势。踏步时，听到口令，左脚踏 1 步，右脚靠拢左脚，原地成立正姿势（跑步的踏步，听到口令，继续踏 2 步，再按上述要领进行）。

（三）步法变换

步法变换，均从左脚开始。

（1）齐步、正步互换，听到口令，右脚继续走1步，即换正步或齐步行进。

（2）齐步换跑步，听到预令，两手迅速握拳提到腰际，两臂前后自然摆动；听到动令，即换跑步行进。

（3）齐步换踏步，听到口令，即换踏步。

（4）跑步换齐步，听到口令，继续跑2步，然后换齐步行进。

（5）跑步换踏步，听到口令，继续跑2步，然后换踏步。

（6）踏步换齐步或者跑步，听到"前进"的口令，继续踏2步，再换齐步或者跑步行进。

相关链接：
齐步换正步

五、敬礼

敬礼是体现军队内部团结友爱、互相尊重的一种队列动作。部属和下级应当先向首长和上级敬礼，首长和上级应当还礼。

敬礼分为举手礼、注目礼和举枪礼。

（一）举手礼

口令：敬礼（图6-11）；礼毕。

要领：上体正直，右手取捷径迅速抬起，五指并拢自然伸直，中指微接帽檐右角前约2厘米处（戴卷檐帽、无檐帽或者不戴军帽时微接太阳穴，约与眉同高），手心向下，微向外张（约20°），手腕不得弯曲，右大臂略平，与两肩略成一线，同时注视受礼者。

图6-11　敬礼

听到"礼毕"的口令后，将手放下，成立正姿势。

（二）注目礼

口令：敬礼；礼毕。

要领：面向受礼者成立正姿势，同时注视受礼者，并目迎目送（右、左转头角度不超过45°）。

听到"礼毕"的口令后，将头转正，恢复立正姿势。

（三）举枪礼

举枪礼主要用于阅兵或者执行仪仗任务。

口令：向右看——敬礼；礼毕。

要领：右手将枪提到胸前，枪身垂直并对正衣扣线，枪面向后，离身体约10厘米，枪口与眼同高，大臂轻贴右胁；同时左手接握表尺上方，小臂略平，大臂轻贴左胁；同时转头向右注视受礼者，并目迎目送（右、左转头角度不超过45°）。

听到"礼毕"的口令后，将头转正，右手将枪放下，使托前踵轻轻着地，同时左手放下，成持枪立正姿势。

（四）单个军人敬礼

要领：单个军人在距受礼者5～7步处，行举手礼或者注目礼。

徒手或者背枪时，停止间，应当面向受礼者立正，行举手礼，待受礼者还礼后礼毕；行进间（跑步时换齐步），转头向受礼者行举手礼（手不随头转动），并继续行进，左臂仍自然摆动，待受礼者还礼后礼毕。

携带武器（除背枪）等不便行举手礼时，不论停止间或者行进间，均行注目礼，待受礼者还礼后礼毕。

（五）分队、部队敬礼

1. 停止间敬礼

要领：当首长进到距本分队（部队）适当距离时，指挥员下达"立正"的口令，跑步到首长前5～7步处敬礼。待首长还礼后礼毕，再向首长报告。例如，"团长同志，××连正在进行队列训练，应到××名，实到××名，请指示，连长×××"。报告完毕，待首长指示后，答"是"，再敬礼。待首长还礼后礼毕，然后跑步回到原来位置，下达"稍息"口令或者继续操练。

2. 行进间敬礼

要领：由带队指挥员按照单个军人行进间敬礼的规定实施，队列人员按照原步法行进。

要求：敬礼时，精神振奋，姿态端正，动作敏捷有力；行举手礼时，动作迅速、准确、协调，做到取捷径、动作快、手腕直、大臂平且与两肩成一线；行注目礼时，转头迅速，两眼注视受礼者，目迎目送角度要准确；行举枪礼时，动作规范，大臂不得抬起，左小臂略平，举枪和转头同时到位；行进间敬礼时，抬手、转头要一致，行进敬礼要协调。

六、脱帽、戴帽、整理着装与宣誓

（一）脱帽

口令：脱帽（图6-12）。

要领：立姿脱帽时，双手捏帽檐或者帽前端两侧，将帽取下，取捷径置于左小臂，

帽徽朝前，掌心向上，四指扶帽檐或者帽墙前端中央处，小臂略成水平，右手放下。

坐姿脱帽时，双手捏帽檐或者帽前端两侧，将帽取下，置于桌（台）面前沿左侧或者膝上（帽顶向上，帽徽朝前），也可以置于桌斗内。

戴贝雷帽脱帽不便放置时，将帽左右向内折叠，左手将左肩袢提起，右手将帽插入左肩袢下，帽顶向上，帽徽朝前。

图 6-12　脱帽

（二）戴帽

口令：戴帽。

要领：双手捏帽檐或者帽前端两侧，取捷径将帽迅速戴正。

携枪（筒）时，用左手脱、戴帽。需夹帽时，双手捏帽檐或帽前端两侧，取捷径将帽取下，左手握帽墙（女军人戴卷檐帽时，将四指并拢，置于下方帽檐与帽墙之间），小臂夹帽自然伸直，帽顶向左，帽徽向前。

（三）整理着装

整理着装（图 6-13），通常在立正的基础上进行。

口令：整理着装。

要领：两手（持自动步枪时，将枪夹于两腿间）从帽子开始，自上而下，将着装整理好。必要时，也可以相互整理。整理完毕，自行稍息。听到"停"的口令，恢复立正姿势。

图 6-13　整理着装

（四）宣誓

口令：宣誓（图 6-14）；宣誓完毕。

要领：听到"宣誓"的口令，身体保持立正姿势，右手握拳取捷径迅速抬起，拳心向前，稍向内合；拳眼约与右太阳穴同高，距离约 10 厘米；右大臂略平，与两肩略成一线；高声诵读誓词。

听到"宣誓完毕"的口令，将手放下。

图 6-14　军人宣誓

相关链接：

《我是特种兵》之军人宣誓

第三节 分队的队列动作

分队的队列动作分为队列队形，集合、离散，整齐、报数，出列、入列、行进、停止，队形变换，方向变换等内容。通过队列动作的学习，养成良好的组织纪律观念、积极协作的意识和令行禁止的战斗作风。

一、队列队形

（一）基本队形和列队的间距

队列的基本队形有横队、纵队和并列纵队。需要时，可以调整为其他队形。队列人员之间的间隔（两肘之间）通常约 10 厘米，距离（前一名脚跟至后一名脚尖）约 75 厘米。需要时，可以调整队列人员之间的间隔和距离。

（二）班、排、连的队形

1. 班的队形

班的基本队形有横队和纵队。需要时可以成二列横队或二路纵队。

2. 排的队形

排的基本队形有横队和纵队。排横队由各班的班横队依次向后排列组成；排纵队由各班的班纵队依次向右并列组成。

横队时，排长的列队位置在第一列基准兵右侧；纵队时，在队列中央前。

3. 连的队形

连的基本队形有横队、纵队和并列纵队。连横队由各排的排横队依次向左并列组成；连纵队由各排的排纵队依次向后排列组成；连并列纵队由各排的排纵队依次向左并列组成。连部和炊事班等以二列（路）或者三列（路）组成相应的队形，位于本连队尾。

横队、并列纵队时，连指挥员的列队位置位于一排长右侧，前列为连长、副连长，后列为政治指导员、副政治指导员；纵队时，位于一排长前，前列为连长、政治指导员，后列为副连长、副政治指导员（未编有副政治指导员时，后列中央为副连长）。

二、集合、离散

（一）集合

集合（图 6-15）是使单个军人、分队、部队按照规范队形聚集起来的一种队列动作。集合时，指挥员应当先发出预告或者信号，如"全连（或×排）注意"，然后，站在预定队形的中央前，面向预定队形成立正姿势，下达"成××队——集合"的口令。所属人员听到预告或者信号，原地面向指挥员成立正姿势；听到口令，跑

步到指定位置面向指挥员集合（在指挥员后侧的人员，应当从指挥员右侧绕过），自行对正、看齐，成立正姿势。

1. 班集合

口令：成班横队（二列横队）——集合。

要领：基准兵迅速到班长左前方适当位置，成立正姿势；其他士兵以基准兵为准，依次向左排列，自行看齐。

图 6-15　紧急集合

成班二列横队时，单数士兵在前，双数士兵在后。

口令：成班纵队（二路纵队）——集合。

要领：基准兵迅速到班长前方适当位置，成立正姿势；其他士兵以基准兵为准，依次向后排列，自行对正。

成班二路纵队时，单数士兵在左，双数士兵在右。

2. 排集合

口令：成排横队——集合。

要领：基准班在指挥员前方适当位置，成班横队迅速站好；其他班成班横队，以基准班为准，依次向后排列，自行对正、看齐。

口令：成排纵队——集合。

要领：基准班在指挥员右前方适当位置，成班纵队迅速站好；其他班成班纵队，以基准班为准，依次向右排列，自行对正、看齐。

3. 连集合

口令：成连横队——集合。

要领：队列内的连指挥员或者基准排，在指挥员左前方适当位置，成横队迅速站好；各排和连部成横队，以连指挥员或者基准排为准，依次向左排列，自行对正、看齐。

口令：成连纵队——集合。

要领：队列内的连指挥员或者基准排，在指挥员前方适当位置，成纵队迅速站好；各排和连部成纵队，以连指挥员或者基准排为准，依次向后排列，自行对正、看齐。

口令：成连并列纵队——集合。

要领：队列内的连指挥员或者基准排，在指挥员左前方适当位置，成纵队迅速站好；各排和连部成纵队，以连指挥员或者基准排为准，依次向左排列，自行对正、看齐。

（二）离散

离散是使列队的单个军人、分队、部队各自离开原队列位置的一种队列动作。

1. 离开

口令：各营（连、排、班）带开（带回）。

要领：队列中的各营（连、排、班）指挥员带领本队迅速离开原列队位置。

2. 解散

口令：解散。

要领：队列人员迅速离开原列队位置。

三、整齐、报数

（一）整齐

整齐是使列队人员按规定的间隔、距离、保持行、列平齐的一种队列动作。整齐分为向右（左）看齐（图 6-16）和向中看齐。

口令：向右（左）看——齐；向前——看。

要领：基准兵不动，其他士兵向右（左）转头（持枪时，听到预令，迅速将枪稍提起，看齐后自行放下），眼睛看右（左）邻士兵腮部，前四名能通视基准兵，自第五

图 6-16　向右看齐

名起，以能通视到本人以右（左）第三人为度。后列人员先向前对正，后向右（左）看齐。听到"向前——看"的口令，迅速将头转正，恢复立正姿势。

口令：以×××为准，向中看——齐；向前——看。

要领：当指挥员指定"以×××为准（或者以第×名为准）"时，基准兵答"到"，同时左手握拳高举，大臂前伸与肩略平，小臂垂直举起，拳心向右。听到"向中看——齐"的口令后，其他士兵按照向左（右）看齐的要领实施。听到"向前——看"的口令后，基准兵迅速将手放下，其他士兵迅速将头转正，恢复立正姿势。

一路纵队看齐时，可以下达"向前——对正"的口令。

（二）报数

口令：报数（图 6-17）。

要领：横队从右至左（纵队由前向后）依次以短促洪亮的声音转头（纵队向左转头）报数，最后一名不转头。数列横队时，后列最后一名报"满伍"或"缺×名"。连集合时，由指挥员下达"各排报数"的口令，各排长在队列内向指挥员报告人数，如"第×排到齐"或者"第×排实到××

图 6-17　报数

名"。

必要时，连也可以统一报数。

要领：连实施统一报数时，各排不留间隔，要补齐，成临时编组的横队队形。报数前，连指挥员先发出"看齐时，以一排长为准，全连补齐"的预告，然后下达"向右看——齐"的口令，待全连看齐后，再下达"向前——看"和"报数"的口令，报数从一排长开始，后列最后一名报"满伍"或者"缺××名"。

四、出列、入列

单个军人和分队出、入列通常用跑步（5步以内用齐步，1步用正步），或者按照指挥员指定的步法执行；然后进到指挥员右前侧适当位置或者指定位置，面向指挥员成立正姿势。

（一）单个军人出列、入列

1. 出列

口令：×××（或者第×名），出列（图6-18）。

要领：出列军人听到呼点自己姓名或者序号后应当答"到"，听到"出列"的口令后，应当答"是"。

位于第一列（左路）的军人，按照本条上述规定，取捷径出列；位于中列（路）的军人，向后（左）转，待后列（左路）同序

图6-18　出列

号的军人向右后退1步（左后退1步）让出缺口后，按照本条的上述规定从队尾（纵队时从左侧）出列；位于"缺口"位置的军人，待出列军人出列后，即复原位；位于最后一列（右路）的军人出列，先退1步（右跨1步），然后按照本条有关规定从队尾出列。

2. 入列

口令：入列。

要领：听到"入列"口令后，应当答"是"，然后按照出列的相反程序入列。

（二）班（排）出列、入列

1. 出列

口令：第×班（排），出列。

要领：听到"第×班（排）"的口令后，由出列班（排）的指挥员答"到"，听到"出列"的口令后，由出列班（排）的指挥员答"是"，并用口令指挥本班（排），按照本条的有关规定，以纵队形式从队尾（位于第一列的班取捷径）出列。

2. 入列

口令：入列。

要领：听到"入列"的口令后，由入列班（排）指挥员答"是"，并用口令指挥本班（排），以纵队形式从队尾（位于第一列的班取捷径）入列。

五、行进、停止

横队和并列纵队行进以右翼为基准，纵队行进以左翼为基准（一路纵队行进以先头为基准）。

（一）行进

指挥员下达"×步——走"的口令。听到口令，基准兵向正前方前进，其他士兵向基准翼标齐，保持规定的间隔、距离行进。纵队行进时，排、连通常成三路纵队，也可以成一、二路纵队。行进中，需要时，用"一二一"（调整步伐的口令）、"一二三四"（呼号）或者唱队列歌曲，以保持步伐的整齐和振奋士气。

（二）停止

指挥员下达"立——定"的口令。听到口令，按照立定的要领实施，分队的动作要整齐一致。停止后，听到"稍息"的口令，先自行对正、看齐，再稍息。

六、队形变换

队形变换是由一种队形变为另一种队形的队列动作。

（一）横队和纵队的互换

横队变纵队：停止间口令为"向右——转"；行进间口令为"向右转——走"。

纵队变横队：停止间口令为"向左——转"；行进间口令为"向左转——走"。

要领：停止间，按照单个军人向右（左）转的要领实施。行进间，按照单个军人向右（左）转走的要领实施。分队动作要整齐一致。队形变换后，排以上指挥员应当进到规定的列队位置。

（二）停止间班横队和班二列横队、班纵队和二路纵队互换

1. 班横队变班二列横队

口令：成班二列横队——走。

要领：变换前，先报数。听到口令后，双数士兵左脚后退1步，右脚（不靠拢左脚）向右跨1步，左脚向右脚靠拢，站到单数士兵之后，自行对正、看齐。

2. 班二列横队变班横队

口令：间隔1步，向左离开；成班横队——走。

要领：听到"间隔1步，向左离开"的口令后，取好间隔；听到"成班横队——走"的口令后，双数士兵左脚左跨1步，右脚（不靠拢左脚）向前1步，左脚向右脚靠拢，站到单数士兵左侧，自行看齐。

3. 班纵队变班二路纵队

口令：成班二路纵队——走。

要领：变换前，先报数。听到口令后，双数士兵右脚右跨1步，左脚（不靠拢右脚）向前1步，右脚向左脚靠拢，站到单数士兵右侧，自行对正、看齐。

4. 班二路纵队变班纵队

口令：距离2步，向后离开；成班纵队——走。

要领：听到"距离2步，向后离开"的口令，取好距离；听到"成班纵队——走"的口令，双数士兵右脚后退1步，左脚（不靠拢右脚）站到单数士兵之后，自行对正。

（三）连纵队和连并列纵队的互换

1. 连纵队变连并列纵队

停止间口令为"成连并列纵队，齐步——走"；行进间口令为"成连并列纵队——走"。

要领：连指挥员或者基准排踏步，其他排和连部逐次进到连指挥员或者基准排左侧踏步并取齐，然后，听口令前进或者停止。

连、排指挥员位置的变换方法：听到口令，连长左脚继续踏1步，右脚向右前1步，进到政治指导员前方仍踏步，政治指导员继续踏步，副连长向前2步（未编有副政治指导员时，副连长向左前2步），进到连长左侧，副政治指导员向左前1步，进到政治指导员左侧，排长、司务长进到预定列队位置，继续踏步并取齐。

2. 连并列纵队变连纵队

停止间口令为"成连纵队，齐步——走"；行进间口令为"成连纵队——走"。

要领：连指挥员或者基准排照直前进，其他排和连部停止间和行进间均踏步，待连指挥员或者基准排离开原位后，各排按照排长、连部和炊事班按照司务长的口令依次跟进。

连、排指挥员位置的变换方法：听到口令，连长向左前1步，进到副连长前方踏步，政治指导员向前2步，进到连长右侧继续踏步，副政治指导员向右前1步，进到副连长右侧继续踏步（未编有副政治指导员时，副连长右跨半步并踏步），排长、司务长进到预定列队位置继续踏步，取齐后照直前进。

七、方向变换

方向变换是改变队列面对的方向的一种队列动作。

（一）横队和并列纵队方向变换

停止间，通常是左（右）转弯或者左（右）后转弯，必要时可以向后转。

停止间口令：左（右）转弯，齐（跑）步——走，或者左（右）后转弯，齐

（跑）步——走。向后——转，齐（跑）步——走（当需要向后转走时，应当先下"向后——转"的口令，待方向变换后，再下"齐步——走"或者"跑步——走"的口令）。

行进间口令：左（右）转弯——走，或者左（右）后转弯——走。

要领：一列横队方向变换时，轴翼士兵踏步，并逐渐向左（右）转动；外翼第一名士兵用大步行进并同相邻士兵动作协调，逐步变换方向（越接近轴翼者，其步幅越小），其他士兵用眼睛的余光向外翼取齐，并保持规定的间隔和排面整齐，转到90°或180°时踏步并取齐，听口令前进或者停止。

数列横队和并列纵队方向变换时，第一列轴翼士兵停止间用踏步、行进间用小步，外翼士兵用大步行进，保持排面整齐，边行进边变换方向，转到90°或180°后，听口令前进或者停止；后续各列按照上述要领，保持间隔、距离，取捷径进到前一列转弯处，转向新方向跟进。

（二）纵队方向变换

停止间，通常是左（右）转弯，或者左（右）后转弯，必要时可以向后转。

停止间口令：左（右）转弯，齐（跑）步——走，或者左（右）后转弯，齐（跑）步——走。向后——转，齐（跑）步——走（按照横队和并列纵队向后转走的方法实施）。

行进间口令：左（右）转弯——走，或者左（右）后转弯——走。

要领：一路纵队方向变换时，基准兵在左（右）转弯时，按照单个军人行进间转法（停止间，左转弯走时，左脚先向前1步）的要领实施，在左（右）后转弯时，用小步边行进边变换方向，转到90°或180°后，照直前进；其他士兵逐次进到基准兵的转弯处，转向新方向跟进。

数路纵队方向变换时，按照数列横队和并列纵队方向变换的要领实施。

相关链接：

解放军队列训练

思考题

1. 什么是共同条令？
2. 简述军队颁布共同条令的意义。
3. 贯彻共同条令应注意哪些问题？

第七章　轻武器射击

　　轻武器，亦称"轻兵器"，是枪械及其他各种单兵或班组携带武器的统称。轻武器主要装备对象是陆军步兵，也广泛装备于其他军种、兵种和民兵预备役人员，是当今世界各国装备数量最多的装备种类。具有体积小、重量轻、杀伤力强、性能稳定的特性，是士兵在近战中杀伤敌人的主要兵器。按用途可分为手枪、步枪、冲锋枪、轻机枪、手榴弹、火箭筒、榴弹发射器和火箭发射器，此外还有轻型燃烧武器和单兵导弹等。

第一节　轻武器常识

　　本节重点介绍81式自动步枪、56式半自动步枪和56式冲锋枪的基本常识、射击原理、操作方法，子弹基本常识及武器保养。

一、性能、构造与自动原理

（一）81式自动步枪

　　81式自动步枪是一种近距离消灭敌人的自动武器，既可对400米距离内的单个人员目标实施有效射击，也可集中火力射击500米距离内的集团目标，弹头飞行至1500米处仍有杀伤力。该枪使用7.62毫米的子弹，既可进行半自动射击（打单发），又可进行自动射击（打连发），还可发射枪榴弹。弹匣可装30发子弹，当弹匣的最后一发子弹发射出去时，滑机退回到后面挂机。该武器在100米距离上，使用56式普通子弹，可穿透6毫米的钢板、15厘米厚的砖墙、30厘米厚的土层或40厘米厚的木板。

　　81式自动步枪主要由十大部件组成（图7-1），即刺刀、枪管、瞄准具、活塞及调节塞、机匣、枪机、复进机、击发机、弹匣和枪托，另有一套附品：擦拭杆、铳子、鬃刷、附品盒、通条、油壶、背带和弹匣袋等。

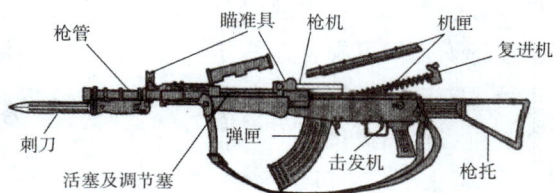

图7-1　81式自动步枪十大部件

(二) 56 式半自动步枪

56 式半自动步枪（图 7 - 2）是我军步兵分队装备较早的一种半自动轻武器，主要用于对 400 米距离以内的单个目标实施射击，精度较好。该枪使用 7.62 毫米子弹，弹仓（内装 10 发）送弹，每扣动扳机一次，发射一发子弹，不能打连发，当弹仓的

图 7 - 2　56 式半自动步枪

最后一发子弹发射出去时，滑机退回至后面挂机。其侵彻力同 81 式自动步枪。该枪由十大部件组成，其各部件的名称同 81 式自动步枪。

(三) 56 式冲锋枪

56 式冲锋枪（图 7 - 3）是我军装备较早的一种近战消灭敌人的自动武器。对单个目标在 300 米距离内实施点射，在 400 米距离内实施单发射效果最好，必要时也可实施连发射，

图 7 - 3　56 式冲锋枪

射弹飞行到 1500 米处仍有杀伤力。该枪使用 7.62 毫米子弹，弹匣（内装 30 发）送弹，子弹射完后不挂机。其侵彻力同 81 式自动步枪。该枪由十大部件组成，其各部件的名称同 81 式自动步枪。

(四) 击发原理

扣动扳机后，击锤打击击针，撞击子弹底火，点燃发射药，产生火药气体，推动弹头沿膛线向前运动，弹头一经过导气孔，部分火药气体通过导气孔，涌入导气箍，冲击活塞，推动推杆，使枪机向后压缩复进簧，完成开锁、抛壳，并使击锤成待发状态；枪机退到后方时，由于复进簧的伸张，使枪机向前运动，推送下一发子弹入膛、闭锁。半自动步枪，由于此时击锤已被击发阻铁卡住，不能向前打击击针。若再次发射，必须松开扳机，再扣扳机。冲锋枪（自动步枪）如保险机定在连发位置，扳机未松开，击发阻铁不能卡住击锤，击锤再次打击击针，形成连发；如保险机定在单发位置，击锤被击发阻铁卡住不能向前，若再次发射，必须松开扳机，再扣扳机。

二、子弹

子弹主要由弹头、弹壳、底火和发射药四部分组成（图 7 - 4）。弹头是用以杀伤敌人的有生力量；弹壳用以容纳发射药，安装弹头和底火；发射药用以燃烧后产生火药气

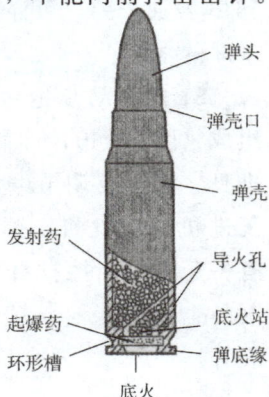

图 7 - 4　子弹构造

体，推动弹头前进。

子弹的种类比较多，常用的有：普通弹，用于杀伤敌人的有生力量；曳光弹，主要用于试射和指示目标以及作信号，曳光距离可达 800 米，命中干草能起火，弹头头部为绿色；燃烧弹，主要用于引燃易燃物体，弹头头部为红色；穿甲燃烧弹，主要用于射击飞机和轻装甲目标（在 200 米距离上穿甲厚度为 7 毫米），并能在穿透装甲后引燃汽油，弹头头部为黑色并有一道红圈。此外，还有空包弹、教练弹、空炸弹等训练用的辅助弹。

军海泛舟

轻武器基本常识之双头弹

一般情况下，军用枪弹每发只有一个弹头，但确实有少数国家专门研制过双头甚至是多头枪弹。这种特殊的多头弹究竟与普通枪弹有何不同？

弹头要准确命中目标与很多因素有关，即使射手能够始终保持正确的瞄准，但震动也会使连发射击时后续弹头偏离预期的瞄准基线。因此，有人想到如果能在一次射击中同时射出多个弹头，就可以弥补这种缺陷，在这种思想的指引下最终研制出双头或多弹头的枪弹。典型的双头枪弹也是由弹头、弹壳、发射药和底火组成，与普通弹最大的区别就是它的弹头，除数量是两个外，每个都要比普通弹头更短更轻一些，头一发弹头底部一般都带底窝，以便后一发弹头插入其中。为了获得较好的散布，两个弹头一般不会完全同轴装配，有的为了使两个弹头出枪口后能尽快分开，还在前后弹头间隙内装上发射药。美国于 20 世纪 60 年代研究的"齐射"系统就是"一次射击、多发弹头"这一思想的体现，在这一计划中，美国先后研制出多种口径的双头弹，其中正式定型的是 M198 双头弹，这种枪弹由温彻斯特公司研制，装有两个各重 5.2 克的弹头，其头部形状与普通的 7.62 毫米 NATO 弹相同，但长度稍短，其中后一发弹头为平底，尖端插入前一弹头的底凹内。装配时两发弹头间有 4.5° 偏角，以便发射后形成适当的散布。前一发弹头初速约为 853 米/秒，后一发则为 792 米/秒。这种枪弹在 137 米内杀伤概率比普通弹要提高 25%～100%，但超过这一距离性能很快就会下降，同时这种枪弹主要供近距离单发发射使用，连发时效果不好（图 7-5）。

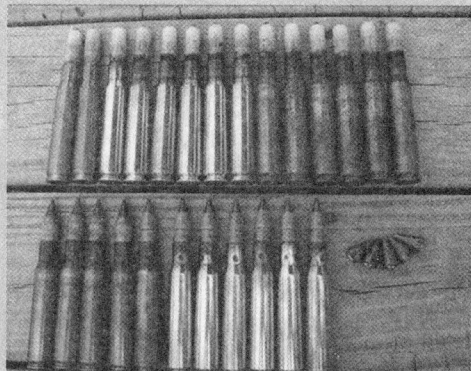

图 7-5 美国研制的"齐射"系统多头枪弹

双头弹具有比普通弹命中率高的优点，这也是很多国家研制它的初衷，我国也在 5.8 毫米步枪弹上进行了试验。不过这类枪弹也有结构复杂、装配困

难、弹头初速变化大、远距离精度威力差等致命缺点，所以除美、俄等国曾少量生产和装备过外，多数型号仅仅停留在试验阶段。而且随着小口径自动武器的发展，双头弹的优势呈现进一步下降的趋势，所以目前美、俄等国已停止了相关研究工作。

三、保养

要保养好武器装备必须做到"两勤""四不"，即勤检查、勤擦拭，不碰摔、不生锈、不损坏、不丢失。

（一）检查

检查武器外部是否有污垢、锈痕和碰伤，尤其是准星和表尺是否弯曲和松动；检查枪膛内是否有污垢、生锈和损伤；检查各机件运行是否灵活，有无锈痕和损坏，要特别检查击针；检查附品是否齐全完好，子弹有无锈蚀、凹陷、裂缝和松动。

（二）擦拭

正常情况下，每周至少擦拭一次。实弹射击后应用油布将武器认真擦拭干净并上油，在以后的三四天内每天擦拭一次，训练、演习后，应用干布和油布进行擦拭。擦拭后，可将武器放在通风干燥处晾干，严禁火烤和暴晒。

擦拭前，应分解武器。分解前必须验枪。按顺序和要领进行，不要强敲硬卸；分解下来的机件应按次序放在干净的物体上；除所规定的分解内容外，不准分解其他机件。

相关链接：
《军榜》：世界最强狙击步枪排行

第二节　简易射击原理

一、发射与后坐

（一）发射及其过程

火药燃气压力将弹头从膛内推送出枪管的现象叫发射。

击针撞击子弹底火，使起爆药发火，火焰通过导火孔引燃发射药，产生大量火药气体，在膛内形成很大的压力，迫使弹头脱离弹壳，沿膛线旋转加速前进，直到推出枪口。发射的过程时间极短促，现象却很复杂，整个过程可分为四个阶

段（图7-6）。

第一阶段（准备阶段）：由发射药开始燃烧起至弹头开始运动时止。在此阶段，发射药在密闭的固定容积内（弹壳内）燃烧产生气体，气体逐渐增加，从而使压力逐渐增大，当气体压力足以克服弹头运动阻力（弹壳口对弹头的摩擦力及阻止弹头嵌入膛线的抗力）时，弹头即从静止转为运动，脱离弹壳，嵌入膛线。弹头完全进入膛线所需要的气体压力，称为起动压力。各种枪的起动压力为250～500千克/厘米²。

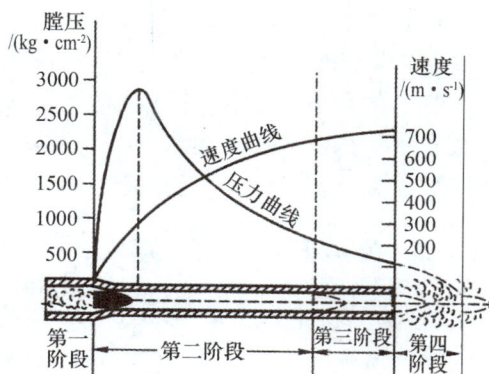

图7-6　发射的四个阶段

第二阶段（基本阶段）：自弹头开始运动到发射药燃烧完为止。在此阶段内，发射药在迅速变化的容积内燃烧，膛内压力随气体的增加迅速加大，弹头运动速度随之加快。当弹头在膛内前进6～8厘米时，膛内的压力最大，此压力称为膛压。各种枪的最大膛压为1400～3400千克/厘米²。由于弹头加速前进，弹头后面的空间迅速扩大，扩大的速度超过了气体增加的速度，因而压力开始下降。但到发射药燃烧完毕时，火药气体仍保持一定的压力，而弹头的速度随着火药气体对弹头作用时间的增长还在不断增加，使弹头继续加速前进。

第三阶段（气体膨胀阶段）：从发射药燃烧完到弹头底部脱离枪口前切面时止。在此阶段内，弹头是在高压灼热气体膨胀作用下运动的。虽然没有新的火药气体产生，但原有的气体仍储有大量的能量，继续做功使弹头加速运动，直到脱离枪口。弹头脱离枪口瞬间的气体压力，称为枪口压力。各种枪的枪口压力为200～600千克/厘米²。

第四阶段（火药气体作用的最后阶段）：弹头底部脱离枪口前切面时起到火药气体停止对弹头作用时止。弹头飞离枪口时，火药气体形成一股气流，从膛内喷出，其速度比弹头的速度大得多。因此，在距枪口一定距离上（各种枪为5～50厘米），火药气体仍继续对弹头底部施加压力，并加大弹头的运动速度，直到火药气体压力与空气阻力相等时为止。此时，弹头飞行的速度最大。

从发射的四个阶段可知，膛压的变化规律是：从小急剧增大，尔后逐渐下降。弹头速度的变化规律是：由静到动，由慢到快，始终是加速运动。

（二）后坐

发射时武器向后运动的现象叫后坐。发射药燃烧时，产生的气体同时作用于各个方向，作用于膛壁周围的压力为膛壁所抵消；向前作用于弹头后部的压力推送弹头前进；向后作用于弹壳底部的压力经过枪机传给整个武器，使武器向后运动，形成后坐。

后坐对单发（连发首发）射击的影响极小。射手感觉到的后坐，主要是人体缓冲枪身已获得的速度引起的。后坐对连发射击的命中有一定的影响，因为连发射击时，第一发子弹发射后，由于枪的明显后坐变动了原来的瞄准线，所以对第二发以后的射弹命中有一定的影响。但只要射手握枪要领准确，适应连发武器射击时的后坐规律，就能减小后坐对连发命中的影响。

二、弹道形状及实用意义

弹头运动中，其重心所经过的路线叫弹道。

弹头脱离枪口后，如果没有重力和空气阻力的作用，它将保持其获得的速度，沿着发射线无止境地匀速飞行。实际上弹头脱离枪口在空气中飞行时，同时受到重力和空气阻力的作用，使弹道不能成为一条直线。

弹道的基本要素包括以下方面（图7-7）：①起点：枪口中心点（外弹道开始点）；②枪口水平面：通过起点的水平面；③射线：发射前枪轴线的延长线；④射角：射线与枪口水平面所夹的角；⑤发射线：发射瞬间枪轴线的延长线；⑥发射角：发射线与枪口水平面所夹的角；⑦

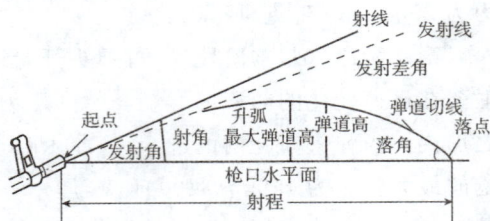

图 7-7　弹道的基本要素

发射差角：射线与发射线所夹的角；⑧升弧：由起点到弹道最高点的弹道；⑨降弧：由弹道最高点到落点的弹道；⑩弹道高：弹道上任何一点到枪口水平面的垂直距离；⑪最大弹道高：弹道最高点到枪口水平面的垂直距离；⑫射程：起点到落点的水平距离；⑬落角：落点的弹道切线与枪口水平面的夹角；⑭弹道切线：与弹道弧线任何一点相切的直线；⑮落点：弹道降弧终止的点（外弹道结束点）。

弹道的实用意义还涉及危险界、遮蔽界和死角等问题。懂得了危险界、遮蔽界和死角，在战斗中就能更好地隐蔽身体，发扬火力，灵活地运用地形地物，隐蔽地运动、集结和转移，以避开或尽量减少敌火力的杀伤，在组织火力配系时就能正确地选择射击位置和组织火力，千方百计地增大危险界和减少射击地带内的遮蔽界与死角，并善于运用弯曲弹道和各种武器的侧射、斜射火力消灭隐蔽在遮蔽界和死角内的敌人。

拓展阅读 ▶▶　▶

危险界、遮蔽界和死角

1. 危险界

危险界分为表尺危险界和实地危险界。瞄准线上的弹道高没有超过目标高的部分，称为表尺危险界；在实际地形上弹道高没有超过目标高的一段距离，称为实地危险界。决定实地危险界大小的条件主要有以下三个方面：

（1）弹道形状。对同一地形上的同一目标射击时，弹道越低伸，危险界就越大；反之越小。

（2）目标高低。用同一武器对同一地形上的不同目标射击，目标越高，危险界越大；反之越小。

（3）目标所在位置的地貌。用同一武器对同一种目标射击，目标所在位置的地貌与弹道形状越相一致，危险界越大；反之越小。

2. 遮蔽界和死角

从弹头不能射穿的遮蔽物顶端到弹着点的一段距离，叫遮蔽界。目标在遮蔽界内不会被杀伤的一段距离，叫作死角。遮蔽界内包括死角和危险界（图7-8）。

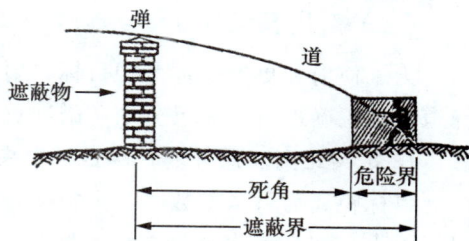

图7-8 遮蔽界和死角

遮蔽界和死角的大小是由遮蔽物的高低和落角的大小决定的。死角的大小还决定于目标的高低。同一弹道，同一目标，遮蔽物越高，遮蔽界和死角就越大；反之越小。同一遮蔽物，同一目标，落角越小，遮蔽界和死角就越大；反之越小。同一遮蔽物，同一弹道，目标越高，死角越小；反之越大。

三、表尺分划和瞄准点

由于重力和空气阻力的作用，如果用枪管瞄向目标射击，射弹就会打低或打近。为了命中目标，必须将枪口抬高，使枪轴线和瞄准线之间形成一定的夹角，即瞄准角。

瞄准角的大小，是根据射弹在不同距离上的降落量来确定的。距离越远，所需要的瞄准角越大；距离越近，降落量越小，所需要的瞄准角也就越小。瞄准具就是根据这一原理设计制成的。

可见，瞄准具的作用就是对一定距离上的目标射击时，赋予武器相应的瞄准角和射向。射击时，只要按照目标的距离装（选）定表尺分划瞄准射击，就能命中目标。

（一）瞄准要素

瞄准通常包括以下要素（图7-9）：①瞄准基线：缺口的上沿中央到准星尖的直线；②瞄准线：视线通过缺口上沿和准星尖的延长线；③瞄准点：瞄准线所指向的一点；④瞄准角：射线与瞄准线的夹角；⑤高低角：瞄准线与枪口水平面的夹角（目标高于枪口水平面时，高低角为

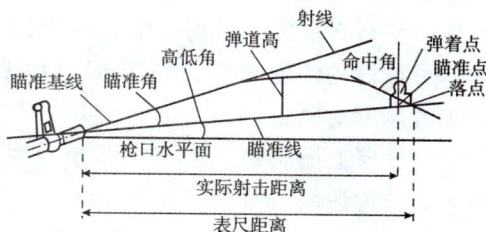

图7-9 瞄准要素

"＋"；目标低于枪口水平面时，高低角为"－"）；⑥瞄准线上弹道高：弹道上的任何一点到瞄准线的垂直距离；⑦落点：弹道降弧与瞄准线的交点；⑧弹着点：弹道与目标表面或地面的交点；⑨命中角：弹着点的弹道切线与目标表面或地面所夹的角，命中角通常以小于90°的角计算；⑩表尺距离：起点到落点的距离；⑪实际射击距离：起点到弹着点的距离；⑫枪口水平面：通过起点的水平面。

（二）选定表尺分划和瞄准点

为了使射弹更准确地命中目标，射击时，射手应根据目标距离、大小和武器的弹道高，正确地选定表尺分划和瞄准点。

1. 定实距离表尺分划，瞄目标中央

目标距离为百米整数时，可根据目标的距离装定相应的表尺分划，瞄准点选在目标中央。如自动步枪队100米距离人胸靶射击时，定表尺"1"，瞄准目标中央射击，即可命中目标中央。

2. 定大于或小于实距离表尺分划，适当降低或提高瞄准点

目标距离不是百米整数时，通常选定大于实距离表尺分划，根据武器和该距离上的弹道高，相应降低瞄准点射击。如冲锋枪在250米距离上对人胸目标射击时，定表尺"3"，在250米处的弹道高为19厘米，这时，瞄准目标下沿中央射击，即可命中目标中央。

3. 定常用表尺分划，小目标瞄下沿，大目标瞄中央

对300米距离以内的目标射击时，通常定常用表尺（表尺"3"）分划，小目标瞄下沿，大目标瞄中央射击。

四、外界条件对射击的影响及修正

（一）风对射击的影响及修正

风是一种具有速度和方向的气流，它能改变射弹的飞行方向和距离。在各种外界条件下，风对射弹的飞行影响最大。因此，必须准确地判定风向和风力，根据风对射弹的影响进行修正，以保证射弹准确命中目标。

1. 风向和风力的判定

按风吹的方向和射击方向所形成的角度可将风分为横风、斜风和纵风。横风是指从左或右与射向成90°角的风。斜风是指与射向成锐角的风。纵风是指从后或前与射向平行吹来的风。射击时，通常以射向成45°角的风计算。风与射向成60°角时，可按横风计算；小于30°角时可按纵风计算。顺射向吹来的风为顺风；逆射向吹来的风为逆风。

在气象上把风划分为12个等级，在军事上为了便于区分和应用，按风力的大小将风划分为强风、和风和弱风三种。风力的大小，可用测风仪测出，也可根据人的感觉和常见物体被风吹动的情况来判定。

为了便于记忆，对风力的判定，可以和风为基准风归纳成如下口诀：迎风能睁

眼，耳听呼声响，炊烟成斜角，草弯树枝摇，海面起轻浪，旗帜迎风飘，强风比它大，弱风比它小。

2. 风对射弹的影响及修正

（1）横（斜）风对射弹的影响及修正

横（斜）风能对弹头的侧面施以压力，使射弹偏向一侧，产生方向偏差（斜风还能使射弹产生距离偏差，因偏差很小，故不考虑）。风力越大，距离越大，偏差也就越大。风从左吹来，射弹偏右；风从右吹来，射弹偏左。

为了便于记忆，图中修正量（人体）可归纳为：距离200米，修1/4人体，表尺"3""4""5"，减去2.5，强风加一倍，弱斜风各减半。

为了运用方便，根据不同距离上的修正量，将在横和风条件下，对400米内目标射击时的瞄准景况归纳成如下口诀：一百不用修，二百瞄耳线，三百瞄边沿，四百边接边（图7-10）。

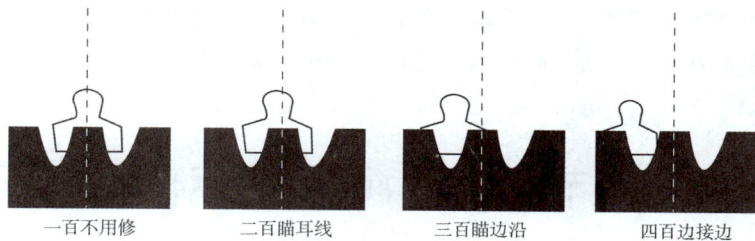

一百不用修　　二百瞄耳线　　三百瞄边沿　　四百边接边

图7-10　横（斜）风的修正情况

（2）纵风对射弹的影响及修正

纵风能影响射弹的飞行距离。顺风时，空气阻力较小，使射弹打远（高）；逆风时，空气阻力较大，使射弹打近（低）。

在近距离内，风速为10米/秒时，纵风对射弹影响很小，一般可不修正。对远距离目标射击时，应适当降低或提高瞄准点。

（二）光对射击的影响及克服办法

1. 阳光对瞄准的影响

在阳光下瞄准时，由于阳光照射作用，缺口部分产生虚光，形成三层缺口：虚光部分、真实部分、黑实部分。如不注意辨清真实缺口的位置，就容易产生误差，使射弹产生如下偏差：①若用虚光部分瞄准，射弹就偏向阳光照来的方向。阳光从右上方照来时，缺口的左边和上沿产生虚光，用虚光部分瞄准，准星实际上偏右高，因此射弹偏右上。阳光从左上方照来，用虚光部分瞄准，射弹则偏左上。②若用黑实部分瞄准，射弹就偏向阳光照来的相反方向。阳光从右上方照来时，用黑实部分瞄准实际上偏左低，因此射弹偏左下。阳光从左上方照来时，射弹则偏右下。③在阳光照射下，缺口和准星尖同时产生虚光时，若用虚光部分瞄准，射弹偏低；若用黑实部分瞄准，射弹偏高。

2. 克服方法

要克服阳光对射击的影响可采取如下方法：①可在不同方向的阳光照射下瞄准，采取遮光瞄准不遮光检查，或不遮光瞄准遮光检查的方法，反复练习，切实辨清真实缺口的位置和正确瞄准的景况。②平正准星与缺口要细致，但瞄准时间不宜过长，以免眼花而产生误差。③平时要注意保护好瞄准具，不使其磨亮而反光。

（三）气温对射弹的影响及修正

1. 气温对射弹的影响

气温变化，空气密度即随之变化，对射弹的阻力也就不同。气温升高时，空气密度减少，射弹在飞行中受到的空气阻力就减少，射弹就打得远而高；反之，射弹就打得近而低。

2. 修正方法

由于各地区各季节的气温不同，很难与标准气温（±15℃）条件相符。因此，应当在当地的气温条件下矫正武器的射效，并以矫正射效时的气温条件为准。射击时，若气温差别不大，在 400 米内对射弹命中的影响极小，不必修正。若气温差别很大或对远距离目标射击时，应适当提高或降低瞄准点射击。

第三节　武器操作与实弹射击

一、验枪及射击准备

（一）验枪

验枪就是检查枪的弹膛、弹匣、弹盒和教练弹中有无实弹。在使用武器前后及必要时均应验枪。验枪时，严禁枪口对人。

听到"验枪"口令后，以右脚掌为轴，身体半面向右转，左脚顺势向前迈出一步（两脚约与肩同宽），同时右手移握护木将枪向前送出（半自动步枪右手将枪向前送出），左手接握下护木，左大臂紧靠左胁，枪托贴于右胯，准星约与肩同高，右手打开保险，卸下弹匣（半自动步枪打开弹仓），交给左手握于护木右侧，弹匣口向后、挂耳向下，右手移握机柄。当指挥员检查时，拉枪机向后，验过后，自行送回枪机，装上弹匣（半自动步枪关上弹仓），扣扳机，关保险，移握枪颈。

听到"验枪完毕"口令后，左手反握护木，将枪倒置于胸前，上背带环约与肩同高，右手挑起背带，身体半面向左转，在右脚靠拢左脚的同时，两手协力将枪送上右肩，恢复背枪姿势（半自动步枪右手握上护木，成持枪立正姿势）。

（二）射击准备

射击准备主要包括向弹匣（夹）内装填子弹和采取各种射击姿势装退子弹。

1. 向弹匣（夹）内装子弹

射击前，应正确地向弹匣（夹）内装子弹。装弹时，左手握弹匣，使弹匣口向

上，挂耳向前，右手将子弹放于弹匣口，两手协力将子弹压入弹匣内（半自动步枪向弹夹上装弹）。

2. 卧姿装退子弹

听到"卧姿装子弹"的口令后，右手移握上护木，使枪口向前（背带从肩上脱下），左脚向右脚前迈出一大步（也可右脚顺脚尖方向迈出一大步），左臂伸出，稍向内弯，掌心向下（手指稍向右）撑地顺势卧倒，以身体左侧、左肘支持全身。右手将枪向目标方向送出，左手接握下护木，枪面稍向左，枪托着地，右手卸下空弹匣（弹匣口朝后、挂耳向下），交给左手握于护木右侧（半自动步枪右手拉枪机到定位），解开弹袋扣，换上实弹匣（图 7-11），将空弹匣装入弹袋内并扣好（半自动步枪将子弹夹插入弹夹槽，用食指或拇指将子弹压入弹仓，抽出弹夹），拇指打开保险，拉枪机送子弹上膛，关上保险。右手装定表尺（图 7-12），然后移握握把（半自动步枪移握枪颈），全身伏地，两脚分开约与肩同宽，目视前方，准备射击。

图 7-11　卧姿装子弹　　　　　　　　图 7-12　装定表尺

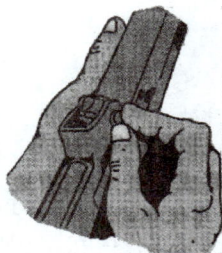

射击完毕，听到"退子弹起立"的口令后，身体稍向左侧，右手卸下实弹匣交给左手（半自动步枪打开弹仓，接住落下的子弹，装入弹袋），打开保险，拇指慢拉枪机向后，余指接住从膛内退出的子弹（图 7-13），送回枪机，将子弹压入弹匣内，解开弹袋扣，换上空弹匣，把实弹匣装入弹袋内并扣好，扣扳机，关保险，表尺分划归

图 7-13　接住退出的子弹

"3"，右手移握护木，将枪收回，同时左小臂向里合，屈左腿于右腿下，以左手和两脚撑起身体，右脚向前一大步，左脚再向前一步，左手反握护木，将枪倒置于胸前，右手挑起背带，在右脚靠拢左脚的同时，两手协力将枪送上右肩，恢复肩枪姿势。

3. 跪姿装退子弹

听到"跪姿装子弹"的口令后，右手移握上护木，使枪口向前（背带从肩上脱下），左脚向前方迈出一步，右手将枪向目标方向送出，左手接握下护木，同时右膝向右跪下，臀部坐在右脚跟上（或右小腿上），左小腿略垂直，两腿约成90°，左小臂放在左大腿上，枪面稍向左，准星约与肩同高。然后，按要领（56式冲锋枪先打开枪刺）换上实弹匣，打开保险，送子弹上膛，关保险，定表尺，右手握把，目视前方，准备射击。

跪姿退子弹起立的要领除身体姿势不同，其他动作与卧姿退子弹大体相同。

4. 立姿装退子弹

听到"立姿装子弹"的口令后，右手移握上护木，左脚向前方迈出一步，两脚分开约与肩同宽，右手将枪向目标方向送出（背带从肩上脱下）。左手接握下护木，左大臂紧靠左肋，枪托贴于右胯，准星约与肩同高，然后按要领（56 式冲锋枪先打开枪刺）换上实弹匣，打开保险，送子弹上膛，关保险，定表尺，右手握把，目视前方，准备射击。

立姿退子弹的要领除身体姿势不同，其他动作与卧姿退子弹大体相同。

二、据枪、瞄准、击发

在完成射击准备之后，一旦发现目标，就应正确地据枪，快速构成瞄准线，指向瞄准点，实施果断的击发。

（一）据枪

1. 有依托据枪

自然、稳固、持久地据枪是准确射击的基础，要想做到稳固和持久，就应尽量充分利用地形，进行有依托射击。

卧姿有依托据枪时，下护木放在依托物上，枪身要正，身体右侧与枪身略成一线。右手将保险机扳到所需的位置，虎口向前紧握握把（半自动步枪握枪颈），食指第一节靠在扳机上，右大臂略成垂直，右肘着地外撑，左手握护木（也可握弹匣），左肘着地外撑，两肘保持稳固，胸部挺起，身体稍前跟（右肘不离地），上体自然下塌，两手用力保持不变，使枪托切实抵于肩窝。头稍前倾，枪托自然贴腮（图 7 - 14）。

图 7 - 14　卧姿有依托据枪

跪姿有依托据枪时，通常跪左膝，右膝紧靠依托物前崖或右脚向后蹬。也可跪双膝，上体紧靠依托物前崖，两肘抵在臂座上。

立姿有依托据枪时，上体左前侧紧靠依托物前崖，左腿微屈，右脚向右后蹬，两肘抵在臂座上。

2. 无依托据枪

在战场上不可能时时处处都有依托物可利用，因此我们还应掌握无依托据枪的动作。

卧姿无依托据枪时，左手托握下护木或握弹匣，小臂尽量里合于枪身下方，小臂与大臂约成 90°角，将枪自然托住。右手握握把（半自动步枪握枪颈），右臂约成垂直，两肘保持稳固，两手正直向后用力，使枪托切实抵于肩窝，自然贴腮（图 7 - 15）。

图 7 - 15　卧姿无依托据枪

　　跪姿无依托据枪时，左手移握下护木或弹匣，左肘放于左膝盖上，使枪、左小臂和左小腿略在同一垂直面上，右手握握把，大臂自然下垂，上体稍向前倾，两手正直向后用力，使枪托切实抵于肩窝（图7-16）。

　　立姿无依托据枪时，左手移握弹匣，大臂紧靠左胁。小臂尽量里合于枪身下方，也可左手托下护木，大臂不靠左胁。右手握握把，大臂自然抬起，两手正直向后用力，使枪托确实抵于肩窝（图7-17）。

图7-16　跪姿无依托据枪　　　　图7-17　立姿无依托据枪

（二）瞄准

　　正确的瞄准是整个射击过程的重要环节。其方法是：右眼通视缺口和准星，使准星位于缺口中央，准星尖与缺口上沿平齐，指向瞄准点。此时，正确瞄准景况是准星与缺口的平正关系看得清楚，而目标看得较模糊。

　　如果准星与缺口关系不正确，对射弹命中目标影响很大，准星偏哪儿，弹着偏哪儿（图7-18）。如准星尖在缺口内偏差1毫米，自动步枪弹着点在100米距离上的偏差为32厘米，距离增加几倍，偏差量就增大几倍；若准星与缺口的关系正确，而瞄准点产生偏差，射弹也会产生偏差；枪面倾斜对命中精度也有一定影响，枪面偏左，射弹偏左下；枪面偏右，射弹偏右下。

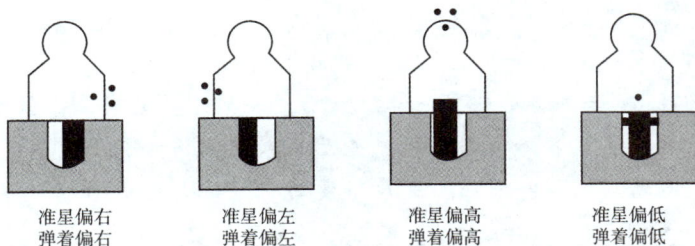

准星偏右　　　　准星偏左　　　　准星偏高　　　　准星偏低
弹着偏右　　　　弹着偏左　　　　弹着偏高　　　　弹着偏低

图7-18　准星与缺口关系不正确对命中的影响

（三）击发

　　击发是完成射击的最后一个环节。均匀正直地击发是准确射击的关键，击发动作的正确与否直接关系到射击的效果。因此，必须准确掌握击发的动作要领。

击发时，射手用右手食指第一指节均匀正直地向后扣压扳机（食指内侧与枪机应有一点空隙），余指力量不变。当瞄准线接近瞄准点时，开始预扣扳机，并减缓呼吸。当瞄准线指向瞄准点时，应停止呼吸，继续增加对扳机的压力，直至击发，击发瞬间应保持正确一致的瞄准。若瞄准线偏离瞄准点或不能继续停止呼吸时，应既不增加也不放松对扳机的压力，待修正或换气后，再继续扣压扳机，完成击发。操纵点射时，应稳扣快松，扣到底松开为 2～3 发。在扣扳机的过程中，应始终保持姿势稳固，操枪力量不变，以提高连发射击的命中率。

军海泛舟

射击成绩平平的连队出"大招"实弹考核得第一

2016 年 9 月中旬，中部战区陆军某旅实弹射击考核现场（图 7 - 19）爆出冷门：射击成绩并不突出的炮一连，意外夺得综合成绩第一名。这是怎么回事？原来耐人寻味的细节发生在最后一轮射击。

"快速组织对 09 号目标实施压制。"考核组下达考核条件，却没有下达射击方法。按照以往惯例，上级会明确射击方法，参考的分队指挥员不用过多思考判断，只需按部就班地作出"解答"，就可实施射击。习惯了平时"让怎么打就怎么打"的靶场环境，一些平时指挥部队打得不错的连长，此时却在选择射击方法上犹豫不决。

图 7 - 19　该旅火炮群对"敌"阵地实施火力覆盖射击

时间一分一秒流逝，当其他连长还在紧张计算诸元的时候，炮一连连长率先下达口令，炮弹脱膛而出，弹群覆盖目标区域，炮一连率先完成射击任务。在指挥所里，一连长果断处置，采取精度稍差、但在速度上优势明显的"简易法"，放弃了较为耗时的"精密法"。当前战术背景下，时间紧迫，"简易法"决定诸元的作业条件完全具备，因此，他采取以快制敌的办法。

"炮一连，综合成绩第一。"讲评会上，成绩刚一宣布，就引发官兵争议。原来，前 5 轮射击，各连射击成绩相差无几，且炮一连在最后的第 6 轮射击中成绩平平，凭啥得第一？然而，随后下发的"考核成绩明细单"却让原先颇有怨言的营连长们一下子心服口服。"决定射击开始诸元时间过长减 10 分；冗余纠错贻误战机减 10 分……"考核标准不只强调射击环数，还考虑战场背景，如此一来，评定结果一目了然。

"今天的考场连着明天的战场，不按实战练，打十环也没用！"该旅领导的话掷地有声，如果平时用"靶场思维"组织训练考评，上了战场就会贻害无穷。

告别"练为看"转向"练为战"，告别"花拳绣腿"转向"真刀真枪"，就必须用"战场法则"破除"靶场思维"。

基于这样的认识，这次实弹射击考核，该旅按打仗要求优化考评标准，梳理出了 36 个考核评分点并规定了具体分值，使考核真正促进战斗力提升。走下射击场，许多官兵感慨："考核成绩虽然不理想，但实战味更浓，得到的锻炼更多、提高更大！"

三、射击时常见错误及纠正方法

（一）抵肩、贴腮位置不正确

射击时，射手若不能正确地抵肩、贴腮，会使射弹产生偏差。在通常情况下，抵肩过低易打低，抵肩过高易打高。贴腮用力过大易打左高。

纠正方法：要反复体会正确的抵肩位置，并通过他人摸、推的方法检查抵肩位置是否正确，强调贴腮要自然。

（二）两手用力不当

射击时，射手为了命中目标，往往以强力控制枪的晃动，造成肌肉紧张、用力方向不正、姿势不稳，使枪产生角度摆动，增大射弹散布。

纠正方法：应强调据枪时正直向后适当用力，使用力与后坐方向一致。

（三）击发时机掌握不好

无依托射击时，有的射手常为捕捉瞄准点，造成勉强击发或猛扣扳机。

纠正方法：应强调首先选择好瞄准点，并指出瞄准线的指向在瞄准点附近轻微晃动时，应达到适时击发；练习时可让射手反复体会在保持准星与缺口平正关系的基础上，自然指向瞄准点的景况；不断摸索枪的晃动规律，掌握击发时机。

（四）停止呼吸过早

射击时，停止呼吸过早，易造成憋气，使肌肉颤动、据枪不稳或猛扣扳机。

纠正方法：应使射手反复体会瞄准线指向在瞄准点附近轻微晃动时自然停止呼吸的要领；在剧烈运动后无法按正常情况停止呼吸时，应进行深呼吸后再停止呼吸。

（五）耸肩、眨眼和猛扣扳机

射击时，由于射手过多地考虑枪响时机、点射弹数、射击成绩等，造成心情紧张，产生耸肩、眨眼和猛扣扳机等错误动作，影响射弹命中。

纠正方法：应强调按要领操作，把主要精力、视力集中在准星与缺口的正确关系上，达到自然击发。

（六）枪面倾斜

瞄准时，如枪面偏左（右），射角减小，枪身轴线指向瞄准点左（右）边，射击

时，弹着偏左（右）下。

纠正方法：强调射手据枪应保持枪面平正。

四、实弹射击有关规定和安全措施

（一）实弹射击的一般规定

（1）各种武器对不动目标的实弹射击，可在良好天气条件下实施；其他练习，不受天气条件的限制，应结合担负的任务实施，特别要探讨恶劣气候条件下的射击与射击指挥。

（2）实弹射击时，必须使用手中武器，如因武器机件损坏或射效不合格而又无法矫正，射手需要更换武器时，必须经有关领导批准。

（3）目标设置，除胸环靶纸可留白边外，其他靶型的靶纸一律不准留白边，并不得以胸环靶代替胸靶。

（4）组织实弹射击时，射手进到出发地线后，指挥员令发弹员发弹，并规定射击目标，发出准备射击信号，待靶壕出示红旗或用其他规定的方法发出可以射击的信号后，下达向射击地线前进的口令。射手进入射击地线后，按指挥员的口令做好射击准备。指挥员按规定时间发出开始射击的口令或显示目标的信号，射手即行射击，射击完毕在原地验枪。验枪后，发出报（检）靶信号。

（5）战斗射击，是融技术、战术于一体的射击练习，目标设置要尽量符合战术要求，锻炼射手在近似实战条件下，独立地观察目标、测定距离、装定表尺、选择姿势，迅速准确地消灭各种目标的技能。

（6）凡规定有点射次数的射击，每出现一次单发，算一次点射。超过一次点射，降低成绩一等。凡有时间限制的练习，规定时间一到，指挥员应立即下达停止射击的口令，射手应立即停止射击。

（7）射击中发生故障，如属射手操作原因，应自行排除后继续射击；如属武器、弹药或靶子等原因，扣除排除故障的时间，补发弹药后继续射击，如条件不允许，也可重新射击。

（8）对胸环靶射击时，命中环线算内环。跳弹命中靶子不算成绩。射手打错靶算脱靶。被打错者，如当时能判明打错的弹着点，即扣除；如当时不能判明打错的弹着点，应扣除超过发射弹数的弹着，如系环靶，扣除环数最少的弹着。

（二）射击场的组织和安全规则

（1）射击场必须具备可靠的靶档和确保安全的靶壕及掩蔽部，并应避开高压线和其他重要设施。

（2）实弹射击前，必须仔细搜索靶场警戒区，派出警戒，设置警戒旗。必要时，应预先将射击开始和结束的时间、危险区域及射击场有关信号，通知当地有关单位。

（3）射击前后必须验枪。无论枪内有无子弹，射手都不得将枪口对人。严禁将

装有实弹的武器随意放置或交给他人。严禁将实弹和教练弹混在一起。没有指挥员的命令，射手不得装弹。报靶时，严禁在射击地线摆弄武器或向靶区瞄准。

（4）射击前，应向全体人员明确规定开始射击、停止射击、报靶和射击终止等各种信号。

（5）射击场应标示出发地线和射击地线，无关人员不得越过出发地线。

（6）发出准备射击信号后，示靶人员应迅速隐蔽并出示红旗，未经射击场指挥员的许可，不得下令射击。靶壕内若发生特殊情况需立即停止射击时，应出示白旗或用其他规定的方法向指挥员报告。射手看到白旗或听到停止射击的口令，应立即停止射击，并关保险。

思考题

1. 什么是轻武器？
2. 简述弹道的基本要素。
3. 如何修正外界条件对射击的不利影响？

第八章　军事战术

战术是进行战斗的方法，主要包括战术基本原则、兵力部署、协同动作、战斗指挥、战斗行动方法和各种战斗保障措施等。本章主要介绍战斗类型和战斗样式、战斗基本原则和单兵战术基础动作等内容。

第一节　战斗类型和战斗样式

战斗是兵团或部队、分队在较短时间和较小空间内进行的有组织的作战行动。

一、战斗类型

战斗类型是按战斗性质所作的分类，可分为进攻战斗和防御战斗两种。

（一）进攻战斗

进攻战斗，是主动攻击敌人的战斗。其目的是歼灭敌人，攻占重要地区和目标。进攻战斗具有优势性、主动性、机动性、坚决性等基本特征。其基本任务可能为下列之一：突破敌人阵地（图8-1），消灭防御之敌，夺占重要地区或目标；攻歼驻止、运动之敌；破袭敌人的交通运输线或重要目标；攻占敌纵深要点，割裂敌部署，断敌退路，阻敌增援，配合主力围歼敌人。

图8-1　军事演练中成功突破敌方阵地

进攻战斗可在与敌直接接触的情况下开始实施，也可在与敌非直接接触的情况下开始实施。无论在哪种情况下开始实施的进攻，都应当周密地组织侦察，正确地选定主要进攻方向和集中使用兵力，建立有重点的纵深、立体、梯次而又疏散的战斗部署，组织好各部（分）队、各兵种及陆空之间的协同动作和各种保障，迅速完成各项准备，隐蔽、突然地发起攻击，突破后还要善于实施包围迂回，穿插分割，垂直打击，各个歼灭敌人。

（二）防御战斗

防御战斗，是抗击敌人进攻的战斗。目的是大量杀伤、消耗、迟滞敌人，扼守阵地，争取时间，为直接转入进攻或保障其他方向的进攻创造条件。防御战斗具有目的相对有限、空间相对固定、以弱抗强、行动相对被动、注重依托地形等特征。

其基本任务可能为下列之一：保卫重要目标或地区；迟滞、消耗、钳制、吸引敌人，创造歼敌的有利战机或掩护主力进攻；阻敌增援、突围或退却；巩固占领的地区，抗击敌人反冲击或保障主力翼侧安全；掩护主力集中、机动或休整。

　　防御一方通常在兵力兵器对比上处于劣势，其战斗行动受进攻一方制约较大，不得不经常处于高度紧张的状态，要随时准备抗击敌人从任何方向实施的突击。一方面，防御战斗虽然是一种被动形式，但它在被动的形式中具有主动的内容，而且能够由形式上的被动阶段转入形式上、内容上的主动阶段。这是因为战术上的防御手段，都是直接或间接地为进攻服务的，都是为整个战斗或战役全局服务的，这是防御战斗具有主动内容的一个重要方面。另一方面，防御本身也不是单纯采用被动挨打的防御战法，而是要善于从机动中积聚力量，善于把顽强坚守与积极反击结合起来，以必要的攻势行动大量杀伤、消耗敌人。因此，防御战斗必须树立全局观念和积极顽强的思想，善于根据信息化条件下战斗的特点，充分利用有利地形，巧妙地布设阵地、部署兵力、组织火力、构筑工事、设置障碍物，采取各种防护和保障措施(图8-2)，构成全纵深、全方位、立体、有重点的防御体系，并把严密防护与积极打击结合起来，把顽强抗击与积极反击结合起来，把正面抗击与侧后袭击及阵地伏击结合起来，把阵地坚守与机动抗击结合起来，把地面抗击与防空作战结合起来，灵活机动地使用兵力、火力、障碍器材及其他各种手段，各个击破敌人的进攻。

图8-2　警戒布防

(三) 进攻战斗与防御战斗的关系

　　进攻战斗和防御战斗是战斗中最基本的一对矛盾，具有相互对立、相互统一的辩证关系。进攻和防御的对立，表现为两者的相互区别和相互排斥。在战斗目的上，进攻是为了歼灭敌人，攻占重要地区或目标；防御是为了保存力量，坚守重要地区或目标。在战斗行动上，进攻是为了突破对方的防御，防御是为了阻止对方的进攻。进攻和防御的统一，表现为两者相互依存、相互渗透和相互转化。进攻和防御不是单一的状态，它们相互包含、相互贯通，攻中有防，防中有攻，攻防一体，融合趋势明显，这一点在信息化条件下表现得更加明显。但从战斗性质和根本目的上看，两种类型的界限仍然是明确的。进攻和防御的地位并不是一成不变的，在一定的条件下可以相互转化，当进攻达到顶点或失去相应条件时则会转入防御，当防御具备相应条件时也可以转入进攻。进攻和防御的矛盾运动，推动它们不断由低级形态向高级形态发展。进攻的发展变化，必然导致防御的发展变化；同样，防御的发展变化，又反过来作用于进攻的发展变化。

二、战斗样式

战斗样式，是在战斗类型基础上所作的进一步分类。战斗样式通常按照敌情、地形、气候、行动方式等不同情况进行划分。

（一）进攻战斗样式

进攻战斗样式，是对进攻战斗所作的分类。按敌人的行动性质和状态，通常区分为阵地进攻战斗、对机动防御之敌进攻战斗、对立足未稳之敌进攻战斗。对于有准备防御之敌的阵地进攻战斗，根据敌防御组织的完善程度和方式不同，可区分为对野战阵地防御之敌的进攻战斗和对坚固阵地防御之敌的进攻战斗。对机动防御之敌进攻战斗，包括伏击战斗、遭遇战斗、追击战斗等。对立足未稳之敌的进攻战斗，包括对临时驻止之敌的进攻战斗、对空降着陆之敌的进攻战斗和对登陆上岸尚不巩固之敌的进攻战斗等。由于战斗地区的地形、气象条件不同，又可区分为一般条件下的进攻战斗和特殊条件下的进攻战斗。特殊条件下的进攻战斗，按照战场地形条件，可区分为登陆（图 8-3）、城市、山地、荒漠、草原、渡江河、水网稻田地进攻战斗等；按战场气象条件，可区分为高寒地区进攻战斗和热带

图 8-3　登陆作战

山岳丛林地进攻战斗等；按照战斗时间，可区分为昼间进攻战斗和夜间进攻战斗等。

（二）防御战斗样式

防御战斗样式，是对防御战斗所作的分类。依据防御的目的和防御准备的程度，可分为阵地防御战斗、机动防御战斗和仓促防御战斗等。阵地防御战斗按阵地性质的不同，又可分为野战阵地防御战斗和坚固阵地防御战斗。按作战地形、气象和时间的不同，可区分为一般条件下防御战斗和特殊条件下防御战斗。特殊条件下防御战斗，按照战场地形条件，可区分山地、平原地、高原地、城市、山林地、荒漠、草原、热带山岳丛林地、海岸、岛屿、江河、水网稻田地防御战斗等；按照战场气象条件，可区分为热带地区防御战斗和严寒地区防御战斗等；按照作战时间，可区分为昼间防御战斗和夜间防御战斗等。

第二节　战术基本原则

战术原则是战斗行动所依据的法则或标准。我军的战术原则既反映了我军的传统战法，以达到消灭敌人、保存自己的目的，又反映了现代战斗的特点，其核心是打歼灭战。其主要内容如下：

一、目的明确

保存自己、消灭敌人，是战斗的基本目的，也是战斗的基本原则，是其他一切战术原则的根据。一切战斗行动，都是为保存自己、消灭敌人而进行的。不消灭敌人就不能保存自己，保存自己最有效的手段是消灭敌人，因此，消灭敌人是主要的，保存自己是第二位的。不论在哪种场合或时节，分队的一切战斗行动，都应力求以尽可能少的损失，消灭尽可能多的敌人。特殊情况下，当战斗全局需要时，分队则应不惜牺牲一切，以换取全局的胜利。

二、知彼知己

知彼知己，是正确指导战斗的基础。对敌人，除根据上级的情报进行研究外，在受领战斗任务后，必须迅速组织并亲自进行侦察，切实查明当前敌人的兵力、部署，判明敌人的行动性质、企图及其可能采取的战斗行动样式，找出敌人的强点和弱点，力求"明于知彼"；对自己，作为分队指挥员应确切了解上级的意图及对本分队的支援，了解友邻的情况，做到"明于知己"。然后，将敌我情况和地形、天气等联系起来综合判断，比较完成任务的有利条件和不利条件，找出克敌制胜的战斗行动方案。战斗中，应不断掌握当前敌我情况的变化，适时修正或定下新的决心，力求使自己的战斗行动符合变化着的客观情况。

三、集中兵力

集中兵力、火力，各个歼灭敌人，是分队克敌制胜的基本战斗方法。无论进攻或防御，分队都应集中自己的兵力、火力，打击一个主要目标，求得先打击或消灭当前敌人的一部分，钳制其另一部分；然后再转移兵力、火力打击另一部分敌人，以达到各个歼灭敌人的目的。

四、主动灵活

善于观察战场情况与态势，主动、灵活地指挥分队的战斗行动，是指挥战斗的基本要求。现代战场情况复杂、变化迅速。分队指挥员必须以敏锐的观察判断力，不断地观察战场情况，判断敌我情势，及时发现、利用敌人的弱点和错误，在上级总的意图下，积极大胆地机动兵力、火力，不失时机地打击敌人。当情况急剧变化，又与上级中断联络时，应勇于负责，采取适应当时情况的战术行动，克敌制胜。当处于被动地位时，应及时果断地采取有效措施，迅速扭转被动，恢复主动。

相关链接：

《长征》：战史奇观之四渡赤水

五、出敌不意

出敌不意的行动，可以改变敌对双方优劣形势，使敌人丧失优势和主动，以小的代价夺取大的胜利。现代技术特别是高技术条件下，需周密侦察，发现敌人的弱点，掌握其行动规律；采取有效的伪装和保密措施，实施兵力、火力、电子佯动，欺骗迷惑敌人，造成敌人的错觉，隐蔽己方意图和行动；利用夜暗、不良天气或有利地形，隐蔽、迅速地接近敌人，在敌意想不到的时间和地点，集中实施兵力、火力突击和电子干扰；乘敌混乱和协调失灵之际，不失时机地歼灭敌人。

相关链接：

彩色二战：闪电大战

六、密切协同

现代技术特别是高技术条件下，参战部队需贯彻统一的战术思想，实行集中统一的指挥；指挥员在熟识军种、兵种特长和各部队战斗力以及各种武器装备的性能和使用方法的基础上，根据上级意图，合理部署兵力，恰当区分任务；部队需正确理解上级的意图，坚决贯彻上级决心，严格执行协同计划，遵守协同纪律，主动配合，相互支援（图8－4）。战斗中，运用指挥、控制、通信、情报系统实施指挥和协调部队的行动，不间断协调地面攻击与空中突击、前沿战斗

图8－4　步兵与坦克协同占领阵地

与纵深打击的行动，使火力、突击、机动、电子对抗和防护紧密结合。

七、勇猛顽强

勇猛顽强，近战夜战，是我军步兵的优良传统、作风和战法，在现代战斗中仍是战胜敌人的重要因素。近战夜战不仅能限制和减弱敌军技术装备优势的发挥，而且适宜发挥我军步兵的特长。夜间进攻时，步兵分队要善于利用夜暗和地形，隐蔽迅速地接近敌人，突然发起冲击，以近战火力和爆破器材摧毁敌坦克，消灭敌步兵。防御时，步兵分队应善于利用地形、工事，严密伪装，隐蔽人员和火器，减少敌火力对我的损伤，保存战斗力；待敌迫近时，以突然猛烈的近战火力和勇敢的反冲击，击毁敌坦克，消灭敌步兵，顽强地守住阵地，挫败敌人的进攻。

指挥员必须根据上级批示（计划）和自己的决心，周密组织协同动作，树立高度整体观念，严格遵守协同动作规定，保持不间断的通信联络，坚决按计划完成所受领的任务，并主动配合，互相支援。战斗中，指挥员应根据情况变化，适时协调

各分队行动，协同动作一旦遭到破坏，应及时恢复。

八、全面保障

分队的战斗行动，除由上级采取措施予以保障外，还要自身组织好战斗物资和技术保障。分队的战斗保障包括侦察（观察）、警戒、防核生化及燃烧武器、通信联络、工程作业和伪装等。分队的物资技术保障包括供给（给养、弹药、油料、武器、器材等的补给）、卫生、技术维修等勤务。

第三节　单兵战术基础动作

士兵要想在战场上有效地躲避敌人火力并杀伤和消灭敌人，就必须熟练掌握和灵活地应用战术基础动作。

一、持枪

持枪，是指士兵在战斗中携带枪支的动作和方法（这里讲的"持枪"与前面武器操作中所讲的"持枪"有所不同，这里特指战斗行动中的持枪）。持枪时要做到：便于运动、便于卧倒、便于观察、便于射击。在不同的地形和距离条件下，士兵根据敌情和任务可灵活采用不同的持枪动作。

（一）单手持枪

右臂微屈，右手虎口正对上护木握枪（背带上挑压于拇指下），用五指的握力将枪身固定，枪身轴线与地面略成45°，枪身距身体约10厘米。左臂自然下垂，运动时自然摆动。

（二）单手擎枪

右手正握握把，食指微接扳机，将枪置于身体的右侧，枪口向上，机匣盖末端贴于肩窝，枪身微向前倾，枪面向右大臂里合，枪托贴于右胁（枪托折叠时除外），背带自然下垂，目视前方，左手自然下垂或攀扶，运动时自然摆动。

（三）双手持枪

左手托握下护木或握弹匣弯曲部，右手握握把，食指微接扳机，将枪身置于胸前，枪口向前，枪身略成水平，背带自然下垂或挂在后颈上。

（四）双手擎枪

在单手擎枪基础上，左手托握下护木或弹匣弯曲部，枪身略低，枪口对向前上方，背带自然下垂或压于左手下，身体与射向略成30°。

二、卧倒、起立

（一）卧倒

在战场上，士兵如突遭敌火力袭（射）击，应迅速卧倒，防止被火力杀伤。卧

倒分三种基本动作：双手持枪卧倒、单手持枪卧倒和徒手卧倒。

双手持枪卧倒时（图8-5），左脚向前一步，上体前倾，重心前移，按左膝、左肘、左小臂的顺序着地，然后转体，在全身伏地的同时，两手协力将枪向目标方向送出。地面松软时也可按双膝、双肘、腹部的顺序扑地卧倒。

单手持枪卧倒时，左脚（也可右脚）向前迈出一大步，同时身体前倾，按手、膝、

图8-5　双手持枪卧倒

肘的顺序侧卧，右手将枪向目标方向送出，左手接握下护木或弹匣弯曲部，全身伏地持枪射击。持筒时的动作与此大体相同。

徒手卧倒时的动作与单手持枪卧倒动作基本相同，只是卧倒后，两手掌心向下放置于头部的两侧或交叉于胸前，两腿自然伸直和分开。

（二）起立

双手持枪起立时，应首先观察前方情况，然后迅速收腹、提臀，用肘、膝支起身体，左脚先上步，右脚顺势跟进，双手持枪继续前进。

单手持枪时，右手移握上护木收枪，同时左小臂屈回并侧身，然后用臂、腿的协力撑起身体，右脚向前一大步，左脚顺势跟进，继续携枪前进。

徒手起立时，按单手持枪的动作进行。也可双手撑起身体，同时左（右）脚向前迈步起立。然后继续前进。

三、前进

（一）屈身前进

屈身前进是战场上接敌最常用的一种运动动作，可分为慢进和快进两种姿势。

屈身慢进，通常是在距敌较远，有超过人身高或超过大部分人身高的遮蔽物，以及敌情不明或敌火威胁不大的情况下采用。运动时，通常是双手持枪（也可单手持枪），上体前倾，两腿弯曲，屈身程度视遮蔽物的遮蔽程度而定，头部一般不可高出遮蔽物。前进时，注意观察敌情，保持正常速度前进。

屈身快进（也可称为跃进），通常是在距敌较近，通过开阔地或敌火力控制区时采用。快进前，应先观察敌情和地形，选择好路线和暂停位置，然后起立快速前进。运动中，通常是单手持枪（也可双手持枪），枪口朝向前上方，并注意继续观察敌情。前进的距离掌握在15~30米为宜。当进至暂停位置或运动中遇敌火力威胁时，应迅速就地隐蔽或卧倒，做好射击或继续前进的准备。

（二）匍匐前进

士兵在敌火力威胁较大且自身处于卧倒状态时，如发现近处（10米以内）有地形或遮蔽物可利用，可采用匍匐前进的运动姿势向其靠近。根据地形和遮蔽物的高低，匍匐前进又分为低姿匍匐、侧身匍匐和高姿匍匐三种姿势。

1. 低姿匍匐

低姿匍匐是身体平趴地面并降低至最低程度的运动方式（图8-6），一般是在前方遮蔽物高约40厘米时采用。

低姿匍匐携自动步枪的方法有两种：一种是右手掌心向虎口卡住机柄，五指握枪身和背带，将枪置于右小臂；另一种是右手食指卡握枪背带上环处，并握枪管，余指握背带，机柄向上，将枪置于右小臂外侧。行进时，身体腹部贴于地面，头稍微抬起，屈回

图8-6　低姿匍匐前进

右腿，伸出左手，用右脚内侧的蹬力和左手的扒力使身体前移，然后再屈回左腿，伸出右手，用左脚的蹬力和右手的扒力使身体继续前移，依次交替前进。

徒手的低姿匍匐动作与持枪的低姿匍匐动作基本相同。

2. 侧身匍匐

侧身匍匐是在前方的遮蔽物高约60厘米时所采用的运动方式，其特点是运动的速度稍快，但姿势偏高。

携自动步枪侧身匍匐前进的动作（图8-7）：右手前伸握护木将枪收回，同时侧身，使身体左大腿外侧着地，左小臂前伸着地，左大臂前倾支撑上体，左腿弯曲，右脚收回靠近臀部着地，以左大臂的支撑力和右脚蹬力带动身体前移。

如果前方遮蔽物高80～100厘米时，也可采取高姿侧身匍匐。其动作：左手和左小腿外侧着地，以左手的支撑力和右脚的蹬力使身体前移。

图8-7　携自动步枪侧身匍匐前进

徒手侧身匍匐动作与持枪侧身匍匐动作大体相同。

3. 高姿匍匐

高姿匍匐一般在前方的遮蔽物高约80厘米时采用。

持枪高姿匍匐前进的动作：左手握护木，右手握枪颈，将枪横托于胸前，枪口离地，用两肘和两膝支撑身体，然后依次前移左肘和右膝、右肘和左膝，如此交替前移。有时也可采取低姿匍匐的携枪方法。

徒手的高姿匍匐动作与持枪的高姿匍匐动作基本相同。

无论采取哪种匍匐姿势，运动到预定位置或适当的距离，都应迅速卧倒隐蔽，视情况出枪射击。

（三）滚进

滚进通常在为避开敌侦察、射击而左右移动或通过棱线时采用。在卧倒基础上滚进时，将枪保险关上，左手握表尺上方，右手握枪颈附近或两手握上护木，枪面向右，顺置于胸、腹前抱紧，两臂尽量向里合，两脚腕交叉或紧紧并拢，全身用力向移动方向滚进。到达预定位置迅速出枪呈卧姿射击姿势或卧姿隐蔽姿势。

直（曲）身前进中需要滚进时，应左（右）脚向前一大步，左手在左（右）脚外（内）侧着地，身体尽量下塌，右手将枪挽于小臂内，枪面向右，身体向右（左）转，在右（左）臂、肩着地同时，向右（左）滚进。滚进时，右（左）腿伸直，左（右）腿微曲，滚进距离较长时可两腿夹紧。当滚进到适当位置后，如需射击，应迅速出枪，成卧姿射击姿势，需要跃起前进时，以左手的支撑力和身体右（左）转动的力量将身体支起，同时上右（左）脚前进。

四、利用地形、地物

地形、地物是地面上防敌火力袭击最好的遮蔽物体。士兵在利用地形地物时，要根据遮蔽物的高低、大小、形状、敌火力的威胁程度等情况，采取适当的姿势利用死角防护。应做到：快速接近，细致观察，隐蔽防护，敌火力减弱时，视情况灵活地变换位置。

利用堤坎、田埂时，由于其是横向地物，应利用背敌斜面，根据地物的高低采取不同姿势隐蔽防护。田埂低，应横向卧倒，身体紧贴田埂。堤坎高，也可采取跪、蹲、坐、立等姿势进行防护。需要射击时，可利用堤坎的右侧或顶部。

利用较大土堆时，应横向卧倒，身体一侧紧贴在土堆的背敌斜面上。如土堆较小时，也可纵向卧倒，头紧靠土堆。需要射击时，可利用土堆的右侧和顶部。

利用土（弹）坑、沟渠时，通常利用其前沿和底部，纵向沟渠利用弯曲部；根据敌情和坑的大小、深度，可采取跳、滚、匍匐等方法进入。在坑里可采取卧、跪、仰等各种姿势实施防护。待敌火力减弱时才能实施观察和射击。

利用树木（图8-8），可以有效防敌直瞄和间瞄火力的杀伤。利用树木防护时，通常利用其背敌面，树干粗（直径50厘米以上），可取卧、跪、立各种姿势。树干细，通常采用卧姿利用根部。

图8-8　利用树木立姿射击

利用各种工事可以起到很好的防护作用。所谓工事，是为作战而构筑的防护性建筑物，如各种射击掩体、堑壕、交通壕、掩蔽部、崖孔（猫耳洞）、地堡、坑（地道）等有很好的防护作用。士兵在工事内或在阵地附近行动而遭敌机、炮火力袭击时，要听信号和命令迅速进入隐蔽部或坑（地）道防护。如来不及进入隐蔽部，应迅速在壕内卧倒或采取适当姿势防护（有掩盖的堑壕、交通壕防护效

果更好）。利用单人掩体防护时，应将随身武器迅速收回，靠至胸前，采取坐、跪、蹲等适当姿势防护。如时间允许，士兵应沿堑壕或交通壕快速进入掩蔽部、崖孔（猫耳洞）内。

利用建筑物防护效果也很好。当收到敌机、炮火力袭击警报和号令时，应利用墙根、房角、床、桌等物体，采取下蹲或卧倒姿势进行防护。但要尽可能避开易倒塌、易燃烧的建筑物，不要在独立明显或敌方可能会重点攻击的建筑物内隐蔽防护，以免造成间接伤害。如发现敌精确制导武器向防护的建筑物袭来，士兵应迅速离开建筑物进行躲藏，并利用其他地形实施防护。在建筑物内防护需要射击时，应尽可能靠近门窗口，采取适当姿势射击。

五、在敌火下运动

士兵在敌火下运动时，应根据敌情、任务，善于利用地形，灵活地采取不同的运动姿势和方法，正确处理各种情况，迅速隐蔽地接敌或实施机动，运动、火力、防护三结合，免遭敌火杀伤。

（一）通过各种地形的动作

1. 通过开阔地

距敌较远时，通常应持枪（筒）快步通过（图 8－9）；距敌较近、敌火封锁较严时，应趁敌火中断、减弱、转移和我火力压制等有利时机跃进通过。

2. 通过通路

通常应选择在拐弯处、涵洞、树木等隐蔽地点迅速通过。若敌火力威胁不大，可不

图 8－9　持枪快步通过开阔地

停顿地快跑通过；敌火力封锁较严时，应先隐蔽接近，周密观察道路的情况和敌火规律，然后突然跃起，快速通过。沿街巷运动时，应根据敌情、任务、地形，采取不同的运动方法。通常在我火力掩护下，沿街巷一侧隐蔽前进；也可房上房下交替掩护前进；还可以打通墙壁，穿越庭院迂回前进。

3. 通过隘路、山垭口

如敌火力威胁不大，可快步通过；敌火封锁较严时，应隐蔽观察敌火封锁规律，趁敌火间隙或沿隐蔽的一侧快跑或跃进通过，尽量减少停留时间。

4. 通过冲沟

较大纵向冲沟通常应沿一侧的斜坡前进，尽量不要走沟底，以便观察和处理情况；横向的冲沟应快速通过，遇有断绝的应绕行，或与友邻协同搭人梯通过。如敌火封锁时，应利用冲沟两侧的沟岔、弹坑跃进通过。

5. 通过乱石地、灌木林、沼泽地等

应周密观察，保持前进方向，并与友邻协同配合，及早发现情况，做好对突然

出现之敌迅速射击的准备。

（二）遭敌机轰炸、扫射时的动作

当敌机轰炸时，士兵应按上级命令快速前进，或立即利用地形、地物隐蔽，待炸弹爆炸后继续前进；还可利用敌机投弹间隙迅速前进。当敌武装直升机发射火箭或扫射时，士兵应立即利用地形、地物隐蔽；或根据上级统一口令，抓住敌武装直升机悬停、俯冲扫射等有利时机进行对空射击。

（三）遭敌核生化武器袭击时的动作

当士兵接到敌核武器袭击警报时，应根据命令，迅速隐蔽或继续前进，随时做好防护准备；当发现核爆炸闪光时，应迅速防护，冲击波一过，视情况穿戴防护器材，迅速前进。

士兵接到化学袭击警报或遭敌化学袭击时，应立即穿戴防护器材或利用就便器材进行防护；如遇染毒地段时（图8-10），应穿戴防护器材迅速通过或根据上级指示绕过。

图8-10　通过染毒地带训练

当敌对我施放生物战剂气溶胶时，士兵应戴防毒面具或戴简易防护口罩、自制防护眼镜、风镜等，做好对呼吸道、面部和眼睛的防护，如敌投掷带菌媒介物时，应戴手套、穿靴套、披上斗篷或穿上雨衣，扎紧袖口、领口、裤脚口，以防生物战剂气溶胶和带菌昆虫叮咬皮肤。如有隐蔽工事，应立即进入工事进行防护。

（四）遭敌炮火袭击时的动作

士兵在接敌时要随时准备防敌炮火袭击，当遭到敌零星炮火袭击时，要注意听、看，快速前进，如判断炮弹可能在附近爆炸，应立即卧倒，待炮弹爆炸后继续前进；当遭敌猛烈炮火袭击时，应趁炮弹爆炸的间隙，利用弹坑和有利地形逐次跃进；当通过敌炮火封锁区时，士兵应观察敌炮火封锁的规律，利用敌人射击间隙跑步通过，如封锁区不大，也可绕过。

士兵在防炮火袭击时也必须防敌化学弹的杀伤。当发现敌化学炮弹爆炸时，应立即利用地形，采取蹲、跪姿（如地面尚未染毒，也可采取卧姿）穿戴防护器材，然后快速通过。

（五）遭敌机枪、自动步枪火力封锁时的动作

当遭敌机枪、自动步枪火力封锁时，士兵应利用地形、地物隐蔽，抓住敌火中断、减弱、转移等有利时机迅速前进，也可采取迷惑、欺骗和不规则的行动，转移敌视线，突然隐蔽地前进，或以火力消灭敌人后迅速前进。

（六）遇敌雷区、定时炸弹、电子侦察器材时的动作

遇敌雷区或定时炸弹时，士兵应迅速报告上级并进行标示，按照班（组）长的口令排除或绕过。对敌设置（投放）的电子侦察器材，应迅速排除。排除时，应先查明是否设置爆炸物，然后视情况将其排除或炸毁。

六、冲击

士兵冲击时，必须具有压倒一切敌人的气概，冲入敌阵，坚决消灭敌人，击毁敌人的坦克。

（一）通过通路时的动作

士兵听到"冲击前进"的口令或看到冲击信号时，应迅速跃起并跃出工事，最大限度地利用我方火力效果，迅猛地向指定目标冲击前进。接近通路时，应按班（组）长规定的顺序，迅速进入通路。如通路纵深较小时，应利用我方炮火准备的效果，快跑通过；通路纵深较大时，应在我方炮火掩护下分段逐次跃进通过。在通路中，士兵应充分利用通路两侧边缘的有利地形和我方火力掩护的效果，灵活迅速地前进，发现目标应及时以火力将其消灭。机枪手在通路中，可采取行进间射击，或迅速抢占通路一侧有利地形进行射击，但不要影响友邻动作。

（二）向敌步兵冲击时的动作

通过通路后，进至投弹距离时，应自行按班（组）长的口令，向堑壕内投弹，趁手榴弹爆炸的瞬间，勇猛冲入敌阵地，以抵近射击和拼刺消灭敌人，并不停地向指定目标冲击前进。

当几个敌人同时向自己逼近时，应首先消灭威胁大的敌人，然后各个消灭；当敌与友邻战士格斗时，应主动支援；当敌逃跑时，应以火力追歼。机枪手和火箭筒手应迅速抢占敌前沿的有利地形，以猛烈的火力压制、消灭敌人。

相关链接：
中国特种部队战术手语

思考题

1. 战斗类型和战斗样式有哪些？
2. 战术基本原则的内容有哪些？
3. 在敌火下运动的时机和要求是什么？

第九章 军事地形学

军事地形学是从军事应用的角度研究和利用地形的一门学科。它主要研究地形对战斗行动影响的规律，军用地图和航空、航天相片的识别与应用原理，战场简易测量方法以及调制略图的要领等。

第一节 地形对军队作战行动的影响

一、地形的分类

地形是地物和地貌的总称。地物是指地球表面自然形成和人工建造的固定物体，如江河、湖泊、道路、村庄等。地貌是指地球表面高低起伏的状态，如山地、平地等。不同的地貌和地物的错综结合，形成了各种不同类型的地形。依地貌的状态，可分为平原、丘陵地、山地和高原；依地物的分布和土壤性质，可分为居民地、水网稻田地、江河与湖泊、山林地、石林地、黄土地形、沙漠与戈壁、草原、沼泽等；依对军队战斗行动的影响，又可分为开阔地、隐蔽地和断绝地等。不同的地形对军队战斗行动有着不同的影响。

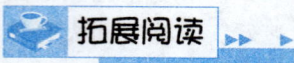

拓展阅读 ▶▶ ▶

地形与战争环境

军事地形是为保障军队战斗活动顺利开展而进行的地形战术分类、方位判断、野外标图、地形测量和利用地形指挥战役战斗的方法和手段的研究，是军事地理学的重要组成部分。地形是战争环境的重要因素之一，其特性对军事战略部署、部队的运动、伪装和进攻、观察所和射击阵地的选点以及战斗技术器材的使用等具有极大影响。中国古代兵法将地形及其战术分类作为战争胜负的基本因素加以论述。春秋末期兵家孙武认为"地形有'通'者，有'挂'者，有'支'者，有'隘'者，有'险'者，有'远'者……凡此六者，地之道也；将之至任，不可不察也"。清初将领顾祖禹在《读史方舆纪要》这部军事地理著作中，阐述了地形险要和正确利用地形图的军事意义，并引用古代战例论证它们对战争的影响。当代战争与地形研究更是密不可分。

二、地形研究的重点

地形对作战行动的影响是多方面的。例如，军队机动、阵地选择、兵力部署、火力配系、工事构筑、隐蔽伪装、技术兵器的使用、战场观察和作战指挥等，都受到地形的影响。一般来说，地形研究的重点有以下五个方面：

（一）地形对军队机动的影响

军队在开进时，一是沿道路机动；二是越野机动。沿道路机动主要受道路的数量、质量及通行能力的影响。越野机动主要取决于地形特征和气象条件，即地面的高度、坡度和断绝程度，土壤的性质与植物的分布以及天然障碍物（河流、湖泊、沼泽等）的分布和特征。研究的目的是了解机动能力及影响通行的地区和路线，以及需要采取的措施，如选择迂回道路、修筑临时军路、就地取材等。

（二）地形对观察、射击的影响

战场视界开阔，便于观察和判定方位，有利于发扬火力，是选择指挥所、观察所、射击阵地时必须考虑的条件。不同的地形，如平原、山地、丘陵地和遮蔽地等，对视界和射界的影响是不同的。军事上常将视界开阔、射界良好、对周围地形具有瞰制作用的高地称为制高点。研究地形对观察、射击的影响，在于根据敌情和各种火器的战斗性能，从地形方面来确定其配置地域。

（三）地形对隐蔽、伪装的影响

为防止敌人从地面和空中侦察我军的目标、意图和行动，需要利用天然的隐蔽、伪装物体，如森林、植被、雨裂、冲沟、起伏地形等，以便保障部队的隐蔽配置与机动。地形对隐蔽和伪装的影响与对观察和射击的影响（图9-1），是对立统一的。一般来说，就是充分利用地形的隐蔽和伪装条件来保存自己，利用有利于观察和射击的地形条件来消灭敌人。

图9-1　密林山巅巧妙伪装　隐蔽侦察出奇制胜

（四）地形对工程构筑的影响

军事工程构筑的范围、性质、效率要受地形起伏的状态、土壤和岩石的性质与厚度、就地取材的能力等因素的影响。

（五）地形对防原子和防化学武器袭击的影响

在未来的反侵略战争中，由于科学技术的发展和原子弹、导弹、化学武器等的应用，我们必须认真研究地形对防原子和化学武器袭击的作用。研究地形对原子和化学武器的防护性能，如地面坡度的陡缓、植被的分布、土壤的性质和水源情况等。要根据地形分析可能遭受原子武器袭击的目标，如对军队战斗行动影响大的目标

（隘口、交通枢纽、机场等）、军队集结地域、指挥机构等采取有效措施，避开这些原子武器袭击的目标，以减少或避免原子袭击的损失。

上述五点，既是独立的，又是互相关联的，如工程构筑时要考虑观察、射击、隐蔽、防原子、防化学等问题，部队通行时需考虑隐蔽和伪装问题。因此，在研究地形对战斗行动影响的某一个方面时，必须全面分析、利弊对比，正确认识"地因兵而固，兵因地而强"的辩证关系。

三、几种地形的特点以及对战斗行动的影响

我国的地形复杂多样，主要有高原、平原、山地、丘陵和盆地。地势西高东低，不同走向的山脉构成了我国地形的骨架。平原和丘陵主要集中在东部。以下介绍平原、丘陵地、山地和居民地对战斗行动的影响。

（一）平原

地面平坦宽广、海拔在 200 米以下、高差在 50 米以下的地区叫作平原，如华北、东北等平原地区。我国平原面积约占全国总面积的 12%。主要有东北平原、华北平原、长江中下游平原等。

1. 地形特点

平原河渠较密，水源丰富，水利设施较完善；居民地密集，经济发达；道路成网，交通便利；农田成片，森林覆盖较少，经济作物发达。

2. 对战斗行动的影响

军队在平原地区作战，便于机动，尤其是北方平原，更能发挥坦克、机械化部队的机动性能（图 9 - 2），便于组织指挥。在雨季，江河有较大的障碍作用。

平原展望良好，视界、射界宽广，便于观察射击，能较好地发挥各种火器的效能，但因地面平坦，不易选择良好的观察所，直射火器不便于超越射击。

北方平原，利于构筑工事，修筑野战机场；南方平原，因水稻田多，地下水位高，

图 9 - 2 北方平原地形有利于发挥机械部队的机动性能

不便于构筑地下工事。平原地区为军队宿营、后勤补给提供了较好的条件。

平原地区地形开阔，一般无险可守。平原对原子武器的防护性能较差，杀伤面积较大。平原便于使用化学武器，但易受风向、风速等的影响，除居民地、凹地、沟渠外，一般不易滞留毒剂。

平原地区一般易攻难守，但只要善于利用和改造地形，注意战场建设，则可弥补防御的不足。

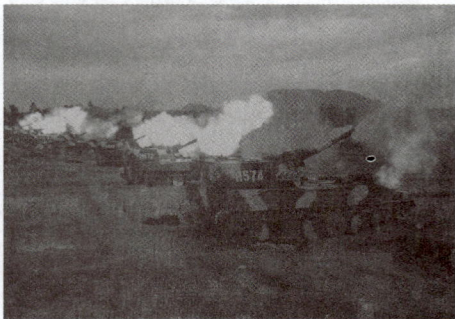

（二）丘陵地

地面起伏较缓、高差一般在 200 米以下的高地叫丘陵。许多丘陵错综连绵的地区叫作丘陵地。我国丘陵地分布较广，约占全国总面积的 10%，较大的有东南丘陵地、胶东丘陵地和辽西丘陵地等。

1. 地形特点

丘陵地高差不大，山顶浑圆，谷宽岭低，坡度平缓，断绝地较少，山脚附近多为耕地、梯田和谷地，它是介于山地与平原之间的过渡地形。

2. 对战斗行动的影响

丘陵地对部队的机动和各种兵器器材的使用一般限制较小。因地形的起伏而具有一定的隐蔽条件；通行条件好（图 9 - 3），便于诸兵种组织指挥、通信联络、隐蔽机动、协同作战；展望良好，射界开阔，便于选择良好的制高点、指挥所、观察所和各种火器射击阵地；土层较厚，材料丰富，便于构筑野战工事；物产丰富，便于军队后勤补给；由于地形起伏，对原子武器袭击有较好的天然防护作用，但山谷和凹地容易滞留毒剂；峡谷和冲沟，是天然的防坦克障碍。南方丘陵地因山脚多梯田、水稻田，对军队尤其是对机械化部队越野机动有一定的阻碍作用。

图 9 - 3　96A 坦克群实弹演习快速翻越起伏丘陵

（三）山地

地面起伏显著、高差一般在 200 米以上的高地叫山，群山连绵交错的地区叫作山地。我国山地面积分布很广，约占全国总面积的 33%。

1. 地形特点

山高坡陡谷深，地形断绝，山顶高耸，山背、山脊纵横起伏。我国山地高程多在 1000 米以上，西部山地多在 4000 米以上；高差一般为 500～1500 米，有的地方可达 2000～4000 米；坡度一般为 30°～50°，有的达 50°以上，道路稀少，尤以铁路、公路最缺乏，主要道路为乡村路，多小路、隘路，有的地方仅有栈道，道路质量差，弯多坡大；河床窄，岸陡流急，水位涨落急剧；人烟稀少，物资缺乏；高山地区空气稀薄，气象多变，山顶与山脚以及昼夜之间温差较大。

2. 对战斗行动的影响

军队在山地作战（图 9-4），因地面起伏急剧，形成地形割裂断绝，军队运动困难，坦克、炮兵和机械化部队仅能沿公路、平坦谷地行动，大兵团行动也受道路限制，人员体力消耗增大；判定方位困难，容易迷失方向；观察、射击死角多，通信联络、指挥协同均较困难，但便于选择良好的制高点、观察所、指挥所，便于隐蔽伪装。

山地便于构筑坚固的坑道工事，但石质山地，不易挖掘，作业效率低，因道路

少，前送后运困难。山地便于对原子武器的防护，一般背向爆心的陡坡、冲沟、断崖，均有良好的防护作用，但面向爆心的斜面和直长谷地的军队和技术兵器，则会相应地增大伤害程度；峡谷、山间道路、隘路易遭破坏，陡坡、陡崖易引起倒塌，造成道路堵塞，河水泛滥，更加限制军队机动；原子弹地面爆炸引起岩石飞落，树木、草丛受光辐射容易引起火灾，可能增大间接杀伤作用；谷地、凹地、隘路等地段和丛林容易滞留毒剂，因山地路少水缺，受到持久性毒剂袭击时，迂回和洗消困难。

图9-4　西部军区侦察兵展开山地作战对抗演练

相关链接：
从阿富汗战争看山地作战

经典战例 ▶▶ ▶

高加索会战

第二次世界大战期间，为夺占盛产粮食和石油的高加索并进而侵入中东地区，德军统率部命令"A"集团军群于1942年7月25日从顿河下游进攻高加索，高加索会战开始。

1942年7月28日，苏军最高统帅部将南方面军并入北高加索方面军。8月至12月，苏军组织了五次防御战役，将德军阻止于奥尔忠尼启则接近地，迫其转入防御（图9-5）。1943年1月1日，苏军外高加索方面军和重建的南方面军在3个空军集团军的支援下，向季霍列茨克与克拉斯诺达尔、莫兹多克、阿尔马维尔等多方向发起进攻。2月，苏军发起克拉斯诺达尔进攻战役，

图9-5　苏联侦察骑兵在高加索山区

收复该城。5月初，苏军进攻塔曼半岛，受阻于德军"蔚蓝色防线"。9月，苏军发起新罗西斯克—塔曼战役，突破德军"蔚蓝色防线"，攻占新罗西斯克。10月9日，苏军收复塔曼半岛，战役遂告结束。此役，苏军歼灭德军近40万人。

在高加索会战中，陆军必须在平原、山前地带和山地等迥然不同的地形条件下行动；在大小水障碍地区、滨海地带、隘路、山林地区、高山山口实施战斗行动，并与航空兵、舰队和游击队密切协同。这一切使苏军取得了多方面的战斗经验，如组织实

施防御和进攻战役，特别是高山地区和海滨地带的防御和进攻战役；组织实施登陆战役，根据战区特点组织工程保障、物质技术保障和军队指挥。苏军后来在克里木、黑海北岸和西岸以及喀尔巴阡山地区粉碎德军的战役都运用了这次取得的经验。

（四）居民地

人们按照生产和生活需要而形成的集聚定居的地区叫居民地。

1. 地形特点

大的城市居民地常是某一地区的政治、经济和文化中心，又多是交通枢纽。一般依山、临河或滨海、濒湖而筑，人口众多，房屋密集，建筑物高大而坚固，还有地下建筑和防空工事设施，街道排列整齐，纵横交叉，交通方便，有机场、港口、铁路、公路等运输设施。中小城市通常都有公路或铁路相通。

集镇是一种较大的居民地，房屋较多，其建筑形式比较简单。山地的集镇，街道比较曲折，房屋布置分散；平原上的集镇，一般靠近道路或江河两侧，街道比较平直，房屋密集，交通发达，一般都有公路、大车路、乡村路或水路相通。

村庄是较小的居民地。北方村庄多平房、院墙，部分有土墙、寨墙，建筑材料多为土坯、砖石，房顶覆盖较厚，比较坚固；南方村庄部分有楼房，建筑材料在沿海地区多为砖石、水泥，在山区多为砖木、泥瓦。

2. 对战斗行动的影响

居民地对战斗行动的影响程度，决定于它的大小、所在位置、建筑物状况和附近地形条件等。

居民地便于构成坚固的防御阵地，利于近战、夜战和小分队战斗活动；利用城市电信设备可组织部队通信联络，便于军队宿营和后勤补给，但观察、指挥和协同不便，战斗队形易被分割，城市附近的高地、隘路、交通枢纽、桥梁、渡口和机场、火车站、发电厂、水源以及重要的工业区等，常成为攻、防双方争夺的目标。

第二节　地形图基本知识

一、地图概述

（一）地图的定义

将地面的自然形态和固定物体，按一定的投影方法和比例关系，用规定的符号、颜色和注记，综合测绘于平面图纸上的图叫地图。

（二）地图的分类和用途

地图的分类是指根据地图的某些特征，将其分成一定的种类。按内容可分为普通地图和专题地图；按比例尺可分为大、中、小比例尺地图；按用途可分为教学图、政区图、军用图、飞行图、航海图、交通图、游览图等。

1. 普通地图

普通地图是综合反映地表自然现象和社会经济现象的地图，主要包括：自

然地理要素，如地貌、水系、土壤、植被等；社会经济要素，如居民地、行政区划、工矿、交通网等。普通地图又分为地形图和地理图，它们是编绘专题地图的基础。

通常大于1：100万比例尺的地图叫地形图。地形图的显著应用特点是它的可判读性、可测量性和可分析性。在地形图上可以进行长度（距离）、高度、坡度、水平角度、坐标和面积的量读、计算。因此地形图是军事上研究分析地形、指挥作战的重要工具，也是国家经济建设、国防建设不可缺少的主要地形资料。我国地形图比例尺系列为1：1万、1：2.5万、1：5万、1：10万、1：20万、1：50万、1：100万七种。

2. 专题地图

专题地图又称专门地图，是在地形图上简明、突出地显示一种或几种要素，具有专门化的内容和用途的地图，如地貌图、交通图、地质图、水文图等。

二、地图比例尺

（一）地图比例尺的概念

图上某线段的长度与相应实地水平距离之比，叫地图的比例尺。地图比例尺的大小是按比值的大小衡量的。

设图上线段长度为L，实地相应线段的水平距离为D，则地形图的比例尺为：

$$L/D = 1/M$$

式中，M为比例尺分母，表示缩小的倍率。为了明显地看出缩小的倍率，规定分子以1表示。由上式容易看出，比例尺分母越大，其比值越小，说明比例尺越小；反之，M越小，其比值越大，说明比例尺越大。比例尺大的一幅图所包含的实地面积要比比例尺小的一幅图所包含的实地面积小。比例尺越大，图上所显示的内容越详细；比例尺越小，图上所显示的内容越简略。

（二）比例尺的形式

地形图上有两种比例尺：数字比例尺和直线比例尺。

1. 数字比例尺

数字比例尺是以数字显示比例关系的比例尺形式，如1：50000或1：5万。

2. 直线比例尺

直线比例尺是用直线（单线或双线）表示的。如图9-6所示为1：5万直线比例尺，从"0"向右为尺身，图上1厘米代表0.5千米，从"0"向左为尺头，图上1小格代表500米。

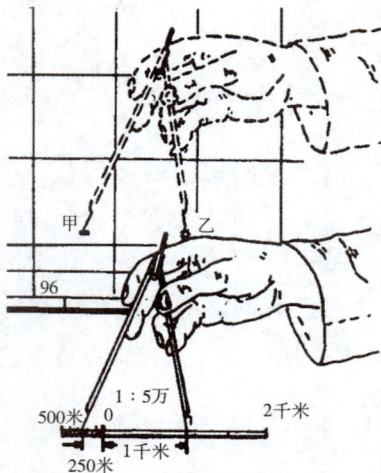

图 9-6　直线比例尺

（三）在地图上量读距离

1. 依直线比例尺量取距离

用两脚规（或直尺）量出所求两点间的长度（间隔），保持其长度不变，先将两脚规一头落在一个整千米量值上，再使另一头落在直尺上，则整千米数值加上尺头上的米数就是两点间的水平距离。

2. 依数字比例尺换算距离

依数字比例尺换算距离的公式如下：

$$实际距离＝图上长度×比例尺分母$$
$$图上长度＝实地距离/比例尺分母$$

为计算方便，可先将比例尺分母消去两个零，单位由厘米改成米。如在 1∶5 万地图上，甲、乙两点距离为 2.4 厘米，则其相应的实地水平距离为 2.4×500＝1200 米。求图上长度则用甲、乙两点实际水平距离 1200 米除以 500，即 1200/500＝2.4 厘米。

3. 用指北针里程表量取距离

在地形图上量取弯曲路段或曲线距离时，使用指北针上的里程表比较方便。里程表由表盘、指针及滚轮三部分组成，表盘上的外分划圈上有 1∶10 万、1∶5 万、1∶2.5 万等比例尺注记和千米数注记，每个数字均表示相应实地水平距离的千米数，量读时先将指北针上的里程表指针归"0"，然后手持指北针，将里程表指针放在所量线路的起点上，沿线路顺时针方向滚至终点，此时指北针所指的相应比例尺分划即为所求实地水平距离。

三、地物符号

地面上的地物，在地图上是用统一规定的符号结合注记表示的。这些符号称为地物符号。它是构成地图的重要因素，是地图的语言。

（一）地物符号的图形特点

地物符号的图形，多数是按地物的平面形状绘制的，如居民地、公路、桥梁等符号的图形与实地地物的平面轮廓相似。有的是按地物的侧面形状绘制的，如突出树、烟囱、水塔等。还有少数符号是按地物的有关意义绘制的，如气象台、变电所等。根据符号的图形，可以联想它所表示的实地地物（图 9－7）。

（二）地物符号的分类

1. 依比例尺表示的符号

实地面积较大的地物，如居民地的街区、森林、大的江河等，其外部轮廓是按比例尺表示的。在图上可了解其分布和形状，量算其相应实地的长、宽和面积。

2. 半依比例尺表示的符号

实地上的线状地物，如铁路、公路、缆车道、架空索道、水渠、土堤等，其长

图形特点	符号及名称		
与平面形状相似	居民地	河流、苗圃	公路、桥梁
与侧面形状相似	突出阔叶树	烟囱	水塔
与有关意义相应	变电所	矿井	气象站

图 9-7　地物符号的分类及说明

度是按比例尺表示的，而宽度不能按比例尺表示。在图上只能取其相应实地的长度，而不能量取其宽度和面积。

3. 不依比例尺表示的符号

实地上有些对部队战斗行动有影响或有方位意义的较小地物，如三角点、电视塔、烟囱、突出树和水塔等，不能按比例缩绘，只能用规定的符号表示。在图上可了解实地地物的性质位置。

（三）对地物符号的规定

为使地物符号易读、易辨，且具有理解的唯一性，测量上对其作了统一规定。

1. 定位规定

定位规定是指以符号的特定性来代表地物在图上的中心点或中心线，是测图和用图的依据。

2. 方向规定

对于不依比例尺的图上定向的规定，叫符号的方向规定。符号的方向规定分为垂直于按地图轮廓描绘的符号、按真实方向描绘的符号和变向符号三类。

3. 颜色规定

颜色规定依地面上地物的自然颜色经抽象后的概括分类规定。黑色表示人工地物和部分自然地物，如居民地、道路、独立石、桥梁等。蓝色表示与水、冰雪有关的地物，如河湖、水库和雪山地貌中的冰川等。绿色表示与植被有关的地物，如森林、灌木丛等。棕色表示地貌与土质有关的内容。为保证用色的系统性，在注记中亦应遵守上述规定。

4. 注记

注记是用文字和数字来补充说明各种符号还不能表示的内容。如居民地、江河和山的名称、森林的种类、公路的质量等，可用文字注记；山的高程、河宽、水深、桥梁的长与宽和载重量等，可用数字注记（图9-8）。

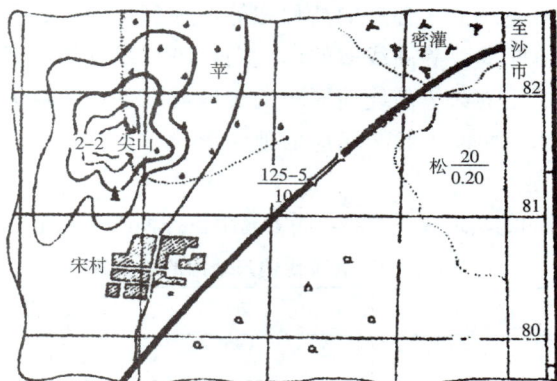

图9-8 地图上的注记

四、地貌判读

地球表面是起伏不平的，有高山，有深海，有丘陵和平原，有沙漠和草原，还有江河和湖泊等。这些高低不平、形状各异的地貌，通常是用等高线来表示的。用等高线表示地貌，能精确反映地面的高低、斜坡形状和山脉走向，但它的缺点是缺乏立体感。随着科学的发展，人们在等高线的基础上又研究出了分层设色和用晕渲表示地貌的方法。

等高线显示与分层设色法、晕渲法配合使用，显示地貌的效果将会更好，它不但能增加地势的立体感，便于识别地貌，而且便于从图上计算高程。

（一）等高线显示地貌

1. 等高线显示地貌的原理

由高程相等的各点连接而成的曲线，叫等高线。

设想将一座山从底到顶按相等的高度，一层一层地水平切开，在山的表面上就出现了许多大小不同的截口线，再把这些截口线垂直投影到一个平面上，就呈现出一圈套一圈的等高线图形。地图就是根据这个原理以等高线显示地貌的（图9-9）。

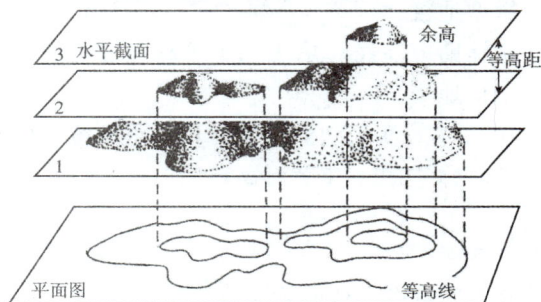

图9-9 等高线显示地貌的原理

2. 等高线显示地貌的特点

等高线显示地貌的特点包括：

（1）在同一条等高线上，各点的高程相等，并各自闭合。

（2）在同一幅地图上，等高线多的山就高，等高线少的山就低。

（3）在同一幅地图上，等高线间隔小的实地坡度陡；间隔大的坡度缓。

（4）图上等高线弯曲的形状与相应的地貌形状相似。

3. 等高距的规定

相邻两条等高线间的实地垂直距离，叫等高距。各种比例尺地图的等高距见表 9-1。

表 9-1　各种比例尺地图的等高距

比例尺	1：2.5 万	1：5 万	1：10 万	1：20 万
等高距	5 米	10 米	20 米	40 米

4. 等高线的种类和作用

等高线的种类如图 9-10 所示。

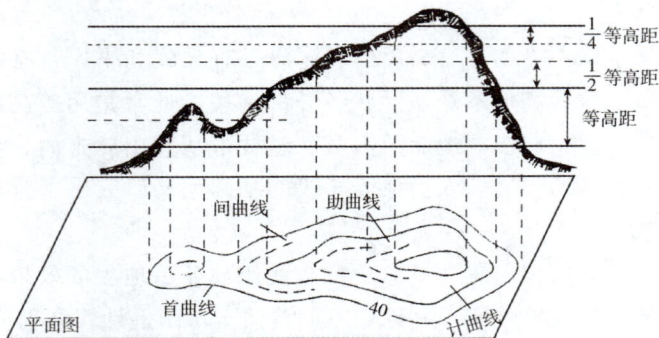

图 9-10　等高线的种类

（1）首曲线，又叫基本等高线，是按规定等高距由平均海水面起算而测绘的细实线，用以显示地貌的基本形态。

（2）计曲线，又叫加粗等高线，规定从高程起算面起，每隔 4 条首曲线加粗描绘一条粗实线，用以数计图上的等高线和判读高程。

（3）间曲线，又叫半距等高线，是按 1/2 等高距描绘的细长虚线。用以显示首曲线不能显示的某段微型地貌。

（4）助曲线，又叫辅助等高线，是按 1/4 等高距描绘的细短虚线。用以显示间曲线不能显示的某段微型地貌。

我国规定：把"1956 年黄海平均海水面"作为全国统一的高程起算面，高于该面为正，低于该面为负，称"1956 年黄海高程系"。

相关链接：

学看山地不同部位的等高线地形图

（二）地貌识别

尽管每座山都有自己的特点，形态万千，但只要我们认真分析一下，仍然可以找出它们的共同特征。概括地说，它们都是由山顶、凹地、山背、山谷、鞍部、山脊等构成。只要抓住这些基本特征，在地形图上，通过等高线和地貌符号，就可以识别地貌的各种形态（图 9 – 11）。

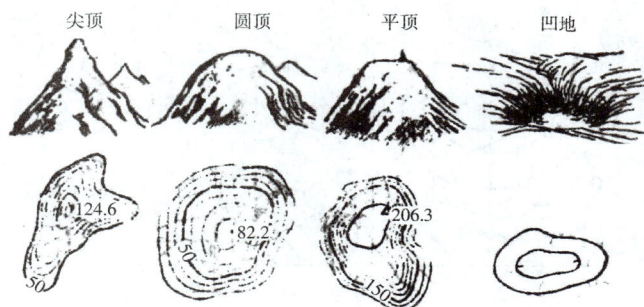

图 9 – 11　地貌的各种形态与图式

1. 山的各部形态

山的各部形态与图式如图 9 – 12 所示。

山顶，图上以等高线中最小环圈表示，有时用示坡线表示上、下斜坡方向，绘在环圈外侧。

凹地，图上用一个或数个小圆形等高线表示，在环圆内绘有示坡线。

山背，图上从山顶到山脚等高线向外凸出的部分表示山背。各等高线最凸出的棱线为分水线。

山谷，图上以相邻山背或山脊之间等高线凹入部分表示山谷。等高线最凹入部分的底线为分水线。

鞍部，图上用一对表示山背和一对表示山谷的等高线显示。

山脊，由若干山顶、鞍部连接的凸棱部分，山脊的最高棱线为山脊线。

图 9 – 12　山的各部形态与图式

2. 特殊地貌

特殊地貌，是指等高线无法显示的地貌。如冲沟、陡石山、陡崖、崩崖、滑坡

等。这类地貌的形态在地形图上用特殊地貌符号表示（图 9－13）。

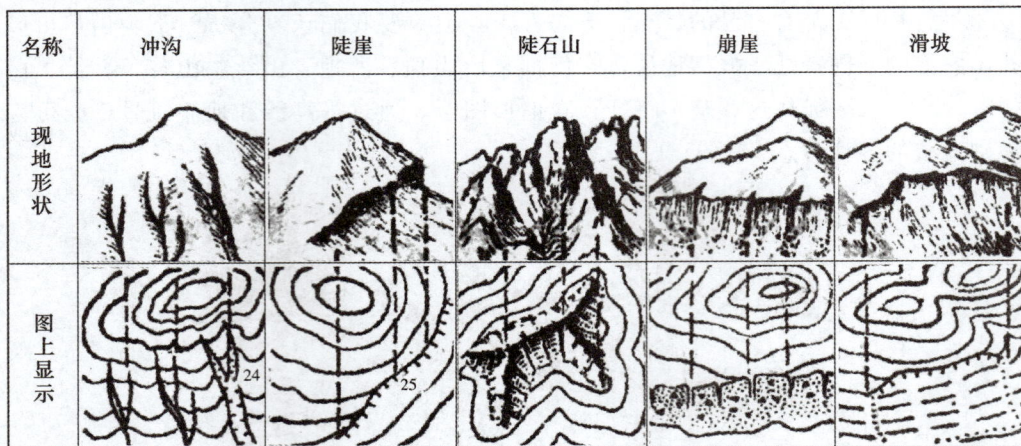

名称	冲沟	陡崖	陡石山	崩崖	滑坡
现地形状					
图上显示					

图 9－13　特殊地貌的现地形状与图式

（三）高程和高差判定

在使用地图时，经常要判定点位的高程。如炮兵射击，为了确定高低角，就要知道炮兵阵地、射击目标和观察所的高程。在图上根据什么判定点位的高程呢？主要是根据高程注记和等高线来推算，例如，点位恰在等高线上时，该等高线的高程就是这个点位的高程；点位在两条等高线之间时，先查出下边一条等高线的高程，再按该点在两条等高线间隔中的位置目估出高度；点位在没有高程注记的山顶时，一般应先判定最上边一条等高线的高程，然后再加上半个等高距。知道了两点的高程，然后相减，所得结果，就是两点的高差。

（四）斜面形状和坡度判定

部队构筑山头阵地，总要观察一下斜面情况，判断其是否利于发扬火力。军队行军，经常遇到上坡下坡。不同的斜面和坡度，对军队战斗行动带来不同的影响。比如汽车的爬坡能力是 15°，如果道路的纵坡度大于 15°，汽车就不便通行了。所以，我们使用地图，要学会从图上判定斜面的形状和坡度。

1. 斜面形状

所谓斜面，就是从山顶到山脚的倾斜部分。就拿敌对双方控制的高地来说，朝向对方的斜面叫正斜面，背向对方的斜面为反斜面。斜面有几种？它们在地形图上是怎样表示的呢？

（1）等齐斜面：坡度基本上一致、站在斜面顶部可以看到全部、便于发扬火力的称为等齐斜面。在图上，各等高线的间隔大致相等。

（2）凸形斜面：在实地，上面缓下面陡，站在斜面顶部看不见下部，形成观察射击的死角，称为凸形斜面。在图上等高线的间隔上面稀、下面密。

（3）凹形斜面：与凸形斜面相反，上面陡下面缓，站在斜面的顶部能看到斜面

的全部，便于发扬火力，称为凹形斜面。在图上等高线的间隔是上面密、下面稀。

实地的斜面，多数是凸凹互相交错的形状，但是，总离不开上面介绍的三种形状。使用地图时，只要注意等高线间隔的疏密情况，就能很容易地判明斜面的形状。

2. 坡度的判定

斜面的坡度应该怎样从地图量取呢？量取坡度时，要先用两脚规量取图上两条（或六条）等高线间的宽度，再到坡度尺上比量，在相应的垂线下边就可以读出它的坡度。

第三节　现地使用地图

现地使用地图，就是把地图拿到现地，将地图与现地地形——对应起来，以便分析研究地形，全面地熟悉、掌握地形情况，按照实际地形组织计划部队行动，充分发挥地图的作用。

一、现地判定方位

现地判定方位就是在现地辨明东、西、南、北方向。军队在战斗行动中，必须随时随地辨明方向，明确周围地形和敌我关系位置。穿插分队进行迂回包围敌人，侦察分队潜入敌后侦察敌情，通信分队执行送信、架线等任务时，如果迷失了方向，不仅会贻误战机，甚至可能遭受重大伤亡，后果是难以想象的。所以，判定方位是军队行动的重要依据。

判定方位的方法很多，这里主要介绍利用指北针和北极星判定方位的方法，可以因地制宜，灵活运用。

（一）利用指北针判定方位

用指北针判定方位，是一种比较准确的方法。使用时将指北针平放，等磁针静止后，磁针涂有夜光剂的一端（或黑色尖端）所指的方向就是现地的磁北方向（图 9 - 14）。

使用指北针以前，应检查磁针是否灵敏。其方法有：用一钢铁物体扰动磁针的平静，若磁针迅速摆动后仍停在原处，则说明磁针灵敏，可以使用；若各磁针静止后所指分划值不一致，且相差较大，则该指北针不能使用，应进行检修或充磁。

（二）利用北极星判定方位

北极星是正北天空一颗较亮的恒星，

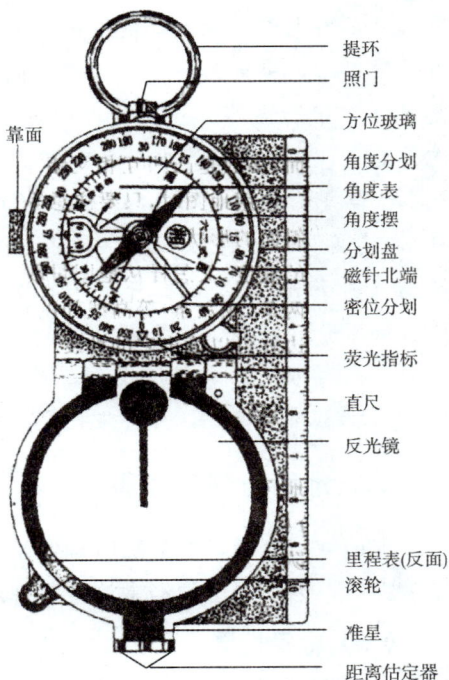

靠面

提环
照门
方位玻璃
角度分划
角度表
角度摆
分划盘
磁针北端
密位分划
荧光指标
直尺
反光镜
里程表(反面)
滚轮
准星
距离估定器

图 9 - 14　指北针

夜间找到北极星就找到了正北方向。

北极星位于小熊星座的尾端，大熊星座（北斗七星）和仙后星座围绕北极星按逆时针方向运转，我们通常依这些星座与北极星的关系位置来寻找北极星。寻找的方法：大熊星座主要是由 7 颗较亮的星组成，形状像勺子，找到后将勺子头甲、乙两星间连成一直线，向勺口方向延长约为甲、乙两星间隔 5 倍处，那颗比较亮的星就是北极星。

我国南方各省，当大熊星座运转到地平线以下时，可根据仙后星座寻找北极星。仙后星座主要由 5 颗亮星组成，形状像"W"，在"W"的缺口方向约为缺口宽度的 2 倍处有一颗亮的星就是北极星（图 9-15）。

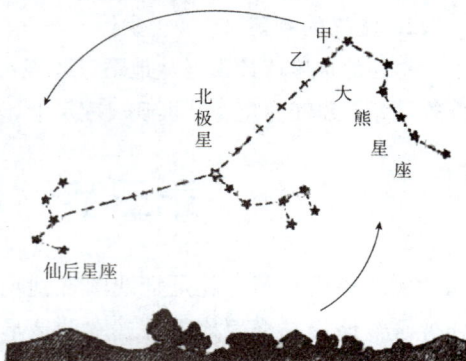

图 9-15　利用北极星判定方位

拓展阅读 ▶▶ ▶

野外利用太阳辨别方向的小方法

冬季日出位置是东偏南，日落位置是西偏南；夏季日出位置是东偏北，日落位置是西偏北；春分、秋分前后，日出正东，日落正西。

只要有太阳，就可以使用手表来辨别方向。按 24 小时制读出当时的时刻，将小时数除以二，将得到一个小时数。把手表水平放在手上或者地上，让手表的这个时刻对准太阳所在的方位，这时手表表面 12 点所指的方向是北方，6 点所指的方向是南方。

立竿见影法辨别方向（图 9-16），用一根标杆（直杆），使其与地面垂直，把一块石子放在标杆影子的顶点 A 处；约 10 分钟，标杆影子的顶点移动到 B 处时再放一块石子，将 A、B 两点连成一条直线，这条直线的指向是东西方向，与 AB 线垂直的方向则是南北方向，向太阳的一端是南方，相反方向是北方。

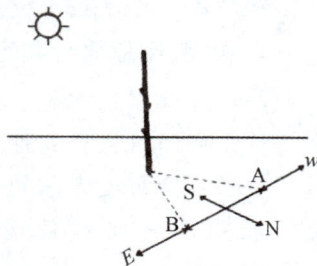

图 9-16　立竿见影法辨别方向

二、地图与现地对照

现地使用地图，要能随时确定站立点在图上的位置，了解周围地形情况，保持正确方向，因此，必须经常注意与现地对照。

（一）标定地图

标定地图，就是使地图与现地方位一致。这是确定站立点和对照地形的前提。

1. 用指北针标定

在地图的南、北内图廓线上，各绘有一个小圆圈，分别为磁南和磁北，两点的连线就是本幅图的磁子午线（有的地图已用虚线连接）。

将指北针准星朝向地图上方，并使直尺边相切于磁子午线。转动地图，使磁针的北端精确对准指标，地图就标定好了（图9-17）。

标定地图时要注意避开钢铁物体，如小刀、铁文具盒、收音机等。

2. 利用北极星标定

天空中有星星的夜晚，可利用北极星标定地图。首先找到北极星，使地图上方概略朝北；转动地图，使东、西内图廓线中的任意一条对准北极星，地图就标定好了。

3. 利用直长地物标定

当站立点位于直长地物上时（如直长铁路、公路、水渠），首先在图上找到现地直长地物相应的地物符号，对照直长地物两侧的地形，使地图方位与现地方位概略相符；然后转动地图，使图上的直长地物符号与现地相应的直长地物方向一致，地图就标定好了。

图 9-17　利用指北针标定地图

当实地线状地物较宽时，应以其中一个侧边或中心线为准，并以线状地物符号的相应部位进行瞄准。

4. 利用明显地形点标定

已知站立点在图上的位置时，在远方选一个现地和地图上都有的地点，如山顶、独立地物等；将直尺切于图上的站立点和地形点；转动地图，使直尺边对准现地的明显地形点，地图就标定好了。

（二）确定站立点的方法

确定站立点在图上的位置，是进行地图与现地对照的根据。

1. 利用明显地形判定

若站立点恰在明显地点上，则该地形点的符号即是站立点在图上的位置。当在明显地形点附近时，可先标定地图，再进行对照分析，根据站立点与明显地形点的相关位置，确定出站立点在图上的位置（图9-18）。

2. 用后方交会法判定

当站立点附近没有明显地形，但远方能找到现地和图上都有的两个以上明显地形点时，可采用后方交会法确定站立点的图上位置。

先标定地图，在远方选择两个图上和现地都有的明显地形点，用直尺分别切准图上两个地形点，先后向现地相应的地形点瞄准，并画出两条方向线，两线的交点

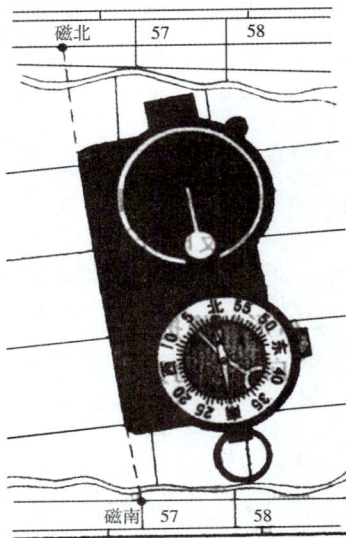

就是站立在图上的位置（图 9 – 19）。

图 9 – 18　利用明显地形点判定

图 9 – 19　用后方交会法判定

3. 用截线法判定

当站立点在线状地物上时，可用截线法确定站立点的图上位置。

先标定地图，在线状地物的侧方选择一个图上与现地都有的明显地形点；将直尺边切准图上地形点符号的定位点，向现地相应的地形点瞄准并画方向线，方向线与线状地物符号的交点，就是站立点在图上的位置（图 9 – 20）。

图 9 – 20　用截线法判定

（三）现地对照地形

现地对照地形，应当达到两个直接的目的：一是将地图上的地物、地貌一一对应辨清；二是通过对照，发现地图和现地的变化情况。

通常在标定地图、确定站立点的基础上，根据目标的方向、特征、位置等因素进行对照，判断地貌符号和现地的实地距离、高程及相关位置。

当对照某一区域地形时，通常先对照大而明显的特殊地形，再由近及远、由点到面或逐段分片地进行对照。

对照山地和丘陵地形时，可根据地貌形态、山脉走向，先对照明显的山顶、山脊，然后顺着山脊、山背、山脚和山谷的方向进行对照。对照中要注意其前后层次的色调和透视关系。

对照平原地形时，可先对照主要的道路、河流、居民地和高大突出的建筑物，再根据地物分布规律和相关位置，逐点分片地进行对照。此类地形，变化的可能性较大，对照中尤应注意。

三、按地形图行进

按地形图行进，就是利用地形图选定行军路线，通过地图与现地对照，以保证沿选定的路线，到达预定地点的行进方法。按地形图行进，是保障部队行动自如、夺取有利战机的一个重要方法。

按地形图行进是部队识图、用图训练中最重要、应用最广泛的课题之一，也是用图的最过硬本领。因为部队打仗总是要走路，要有穿插迂回行动，特别是在无村庄、无道路、无向导和生疏复杂的地形上行动时，通常要求部队能够按指定路线、指定时间，到达指定地点。如果指挥员不会按地形图行进，对于战斗任务的完成影响极大。例如，在某次作战中，某部队接到转移阵地的命令后，因为干部不会识图用图，没有掌握按地形图行进的要领，结果把部队带进了一条无路可走的深山沟，转了两个小时，只得沿原路返回。一共 12 千米的路程，却走了 8 个小时，延误了到达新位置的时间，贻误了战机。而掌握了按地形图行进要领的指挥员，领导作战情况就大不相同。不管地形有多复杂，他们都能按照上级指定的路线，按时到达指定的地点。因此，要求每个指挥员必须熟练掌握按地形图行进的方法要领。

相关链接：

《百战奇略》：七旬老将依仗地图建奇功

（一）行进前的准备

1. 选择行进路线

行进路线，是根据受领的任务、敌情、地形和部队装备等情况在图上选出行进的最佳路线。选择时，应着重考虑和研究路线上与行动相关的地形因素，如地貌起

伏，沿线居民地、森林地、山垭口以及桥梁、渡口和徒涉场的状况。当有敌情顾虑时，更应注意研究沿道路两侧地形的起伏与隐蔽情况、遇空袭时的疏散区域、遭遇敌人时可能利用的有利地形等。组织大部队行进，还应根据部队人数的多少选择平行路，以便分路行进。

在越野行进时，尤应使每一转弯点都有明显的方位物。在夜间行进时，则应注意选定夜间便于识别的方位物，便于行进中掌握方向。在路线选定后，还应在沿线选定明显突出、不易变化的目标作为方位物，如行进路线上的转弯点、岔路口、桥梁、居民地的出入口、城市中的广场和突出建筑物以及沿线两侧的高地等。

2．在图上标绘行进路线

标绘行进路线和方位物，就是将选定的行进路线（起点、转折点和终点）和方位物，用彩色笔醒目地标绘于图上，并按行进方向顺序进行编号，以便行进中对照检查。必要时也可专门调制行军路线略图。

3．量取里程和计算时间

量取里程和计算时间就是在图上量取行进路线上各段里程和计算行进时间，并注记在图上或工作手册上，如行进路线上地貌起伏较大，还应当将图上量得的水平距离，按不同的坡度换算出实地距离。为了便于掌握行进速度和时间，还可将换算后的各段距离，根据预定行进速度换算为行进时间。

4．熟记行进路线

熟记行进路线的方法，一般按行进的顺序，把每段的里程、行进时间、经过的居民地、两侧方位物和地貌特征，特别是道路的转弯处、岔路口和居民地进出口附近的方位物及地形特征等都熟记在脑子里，力求做到"胸中有图，未到先知"。

总之，图上准备就是：一选、二标、三量算、四熟记。

（二）行进要领

（1）在出发点上，先标定地图，对照地形，判定出发点位置，明确行进的道路和方向，然后计时出发。

（2）在行进中，应根据记忆，边走边回忆，边走边对照，随时明确站立点，明确站立点的图上位置，随时清楚已走过的里程，随时明了前方将要通过的方位物和将要到达的位置等，力求做到"人在路上走，心在图中移"。

（3）在经过岔路口、道路转弯点、居民地进出口时，应及时对照现地地形，明确站立点的图上位置，以保持正确的行进方向。

（4）在遇到现地变化与地形图不一致时，应采用多种方法，仔细对照地貌，全面分析地形的变化和关系位置，然后准确地判定站立点的位置和行进方向。

（5）当发现走错了路时，应立即对照地形，回忆走过的路程，判明是从什么地方走错的，偏离原路线有多远，根据情况决定另选迂回路或返回原路，回到正确路线后，再继续前进。

（6）如越野行进，应尽可能在图上量好各段距离和磁方位角，在每一转弯点上，选择明显方位物，必要时结合地图按方位角行进。

（7）如在山地行进，应注意对照山的高低、走向及各种特征，随时标定地图。

（8）如乘车行进，出发时应记取里程表上的千米数。行进中应根据里程碑、路面质量的变化，路旁行树的有无，纵坡的上下，桥梁岔路口，道路转弯处，路两侧主要地形特征，及时判明自己在图上的位置。

四、按方位角行进

按方位角行进，是按地形图行进的一种辅助方法。它是利用指北针，按照图上量测的磁方位角保持正确行进方向的方法。军队在沙漠、草原、山林地等地形上，或夜间、浓雾、大风雪等不良天气条件下行进时，常需按方位角行进。

（一）行进资料的准备

1. 选择行进路线

行进路线根据任务、敌情和地形情况选定，一般应选择地貌起伏较小、障碍较少、特征明显的地段。路线的各转折点应有明显的方位物。为防止行进时方位偏差过大，要求各转折点间的距离在 1 千米左右，平原地区可远一些，山区和夜间则应近些。

2. 量测方位角和距离

在图上量读磁方位角时，先用指北针标定地图，再使指北针有准星的一端朝前进方向，直尺边与两转弯点的连线重合，磁针静止后，其北端所指的密位数即为该段路线的磁方位角（图 9-21）。按上述方法，测定图上各段的磁方位角，同时量出各段距离，并换算成复步数或行进时间。换算公式为：复步数＝实地距离/复步长；行进时间＝实地距离/行进速度。

3. 绘制行进路线图

路线图可直接在地图上标绘，即在各段方向线一侧注记行军路线的资料。略图可以按比例尺绘制，也可不按比例尺绘制。绘制略图时，先将出发点、转弯点、终点等附近的主要地形与方位物标绘出来，再把各转弯点，按行进顺序依次编号，最后注记各段磁方位角和行进距离或行进时间。

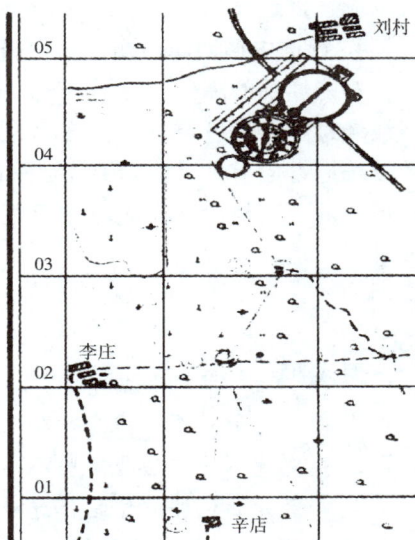

图 9-21　测方位角

（二）行进要领

1. 在出发点上

首先，依据行进资料在现地找到出发点的准确位置，查明要到达下一点的磁方位角、距离和时间，并记住沿途经过的重要地形和下一点的地形特征。然后，手持

指北针，转动身体，使磁针北端指向下一点的方位角密位数，这时，由照门至准星的方向，就是行进的方向，并在该方向线上寻找第二点方位物（如看不见时，可在该方向线上选一辅助方位物）。最后即按此方向行进。一般是越野照直行进，也可记准方向，选择便于通过的道路走到该点。

2. 在行进中

要随时根据地图或记忆，对照地形，用指北针检查行进方向，记清走过的复步数或行进时间。到辅助方位物后，如仍看不见第二点方位物时，则按原磁方位角再选一辅助方位物，继续前进，直到到达第二点方位物为止。若在起伏较大的地段上行进，要注意调整步幅。

3. 在转弯点上

当快到达第二点方位物时，应特别注意附近的地形特征；当走完预定距离，未见到第二点方位物时，可以这段距离的1/10为半径的范围内寻找。如仍寻找不到，应仔细分析原因，是地形起了变化，还是方向、距离出了差错，或者利用反方位角向第一点瞄准，进行检查。到达第二点方位物后，仍按出发点的要领，再向下一点前进。依此要领逐段前进，直到终点。用指北针测量角度的误差，一般达5°，加上步幅大小对距离远近的影响，按方位角行进，每1千米距离，可能向旁偏约100米，所以应在以距离的1/10为半径的范围内寻找方位物。

4. 行进中遇到障碍物，应根据不同情况采取不同的办法通过

对能通视的障碍，可沿行进方向在障碍地段对面选一辅助方位物，然后找一迂回线绕过障碍地段，但应将该段的距离，加在已走过的距离内；到达辅助方位物后继续按原方向前进。遇到不能通视的障碍地段时，可采取走直角四边形（或平行四边形）的方法绕过（亦应将该段距离数加到已走过的距离内），然后按原方向继续前进。

思考题

1. 简述地形对军队作战行动的影响。
2. 标定地图的方法有哪些？
3. 在野外如何按方位角行进？

第十章　综合训练

综合训练主要包括行军、宿营、野外生存、战伤救护等内容。通过综合训练，使大学生了解行军、宿营、野外生存、战伤救护等内容的含义、基本程序以及方法，培养大学生野外生存的能力。

第一节　行军

行军是军队按照预先计划和沿指定路线进行的有组织的移动。行军通常分为常行军和强行军。常行军是按照正常的每日行程和时速实施的行军，每日行程通常为30～40千米，平均时速为4～5千米；强行军是加快行军速度和延长行军时间的行军。

一、行军组织准备

（一）研究情况，拟出行军计划

指挥员在了解任务的基础上，应召集有关人员研究敌情、行军道路及其两侧的地形、本分队的任务，确定分队的行军序列，组织观察、警戒。

（二）做好思想动员

行军前，指挥员应根据本分队所担负的任务，结合分队的思想情况，进行深入的思想动员，保障分队顺利完成任务。

（三）下达行军命令

下达行军命令时应指出：

（1）敌情。

（2）本分队的任务，行军路线、里程，出发及到达指定地区的时间以及大休息的地点。

（3）分队集合地点，行军序列，乘车时还应区分车辆。

（4）着装规定。

（5）完成行军准备的时限，明确起床、开饭、集合的时间。

（6）行军口令及对口令传递的要求。

（四）组织战斗保障

（1）指定1～2名战士为观察员，负责观察地面和天空；指定值班分队及火器，负责对空防御。

（2）规定遭敌原子、化学、细菌武器袭击时，各分队的行动方法。

（3）规定在敌航空兵或炮火袭击时的行军方法。

（4）规定伪装方法及伪装纪律。

（五）做好物资、装具准备

为了顺利完成行军任务，保持分队战斗力，行军前指挥员应做到：

（1）检查携带的给养、饮水、武器、弹药等情况。

（2）检查着装情况，如鞋袜的整理、背包的捆绑、装具的佩带等。

（3）妥善安置伤病员。

（4）根据季节，进行防暑、防冻的教育和物品的准备。

二、行军管理与指挥

（1）在有可能发生遭遇战的情况下行军时，各排长应随连长在先头行进，以便及时受领任务。分队在公路或乡村路行军时，应沿道路的一侧或两侧行进，乘车时，沿道路的右侧行进。

（2）行军中，应注意保持行进速度和规定距离，听从调整哨的指挥（图10-1），未经上级允许，不得超越前面的分队。经过渡口、桥梁、隘路等难以通行的地点时，应指挥分队有组织地通过，防止拥挤。通过后，先头分队应适当减低速度，避免后面的人跑步追赶。徒步行军的分队应主动给车辆、执行特殊任务的分队和人员让路。

图10-1 行军时要听从指挥

（3）士兵在行军中听从指挥，不得擅自离队，不得丢失装具和食物等。

（4）分队按上级的指示组织休息。小休息应靠路边，并保持原队形。在第一次小休息时，应督促战士整理鞋袜、装具等。大休息时应离开道路，进入指定地区。休息时，应派出警戒，必要时可占领附近有利地形，加强对地、空观察，并保持战斗准备，以防止地面和空中敌人的突然袭击。教育分队在规定地区休息，严格执行请销假制度。

（5）行军中，应教育分队不要喝冷水，不要随便采食野果。

（6）在山林地行军时，如通过山垭口和上下坡，应适当减速行进，以避免后面跑步追赶和掉队，火炮、车辆应适当加大距离。在严寒地带行军时，小休息时间不要过长，并禁止躺卧，以免发生冻伤。在炎热季节行军时，要注意防暑。

（7）遇敌空袭时，应指挥分队迅速向道路一侧或两侧疏散隐蔽，并指定火器射击低飞敌机。如空袭情况不严重或行军任务紧迫，分队则应疏开队形，增大距离，加快速度前进。

（8）行军中，连级应指定一名干部，带领卫生员和若干体壮士兵组成收容组，在连队的后尾跟进，负责收容伤病员，组织掉队的人员跟进。

第二节 宿营

宿营是指军队在行军、输送或战斗后的住宿。其目的是使部队得到休息和整顿，以便继续行军或做好战斗准备。现代高技术局部战争条件下，无论采取何种宿营方式，都应制订侦察、防空和防核、化学、生物、燃烧武器袭击的措施，做好抗袭击准备，保障部队安全休息。

一、宿营方式

宿营通常可采取露营、舍营或两者相结合的方法宿营。露营时，通常以班、排为单位，选择和利用有利地形，疏散配置。人员可以利用就便器材或挖掩体宿营，也可以在车辆上露宿；车辆应离开道路，停放在便于进出的地方；住宿时，应尽量选择在居民地边缘的房舍内，并离开重要岔路口、桥梁和明显地物的街区。车辆应停放在建筑物外便于机动的地方。

二、宿营地选择

宿营地区的选择应根据敌情、地形、任务和行军编成而定。平时组织野营训练以能够达到训练目的为标准，通常应符合下列条件：

（1）避开城镇、集市、车站、渡口、大的桥梁附近。

（2）避开疫区、传染病流行村落。

（3）有适当的地幅，通常师、团、营的宿营面积分别为 600 平方千米、60 平方千米、6 平方千米。

（4）有较好的进出道路，便于车辆、人员通行。

（5）露营地域，夏季要尽量选在高处，避开谷地、低地、洪水道和易于坍塌的地方；冬季应选在避风向阳处，土质较黏便于搭设简易遮棚或挖掘的地方。

选择露营地区时，通常还要考虑以下因素：

一是要符合战术要求，从具体位置到配置方式，都应以预想的战术背景为基本前提；二是要着眼于训练科目需要，有利于达到训练目的；三是要方便生活，尽量靠近水源并有进出道路；四是要选择在群众基础较好或影响群众利益较小的地区。

露营配置地域通常以班为点，排为块，连为片，团（营）为区，根据地形特点，可成"一"字形、梯形、三角形、扇形配置，形成野训营地。首长机关通常设在便于观察、指挥的位置，分队与分队之间要按战术要求保持一定间隔。

三、宿营准备

组织部（分）队宿营前要与当地政府、武装部门取得联系，以得到他们的支持和帮助。舍营时设营人员要与乡、村领导取得联系，征得同意后方可号房设点；应向当地群众了解自然情况、社会情况等为部队进驻提供资料。

组织部（分）队宿营训练时，准备工作通常有宿营常识教育、宿营配置与要求、现地勘察和物资器材准备等。

（一）宿营常识教育

宿营实施前，应进行群众纪律、民情风俗教育；在少数民族地区或少数民族集居地进行宿营训练时，还应进行国家的少数民族政策和尊重少数民族生活习惯教育；组织部（分）队学习宿营常识，学会搭设制式、简易帐篷，了解防蚊虫叮咬、防洪、防中暑、防冻伤、防塌方、防煤气中毒、防火灾、预防流行性疾病等基本常识。可以指定连队先试点，组织观摩示范。也可以先在驻地附近进行昼间的露营尝试训练，掌握露营方法。

（二）宿营配置与要求

分队应根据敌情、宿营时间、宿营方式和地形条件确定宿营配置。无敌情顾虑或宿营时间较短时，可将分队沿行军路线疏散配置或集合配置；有敌情顾虑、宿营时间较长时，应尽可能离开行军路线疏散配置。露营时，应利用地形，以排、班为单位配置；舍营时，应根据居舍条件，以便于迅速集中为原则，尽量按建制分配住房；当以舍营和露营相结合的方式宿营时，应根据情况灵活地配置，步兵分队通常配置在受敌威胁较大方向的外侧，火器分队通常配置在宿营地的内侧。

（三）现地勘察

野外宿营前，通常以团（营）为单位组织现地勘察，视情况也可以连为单位进行。重点明确宿营地点；各分队的宿营区域；各级指挥所的位置；进出道路；通信联络的方法；各种信（记）号；完成宿营准备的时限；组织检查的时间、内容；等等。

（四）物资器材准备

宿营前，应认真检查个人的着装（衣服、被褥）。冬季宿营时要重点检查棉（皮）帽、棉（皮）手套、棉（皮）大衣、棉（皮）鞋的携带情况；夏季宿营时应重点检查雨衣（布）、蚊帐的携带情况。每人都应准备1～2套干净的内衣，以备更换。除携带装备的锹、镐以外，还应准备必要的大镐、大锹、钢钎、麻袋等工具和物资。为弥补制式露营器材的不足，部（分）队应视情况购买或租借部分露营所需要的材料，如搭设简易帐篷的塑料薄膜、稻草、支撑木、斧、锯、线绳等。

军海泛舟

九张图学会搭建简易野战帐篷

图 10-2 帐篷定位

图 10-3 采集砂石

图 10-4 制作小工具

图 10-5 挖排水沟

图 10-6 四周填土

图 10-7 拍实边沿

图 10-8 外侧加固

图 10-9 铺设防潮布并固定

图 10-10 平整室内

四、宿营地工作

部队到达宿营地后，应立即组织所属指挥员勘察地形，选定紧急集合场所，组织部队构筑必要的工事，组织各种保障，以保证部队安全宿营。

（一）组织侦察

为了防止敌人突然袭击和为继续行军，部队到达宿营地域后，应立即向有敌情顾虑和尔后行动的方向上派出侦察，察明敌情和尔后行军路线情况。同时，迅速搜集部（分）队的行军情况和到达宿营地域后的住宿情况，了解有关敌情和社情。

（二）组织警戒

为保障部队安全休息，要周密地组织宿营警戒（图 10-11）。宿营警戒的组织应根据敌情、地形和宿营部署确定。通常团（营）向受敌威胁较大的方向上派出连（排）哨，向次要方向派出排（班）哨，连派出班哨、步哨、潜伏哨、游动哨。警戒派出的距离以保障主力不受突然袭击和有时间组织部队投入战斗为宜。一般连哨为 4～6 千米，警戒地带的宽度连哨为 2～3 千米，排哨为 1～1.5 千米，必要时，应组织有重点的环形警戒。

图 10-11　宿营警戒

除派出战斗警戒外，各部（分）队还应指定值班分队或火器，并派出直接警戒。

（三）组织对空防御和对核、化学武器的防护

为防止敌人航空兵和核、化学武器的袭击，应周密地组织观察警报，确定对空值班分队，组织防空火力体系，划分防空疏散地域，规定隐蔽伪装、灯火管制措施，明确遭敌空袭及核、化学武器袭击时各部（分）队的行动与遭敌袭击后的处置方法。如敌可能在附近地区空降，还应制订反空降作战方案，组织部（分）队构筑必要的防空工事等。

（四）建立通信联络

宿营地域的通信联络，通常以有线电通信和运动通信为主，同时应充分利用地方既设线路。驻地较远的部（分）队可在短时间使用无线电联络。

（五）严密封锁消息

战时部队到达宿营地域后，要对部队和当地群众进行防间保密教育，控制人员流动，严密封锁消息。

（六）密切军民关系

平时组织部队训练，部队应与当地党政机关取得联系，得到他们对野营训练的支持。部队可在训练间隙做好群众工作或组织军民共建活动。

部队宿营结束，要认真清理文件和武器装备，避免丢失，消除宿营时所留痕迹，进行群众纪律检查和做好善后工作。

第三节　野外生存

野外生存是指在食宿无着的特殊环境中生存与自救的活动。组织野外生存训练时，应做好充分的准备，除必带的装备物品外，还应携带刀具、火柴和打火机、手电筒、绳索、药品，并应了解和掌握野外觅水、取火、觅食、救护等基本知识。

一、野外觅水

水是野战生存的重要条件。俗话说："饥能挡，渴难挨。"水在某种程度上说比食物更重要。因此，觅水训练是野战生存训练的重要内容之一。

（一）寻找水源的方法

根据人们的实践经验，寻找水源通常采取观察草木的生长位置和动物的活动范围的方法来判定（图 10－12）。

在许多干旱的沙漠、戈壁地区生长着怪柳、铃铛刺等灌木丛的地表下 6～7 米深就有地下水；有胡杨生长的地方地下水位距地表面仅 5～10 米；芨芨草指示地下水位只有 2 米左右；生长茂盛的芦苇，地下水只有 1 米左右；如果发现金戴戴、马兰花等植物，便可判定下挖 1 米左右就能找到地下水。

图 10－12　寻找水源

在南方，叶茂的竹丛不仅生长在河流岸边，也常生长在与地下河有关的岩溶大裂隙、落水洞口的地方。在广西许多岩溶谷地、洼地，成串的或独立的竹丛地，常常就是有大落水洞的标志。这些落水洞有的在洞口能直接看到水，有的在洞口看不到水，但只要深入下去往往就能找到地下水。

另外在地下水埋藏浅的地方，泥土潮湿，蚂蚁、蜗牛、螃蟹等喜欢在此做窝聚居；冬天青蛙、蛇类动物喜欢在此冬眠；夏天的傍晚，因其潮湿凉爽，昆虫通常在此呈柱状盘旋飞绕。

在无水源的情况下，也可利用简便方法获取少量的水。如用一个塑料袋套在树枝上将袋口扎紧，每天取水量可达 1 升左右。还可以用塑料布收集露水等。

另外，山野中有许多植物可用以解渴。如北方的黑桦、白桦的树汁，山葡萄的嫩条，酸浆子的根茎；南方的芭蕉茎、扁担藤等。

（二）鉴定水质的方法

由于水在自然界的广泛分布和流动，特别是地面水流经地域很广，一般情况下难以保证水源不受污染。在野外没有检验设备时，我们可以根据水的色、味、温度、水迹概略地鉴别水质的好坏。

1. 通过水的颜色鉴定

纯净的水在水层浅时无色透明，深时呈浅蓝色。可以用玻璃杯或白瓷碗盛水观察，通常水越清水质越好，水越浑则所含杂质越多。水色随含污情况不同而变化，如含有腐殖质呈黄色，含低价铁化合物呈淡绿蓝色，含高价铁或锰呈黄棕色，含硫化氢呈浅蓝色。

2. 通过水的味道鉴定

一般清洁的水是无味的，而被污染的水带有一些异味。可以把盛水的瓶子放在约 60℃ 的热水中，若闻到水里有怪味，就不能饮用。

3. 通过水温鉴定

地面水（江河、湖泊）的水温，因气温变化而变化，浅层地下水受气温影响较小，深层地下水，水温低而恒定。如果水温突然升高多是有机物污染所致。工业废水污染水源后也会使水温升高。

4. 通过水点斑痕鉴定

用一张白纸，将水滴在上面，晾干后观察水迹。清洁的水是无斑迹的，有斑迹则说明水中杂质多、水质差。

（三）净化水质的方法

野外水源水质浑浊有异味不便直接饮用时，首先应辨别水中是否含有有毒腐烂的物质，一般情况下，有强烈异味的水是不宜饮用的。遇到水质较差的情况，要做净化处理。

1. 药物净化

使用 69-1 型饮水消毒片、漂白粉精片处理浊水，可以起到澄清杀菌的作用，使用明矾可以使浊水变清。

2. 植物净化

将一些含有黏液质的植物如仙人掌、榆树皮等，捣烂成糊加入浊水中，搅拌 3 分钟后，再静止 10 分钟左右，可起到类似明矾的作用。一般 15 千克水可用 4 克植物糊净化。

3. 过滤水

将竹节一端堵节打掉，在另一端堵节上钻一个小孔。竹节内从下向上依次放入石子、沙、土、木炭碎块做成过滤器。将浊水缓缓倒入竹节，小孔中就流出比较洁净的过滤水。

二、野外取火

火在野外生存中具有重要的作用，它可以用来热熟食物、烧水、烘烤衣物、取暖御寒、驱除猛兽和有害昆虫，必要时还可以作为信号使用。在没有火柴的情况下，可采取以下几种方法取火。

（一）枪弹取火法

取一颗子弹，将弹丸拔出，倒出 2/3 的发射药，撒在干燥易燃的枯草、纸等引火物上，把弹壳空出的地方塞上纸和干草，然后推弹壳入膛，用枪口贴近撒了发射药的引火物射击，引火物即可燃烧。

（二）透镜取火法

用放大镜，如果没有放大镜可用望远镜或瞄准镜、照相机上的凸透镜代替

（图 10 - 13）。冬季可用透明的冰块磨制。透过阳光聚焦照射易燃的引火物（腐木、布中抽出的线、撕成薄片的干树皮、干木屑等）取火。利用放大镜取火最为迅速的是照射汽油、酒精和枪弹的发射药或导火索，可在 1～2 秒内点燃引火物。

图 10 - 13　透镜取火

（三）发电机、电池取火法

用手摇发电机，电台照明用的一号"甲电"，将正负两极接在削了木皮的铅笔芯的两端。顷刻间，铅笔芯就会烧得通红。用手电筒内电池和电珠也可做成引火工具：把电珠在细石上小心磨破，注意不能伤及钨丝，然后把火药填入电珠内，通电后即能发火。

（四）击石取火法

取一块坚硬的石头（黄铁矿石最好）做"火石"，用小刀的背或小片钢铁向下敲击"火石"，使火花落到引火物上燃烧。

（五）钻木取火法

用强韧的树枝或竹片绑上鞋带、绳子或皮带做成一个弓子。在弓子上缠一根干燥的木棍，用它在一小块硬木上迅速地旋转。最后钻出黑粉末，这些黑粉末冒烟而生出火花点燃引火物；用一根干的树干，一头劈开，并将裂缝撑开，塞上引火物，用一根藤条穿在引火物后面，迅速抽动藤条，使之摩擦发热而引燃引火物；还可以用两块软质的木头或竹片，用力相互摩擦取火（图 10 - 14），下面垫以棕榈皮或易燃烧物也可引燃取火。

图 10 - 14　钻木取火

相关链接：

《探索·发现》之手艺：钻木取火

三、野外觅食

在野外可寻觅的食物种类主要有野生植物、动物、昆虫、鱼类、藻类等。大部分野生植物、动物、昆虫、鱼类都可食用，只有少量有毒不可食用。

（一）野生食物识别的一般方法

识别野生食物的关键是要能够鉴别有毒野生动植物。

在各种野生动物里，除了海洋中外型奇特的鱼类、贝壳、鲨鱼和少数江河中的河豚鱼有毒，以及野生动物内脏，尤其是肝和卵一般不能食用外，其他均可食用。

在各种野生植物里，有毒植物种类不多，数量有限，大部分野生植物均可食用。可食用的野生植物可分为根茎类、野菜类和野果类。松树、柳树、杨树和白梓树的内皮也可食用。在鉴别野生植物是否有毒时，可采取如下方法：首先用手仔细触摸，无毒植物通常不会使手上皮肤产生发痒、发红、起风疹块等刺激症状，如折断枝、叶也不会有牛奶样的汁液流出，闻之也无腐败及其他使人感到怪异的气味。而后可将少量食物放入嘴里咀嚼几分钟，无毒植物一般不会有烧灼感，也无辛辣、苦味或滑腻味，此时，就可以少量食用，8小时后没有特殊感觉，就可较大量地食用。另外，还可以通过观察哺乳类动物所食用的植物种类，以分辨哪些植物能够被人食用。像老鼠、松鼠、兔子、猴子、熊等吃过的植物一般都可以食用。鸟类可以食用的植物，人不一定能够食用。

有乳汁状汁液的植物和野果核里的种子，一般不能食用。但面包果、木瓜、芒果和野生无花果则可以食用，白果（银杏）、苦杏仁、毒草莓、毒覃（毒蘑菇）和水芹不能食用。毒蘑菇一般色彩鲜艳（图10-15），有特殊气味，靠近根部有菌托，茎上有菌环；水芹通常生长在潮湿的地方，空心茎的根部有一空心球茎，根茎的形状像纺锤，有刺鼻的怪味；毒草莓一般生长在山坡上或树木较多的沼泽地。发芽的马铃薯在芽及芽点周围有龙葵素，食用时应削除；木薯不经过处理不能食用。

图10-15 毒蘑菇

🫖 **拓展阅读** ▶▶ ▶

小心蘑菇中毒

中国的毒蘑菇（毒菌）种类多，分布广泛，资源丰富。在广大山区农村和乡镇，误食毒蘑菇中毒的事例比较普遍，几乎每年都有严重中毒致死的报告。曾经被作为多发性食物中毒的原因之一。因此，长期以来鉴别毒蘑菇是人们十分关心的事。有关方面曾做了大量的科普知识宣传工作，但误食中毒者仍屡有发生。鉴别毒菌并不容易，在野外最好不要轻易尝试不认识的蘑菇，同时不偏听偏信。必须在分辨清楚或请教有实践经验者之后，证明确实无毒时方可食用。如果吃了蘑菇身体不舒服，应该及时到医院诊治，千万不可大意。

我们可以把蘑菇中毒病例分成六种类型：

（1）胃肠中毒型：通常的中毒症状是强烈恶心、呕吐，腹痛、腹泻等，已知有

80 多种，如毒粉褶菌、臭黄菇、毛头乳菇、黄粘盖牛肝菌和粉红枝瑚菌。

（2）神经精神型：已知有60余种。可引发精神兴奋、精神错乱或精神抑制等神经性症状。毒蝇鹅膏菌、半卵形斑褶菇中毒后可引起幻觉反应。

（3）溶血型：在1～2天内可发生溶血性贫血，症状是突然寒战、发热、腹疼头疼、腰背肢体疼、面色苍白、恶心、呕吐、全身虚弱无力、烦躁不安和气促。此类中毒症状主要由鹿花菌引起。

（4）肝脏损害型：可引起这类中毒的毒蘑菇约20种。除含毒肽、毒伞肽的种类外，某些环柄菇属的蘑菇也可引发此症状。

（5）呼吸与循环衰竭型：引起这种症状的毒蘑菇主要是亚稀褶黑菇，死亡率较高。

（6）光过敏性皮炎型：我国目前发现引起此类症状的是叶状耳盘菌。

（二）野生食物的食用方法

野生食物分为可食用的野生动物和可食用的野生植物。可食用的野生动物一般应去掉其内脏，食用其肉。可食用的根茎类野生植物，应食用根部和嫩茎叶、树的内皮及嫩软的树尖；野菜类野生植物应食用其嫩苗、嫩茎叶、菌体；野果类野生植物应采果食用。

食用各种野生食物一般应利用炊具进行煮炒，也可采取烤和石煮的方法进行制作。

烤，即将可食用的动物和根茎类植物块根用木棍等穿挂，放在火焰上或炭火中烤（烧）熟。鱼（不去鳞片）和块根应用泥土包裹烤熟后剥皮食用。贝壳类动物可放在火堆下烤熟食用，其方法是：先在地上挖个浅坑，坑的四周衬以树叶或湿布，然后将食物放入坑内，再在食物上面盖上树叶或布，上面再压一层3厘米厚的沙子。最后在该坑上面生起火堆，待食物烧熟后取出食用。

石煮（图10-16），就是先在地上挖个坑，将火堆中烤热的石块先放于坑内，后将食物放在石块上，上面再盖一层湿树叶、草和一层沙土，靠热石块散发的热气将食物烧熟。

图10-16　石煮法

四、野外救护常识

在野外孤立无援的情况下，掌握一些简易的自救和求救方法，能够有效地帮助自己和同伴解除些许伤痛，尽快得到救援，为生存创造条件。

（一）毒蛇咬伤的防治

在山野丛林中活动时，一旦被毒蛇咬伤应立即采取紧急救护措施。首先，马上用布条或布绳等缚住伤口处靠近心脏一端，以减少毒血上流。随后，用刀子在毒蛇咬伤处划一个十字口，挤出毒液，也可用口吸出毒液（口内有溃疡、生疮、出血等不能用

口吸，以免中毒），随吸随吐，有条件还可进行冲洗，然后尽快就医，不可延误。

（二）昆虫叮咬的防治

在野外为了防止昆虫的叮咬，最好穿着长袖衣和长裤，扎紧袖口、领口和裤腿。如有条件，皮肤暴露部位涂擦防蚊药。不要在潮湿的树荫和草地上坐卧。宿营时，可以燃点艾草、香蒿、柏树叶、野菊花等植物驱赶昆虫。被昆虫叮咬后，可用氨水、肥皂水、盐水、氧化锌软膏涂抹患处止痒消毒。

（三）蚂蟥叮咬的防治

在野外，蚂蟥是危害很大的虫类。遇到蚂蟥叮咬时，不要硬拔，可用手拍打，或用肥皂液、盐水、烟油、酒精滴在其前吸盘处，或用烧着的香烟烫，让其自行脱落，然后压迫伤口止血，有条件要用碘酒洗涤伤口防感染。野外行进中，应经常查看有无蚂蟥爬到脚上，在鞋面上涂些肥皂、防蚊油，可以防止蚂蟥爬上，涂一次的有效时间为 4～8 小时。此外，将大蒜汁涂抹于鞋袜和裤脚，也能起到驱避蚂蟥的作用。

（四）蜇伤

被蝎子、蜈蚣、黄蜂等毒虫蜇伤后，伤口红肿、痛痒，并伴有恶心、呕吐、头晕等症状，要先挤出毒液，然后用肥皂水、氨水、醋等涂擦伤口。也可以捣碎马齿苋，汁冲服，渣外敷，也可将蜗牛洗净捣碎后涂在伤口处。另外，大蒜汁对蜈蚣的咬伤有一定疗效。

（五）中毒

中毒的症状是恶心、呕吐、腹泻、胃痛、心脏衰弱等。遇到这种情况时，首先要洗胃，快速喝大量的水。用手指触咽部引起呕吐，然后吃蓖麻油等泻药清肠，再吃活性炭等解毒药及其他镇静药，多喝水，以加速排泄。

（六）中暑

在炎热暑季，人体的体温调节和其他生理机能发生障碍或活动量过大，休息不足，水盐补充不及时，衣服不通气等都会引起中暑。其症状是突然头晕、恶心，昏迷、无汗或湿冷、瞳孔放大、高热。发病前，常感口渴头晕，浑身无力，眼前阵阵发黑，此时，应立即在阴凉通风处平躺，解开衣裤带，使全身放松，再服十滴水、仁丹等药。发热时，可用凉水洗头，或冷敷散热，如昏迷不醒，可掐人中穴、合谷穴使其苏醒（图 10 - 17）。

图 10 - 17　基地医生为中暑士兵治疗

（七）冻伤

当气温在 0℃ 以下，人长时间在户外活动，耳、鼻、手、脚、脸都容易冻伤。

当发现皮肤有发红、发白、发凉、发硬等现象，应用手或干燥的绒布摩擦伤处，促进血液循环，减轻冻伤。轻度冻伤可以用辣椒泡酒，涂擦便可缓解症状。如发生身体冻僵的情况，应先摩擦肢体，做人工呼吸，待伤者恢复知觉后，再到较温暖的地方抢救。也可将冻伤部位放在30°左右的温水中缓缓解冻。

（八）昏厥

野外昏厥多是由于摔伤、疲劳过度、饥饿过度等原因造成的。主要表现是脸色突然苍白，脉搏微弱而缓慢，失去知觉。遇到这种情况时，不必惊慌，注意观察昏厥者的心肺情况，一般过一会儿便会苏醒。醒来后，应喝些热水并注意休息。

（九）救援

要想获得援助，必须发出信号让他人知道自己的处境和位置。白天可施放烟雾、向友邻喊叫或在开阔地面上写字等；夜间可发出灯光、火光、音响等。国际上通用的求救信号是英文字母"SOS"，可写在地上（图10-18），也可用移动电话或电台发出，还可用旗语表示。只要是重复三次的行动都象征着求救，如三堆火、三股浓烟、三声音响、三次光亮闪耀等。在用音响或发光亮信号时，每组发送三次后，间隔1分钟再重复发出。

图10-18　被困人员发出求救信号迎来直升机的救援

第四节　战伤救护

一、战伤救护的作用

战争不可避免地要造成人员受伤，因此通过初步的紧急救护可以尽量减少伤员的痛苦，尽可能地救护有生力量。战伤救护分为自救和互救。当伤员身边没有其他人员，自己还有一定的行动能力时，可以自己展开自救；当伤员受伤情况严重，没有自救能力时，需要伤员身边的其他人员包括医护人员和其他战士来对其进行救护。

掌握战伤救护的基本知识，可以帮助自己或他人减轻伤病造成的痛苦，有效预防并发症。因为战争中外伤比较多，所以在救护的过程中一定要注意伤口的治疗，保证伤口不被感染，造成破伤风等。战伤救护只是初步的治疗，最终还要靠全面的治疗，有效的初步治疗是全面治疗的基础。因为对于伤员来说，时间十分宝贵，在越短的时间内得到救护，最后痊愈或恢复得就越快，效果也就越好。

二、战伤救护的基本技术

战伤救护的基本技术主要包括通气、止血、包扎、固定。

（一）通气

1. 人工呼吸

抢救重伤员时应首先查明其是否有呼吸，可通过观察其胸部是否有起伏或将棉絮贴于鼻孔看是否有摆动。如果呼吸已停止，必须迅速采取口对口方式进行人工呼吸。

具体方法：使伤员仰卧，清理其口中堵塞物，以保持呼吸道通畅，然后托起伤员下颌，使其头部后仰，将口腔打开；用一手捏住伤员鼻孔，另一手放在颈下并上托；深吸一口气，对准伤员口用力吹气，然后迅速抬头并同时松开双手；听有无回气声响，如有则表示呼吸道通畅。如此反复进行，每分钟16～20次。如果心跳停止，应与胸外心脏按压同时进行，每按压心脏4～5次后吹气一次，吹气应在放松按压的间歇中进行。

2. 胸外心脏按压

当发现伤员失去知觉时，要立即检查其心脏是否跳动。用手指在喉结两侧接触颈动脉，看有无搏动。如无搏动应紧急采取胸外心脏按压法抢救。

具体方法：使伤员仰卧在地上或硬板床上，找准按压部位（图10－19），将左手掌根放在伤员胸骨下1/3处，右手掌压在左手背上，然后用力向下按压，使胸骨下陷3～4厘米，再放开。如此反复进行，每分钟60～80次。进行胸外按压的同时，必须进行口对口人工呼吸（图10－20）。

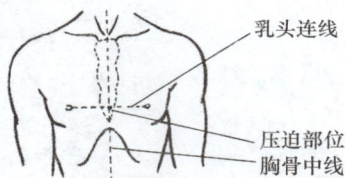

图 10－19　胸外按压部位

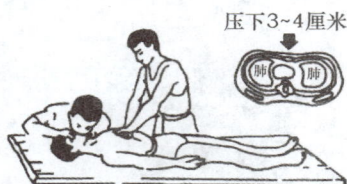

图 10－20　胸外按压和人工呼吸

如急救时只有一人，可先向伤员口中吹四大口气，然后每按压15次后，再迅速吹2大口气，如此反复进行。

相关链接：

基本技能操作　心肺复苏术

（二）止血

1. 出血的种类

判定出血种类是正确实施止血的首要工作，具体要根据出血的特征加以判断。如果是动脉出血，则颜色鲜红，呈喷射状，有搏动，出血速度快且量多；如果是静脉出血，则颜色暗红，呈涌出状或徐徐外流，出血量较多，速度不如动脉出血快；

如果是毛细血管出血，则颜色鲜红，从伤口向外渗出，出血点不容易判明。

2. 止血的方法

（1）加压包扎止血法：静脉、毛细血管或小动脉出血时，应先将敷料盖在伤口上，然后用三角巾或绷带用力包扎。

（2）指压止血法：较大的动脉出血时，要立即用手指或手掌压迫伤口近心端的动脉，并将动脉压向深部的骨头上，阻断血液的流通，以达到临时止血的目的。

一侧头顶部出血时，可用食指或拇指压迫同侧耳前方搏动点止血（图10-21）。一侧颜面出血时，可用食指或拇指压迫同侧下颌骨下缘与下颌前方约3厘米处的凹陷处止血，按压时能感到明显的搏动（图10-22）。一侧头面部大出血时，可用拇指或其他四指压迫同侧气管外侧与胸锁乳突肌前缘中点之间，并将血管压向颈椎止血（图10-23），此处可摸到一个强烈的搏动（颈总动脉）；肩腋部出血时，可用拇指压迫同侧锁骨上窝中部的搏动点（锁骨下动脉）止血，将动脉压向深处的肋骨止血（图10-24）。前臂出血时，可用拇指或其他四指压迫上臂内侧肱二头肌与肱骨之间的搏动点（肱动脉）止血（图10-25）。手部出血时，互救时可用两手拇指分别压迫手腕横纹稍上处内外侧搏动点（尺动脉、桡动脉）止血（图10-26），自救时用健手拇指、食指分别压迫上述两点。大腿及其以下动脉出血时，自救时可用双手拇指重叠用力压迫大腿上端腹股沟中点稍下方的强大的搏动点（股动脉）止血，互救时可用手掌（双掌重叠）压迫止血（图10-27）。

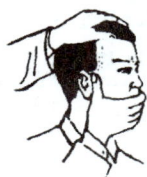

图 10-21　头顶部止血法　　图 10-22　颜面部止血法

图 10-23　头面部止血法　　图 10-24　肩腋部止血法

图 10-25　前臂部止血法　　图 10-26　手部止血法　　图 10-27　腿部止血法

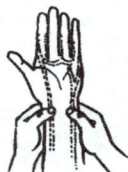

止血带止血法。止血带是一种制止肢体出血的急救用品，常用的止血带是约1米长的橡皮管。一般在四肢大动脉出血用其他方法止血无效时，采用止血带。方法要诀是"橡皮带左手拿，后头五寸要留下，右手拉紧环体扎，前头交左手，中食二指夹，顺着肢体向下拉，前头环中插，保证不松垮"（图10-28）。

使用止血带时应注意：止血带与皮肤之间要加垫（敷料、衣服等），不能直接扎在皮肤上；扎止血带的伤员必须做标记，注明扎止血带的时间；止血带每隔1小时（冬季半小时）松开一次，每次放开2～3分钟，以暂时改善血液循环；松开时要逐渐放松，如有出血，应再扎上止血带。

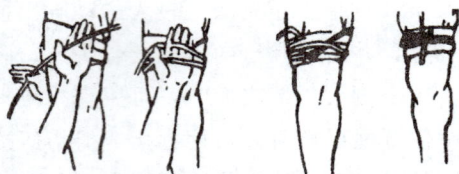

图10-28 止血带止血法

（三）包扎

包扎伤口可以压迫止血，保护伤部，防止污染，固定敷料，有利于伤口尽早愈合。

包扎伤口的材料有三角巾、绷带、四头带，并配有敷料。用一块边长1米以上的正方形棉布，沿其对角线剪开即为两条三角巾。将三角巾的顶角折向底边的中央，再根据包扎的实际需要折叠成一定宽度的条带。若将三角巾的顶角偏折到底边中央偏左或偏右侧，则为燕尾巾，其夹角的大小可视实际包扎需要而定。三角巾使用方便，容易掌握，包扎面积大，每个指战员都要熟练掌握它的使用方法。包扎方法是先把三角巾封皮沿箭头指向处撕开，将敷料盖在伤口上，然后进行包扎。在没有材料时，可用毛巾、被单、衣服等代替，但盖伤口的材料必须干净。三角巾包扎的基本概念是：角要拉得紧，结要打得牢，包扎要贴实，松紧要适宜。

包扎方法主要有以下四种：

1. 头面部包扎法

将三角巾底边折叠约两指宽，放于前额眉上。顶角拉至枕后，左右两底角沿两耳上方往后，拉至枕外隆凸下方交叉，并压紧顶角；然后再绕至前额打结。顶角拉紧，并向上反折，将角塞进两底角交叉处（图10-29）。

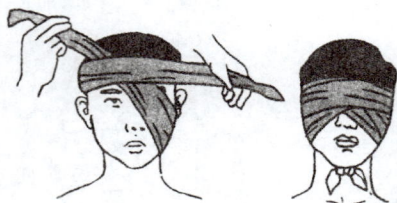

图10-29 头面部包扎法

2. 胸（背）部包扎法

三角巾底边横放在胸部，顶角从伤侧越过肩上折向背部；三角巾的中部盖在胸部的伤处，两底角拉向背部打结。顶角结带也和这两底角结打在一起（图10-30）。

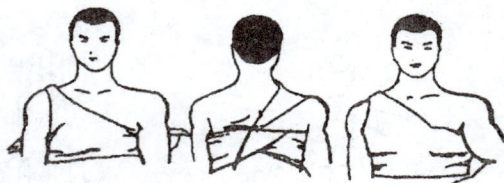

图10-30 胸（背）部包扎法

3. 腹部包扎法

将三角巾顶角朝下，底边横放于上腹部，两底角拉紧于腰部打结；再将顶角从腿间拉向后，同两底角的余头打结（图10－31）。

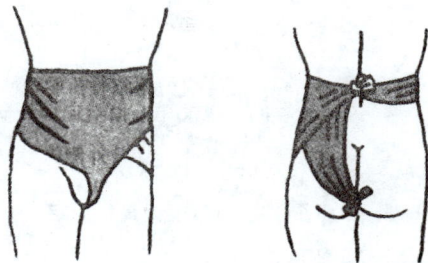

4. 四肢包扎法

将三角巾底边向上横置于腕部或踝部，手掌（足跖）向下，放于三角巾的中央，再将顶角折回盖在手背（足背）

图10－31　腹部包扎法

上，然后将两底角交叉压住顶角，再于腕部（踝部）缠绕一周打结。打结后，应将顶角再折回打在结内。

（四）固定

固定是处理骨折患者的前期方法。判断是否骨折的方法有：用手指轻轻按摸受伤部位时疼痛加剧；受伤部位变形；受伤部位明显肿胀或受伤部位不能活动；有时可摸到骨折断端或摩擦感。

对骨折患者临时固定一般采用木制夹板，没有时也可用木棍、树枝、竹片等代替。

1. 上臂骨折固定

把两块夹板分别放在上臂内侧和外侧，垫好后用绷带或三角巾固定，再用三角巾将前臂悬吊于胸前（图10－32）。

图10－32　上臂骨折固定

2. 前臂骨折固定

可在前臂的外侧放一块夹板，垫好后用两条布带将骨折上下端固定，再将前臂吊于胸前（图10－33）。

3. 小腿骨折固定

将夹板（长度等于自大腿中部到脚跟）放于小腿外侧，垫好后用布带分段固定（图10－34）。

图 10 - 33　前臂骨折固定

图 10 - 34　小腿骨折固定

4. 大腿骨折固定

　　将一块长度相当于从脚至腋下的木板放于伤肢外侧，在关节和骨突处加垫，用5～7 条三角巾分段固定（图 10 - 35）。

图 10 - 35　大腿骨折固定

？思考题

　　1. 行军过程中应注意的问题有哪些？

　　2. 应如何选择宿营地？

　　3. 在野外有哪些可以安全食用的植物？

　　4. 在野外如何获取饮用水？

　　5. 如何鉴定水质的好与坏？

　　6. 在没有火柴情况下有哪些取火方法？

　　7. 在野外如何防止昆虫叮咬？

　　8. 当发现有人中暑时，应如何急救？

　　9. 战伤救护的基本技术有哪些？

附　录

火热军旅　精彩人生

中华人民共和国征兵工作条例

一步步教你网上应征报名

青春因历练而精彩　人生因军旅而重塑

4 分钟教你看懂解放军军衔

参考文献

[1] 张正明. 军事理论教程［M］. 北京：高等教育出版社，2015.

[2] 朱玉国. 高等院校现代军事理论教程［M］. 北京：国防工业出版社，2015.

[3] 苏永彬. 大学生军事理论［M］. 北京：化学工业出版社，2014.

[4] 赵建世，闫成. 军事理论教程［M］. 上海：上海交通大学出版社，2015.

[5] 张勇，蒋研川，刘君. 军事课教程［M］. 北京：高等教育出版社，2013.

[6] 杨新. 大学军事教程［M］. 南京：东南大学出版社，2014.

[7] 单鹏娜，姜军，王立涛. 普通高校军事理论教程［M］. 北京：北京理工大学出版社，2015.

[8] 曾峥. 当代大学生军事教育课程［M］. 广州：暨南大学出版社，2015.

[9] 杨桂英，吴晓义. 普通高等军事教程［M］. 北京：中国人民大学出版社，2014.

[10] 《高校军事理论教程》编写组. 高校军事理论教程［M］. 武汉：武汉大学出版社，2014.

[11] 王哲，王飞. 大学生军事课教程［M］. 北京：机械工业出版社，2015.

[12] 赵荣. 新编高等学校军事理论课教程［M］. 长沙：国防科技大学出版社，2011.

[13] 姜建良，刘爱国，陈帅. 国防教育课程［M］. 长沙：中南大学出版社，2015.

[14] 刘剑，赵良渊. 普通高等学校军事教程［M］. 北京：国防工业出版社，2010.

[15] 廖廷阳. 大学生军事课教程［M］. 北京：北京师范大学出版社，2014.

[16] 姚有志，杨家祺. 新编大学军事教程［M］. 北京：中国人民大学出版社，2013.

[17] 张国清. 大学生国防教育：军事技能与军事理论［M］. 上海：同济大学出版社，2014.

[18] 赵伟. 大学生国防教育［M］. 济南：山东人民出版社，2015.

[19] 黄卓晔，李明亮. 新编军事理论课教程［M］. 长沙：中山大学出版社，2015.

[20] 曲超法，吕妍，马小晶. 大学军事理论教程［M］. 成都：电子科技大学出版社，2015.

[21] 孙凯. 大学生军事训练教程［M］. 北京：国防大学出版社，2014.

[22] 王向方，金本啟. 军事教程［M］. 北京：中国农业出版社，2015.

[23] 王大勇，黄璐璐. 大学生国防教育与军事基础教程［M］. 北京：北京交通大学出版社，2014.

[24] 中华人民共和国国务院新闻办公室. 中国的军事战略［M］. 北京：人民出版社，2015.